U0570239

陝西師範大學中國語言文學“世界一流學科建設”成果

陝西師範大學中國語言文學

書傳補商

〔清〕戴鈞衡 ————— 撰

何如月 李雨竹 ————— 整理

中華書局

圖書在版編目(CIP)數據

書傳補商/(清)戴鈞衡撰;何如月,李雨竹整理. —北京:中華書局,2021.8
(陝西師範大學中國語言文學"世界一流學科建設"成果)
ISBN 978-7-101-15153-4

Ⅰ.書…　Ⅱ.①戴…②何…③李…　Ⅲ.經學-研究-中國-清代　Ⅳ.Z126.274.9

中國版本圖書館 CIP 數據核字(2021)第 062620 號

書　　　名	書傳補商	
撰　　　者	〔清〕戴鈞衡	
整 理 者	何如月　李雨竹	
叢 書 名	陝西師範大學中國語言文學"世界一流學科建設"成果	
責任編輯	葛洪春	
出版發行	中華書局	
	(北京市豐臺區太平橋西里 38 號　100073)	
	http://www.zhbc.com.cn	
	E-mail:zhbc@zhbc.com.cn	
印　　　刷	北京市白帆印務有限公司	
版　　　次	2021 年 8 月北京第 1 版	
	2021 年 8 月北京第 1 次印刷	
規　　　格	開本/920×1250 毫米　1/32	
	印張 7½　插頁 2　字數 210 千字	
國際書號	ISBN 978-7-101-15153-4	
定　　　價	48.00 元	

總　序

　　陝西師範大學中國語言文學學科至今已經走過了 70 多年的發展歷程。數代學人培桃育李、滋蘭樹蕙，在學科建設、人才培養、科學研究以及社會服務等方面取得了令人矚目的成就，湧現出了一批蜚聲海內外的碩學鴻儒，形成了"守正創新、嚴謹求實、尊重個性、相容並包"的學術傳統和"重基礎訓練、重理論素質、重學術規範、重人文教養、重社會實踐、重能力提高"的人才培養特色，鑄就了"揚葩振藻、繡虎雕龍"的學院精神。數十年來，全體師生篳路藍縷、弦歌不輟，獲得中國語言文學一級學科博士授予權、中國語言文學一級學科博士後科研流動站，中國古代文學學科也躋身於國家重點學科；建成"國家文科（中文）基礎學科人才培養和科學研究基地"，教育部、國家外國專家局"長安與絲路文化傳播學科創新引智基地"，教育部"2019年全國普通高校中華優秀傳統文化傳承基地"，"陝西師範大學語言資源開發研究中心"，"陝西文化資源開發協同創新中心"等多個省部級科學研究平臺；漢語言文學專業爲教育部特色建設專業、陝西省名牌專業，入選陝西省"一流專業"建設項目，秘書學專業和漢語國際教育專業也入選陝西省"一流專業"培育項目；形成了從本科、碩士、博士到博士後完整的人才培養和科學研究體系，中國語言文學學科走上了穩健、持續發展的道路。

　　2017 年，中國語言文學學科被教育部列入"世界一流學科"建設學科，迎來了難得的發展機遇。中國語言文學學科全體師生深知"一流學科"建設不僅決定著我校中國語言文學學科能否在新時代開創新局面、取得新成就、達到新高度,更關乎陝西師範大學的整體發展。在學校的正確領導下,各有關部門同心協力,兄弟院校及合作機構鼎力支援,文學院同仁更是嘔心瀝血、發憤圖強,學科建設取得了顯著成效。爲了及時匯總建設成果,展示學術力量,擴大學術影響,更爲了請益於大方之家,與學界同仁加強交流,實現自我提高,我們彙集本學科師生的學術著作(譯作)、教材等,策劃出版"陝西師範大學中國語言文學'世界一流學科建設'成果"叢書和"長安與絲路文化研究"叢書,從不同的方面體現我們的研究特色。

叢書的出版得到了陝西師範大學學科建設處、社會科學處以及有關出版機構的大力支持,在此一併致謝!

作爲陸路絲綢之路的起點與絲路文化中心城市高校,我們既承載著歷史文化的傳統與重托,又承擔著新時代的使命與責任。作爲新時代的中國語言文學學科,既古老又年輕,既傳統又現代,包容廣博,涵蓋古今中外的語言與文學之學。即使是傳統的學術學科,也是一個當下命題,始終要融入時代的内涵。用一種人人參與、人人分享的形式,借助於具體可感的學術載體,傳播中華優秀傳統文化,發揚中華優秀傳統文化,彰顯中華現代文明,這是新時代人文社會科學工作者的重要使命。"士不可以不弘毅,任重而道遠。""一流學科"建設永遠在路上,中華優秀文化的發揚光大永遠在路上。我們將不忘初心,不辱使命,努力前行!

陝西師範大學文學院院長張新科

2019 年 10 月 30 日

目　録

前　言

　　《尚書》在儒家經典中自古號稱難治,它文辭古奥,詰曲聱牙;流傳歷史曲折,真僞混雜;歷代解説紛紜,難於取捨。但《尚書》又是體現儒家政治思想的一部"大經大法",在傳統的政治生活中地位至高無上,是士大夫和讀書人的必讀之書,因此對它的闡釋和注解歷代不斷,留下來大量的著述。

　　清代是經學研究的輝煌時期,其中關於《尚書》的注解達幾百部,代表性著作有閻若璩《尚書古文疏證》、惠棟《古文尚書考》、孫星衍《尚書今古文注疏》、陳喬樅《今文尚書經説考》、皮錫瑞《今文尚書考證》等。而在清代的文學創作上,桐城派以其文統的源遠流長,著述的豐厚清正,風靡全國。桐城派以文章自任,經學方面出衆者並不多見,能夠在經學上有所樹立,首推姚鼐,其後則是方宗誠、戴鈞衡。

　　戴鈞衡(1814—1855),字存莊,號蓉洲,安徽桐城人。據《清史稿·列傳二百七十三·文苑三》中記載:"鈞衡,道光二十九年舉人。自謂生方、姚之鄉,不敢不以古文自任。與惇元重訂《望溪集》,增集外文十之四。其後榮成孫葆田更得遺稿若干篇刻之,方氏一家之言備矣。鈞衡有經濟才,與國藩爲友,著《書傳補商》,國藩亟稱之。避寇臨淮,妻李、妾劉皆殉難,鈞衡嘔血卒,年未四十。"①正史記述戴鈞衡的生平極爲簡略,結合戴氏摯友方宗誠《柏堂集》中之《戴存莊權

----

① 趙爾巽等撰.清史稿[M].北京:中華書局.1977:13431.

厝志》、戴氏弟子馬其昶《桐城耆舊傳》以及戴鈞衡自己的文集,我們才能對戴鈞衡的一生有比較詳細的瞭解。

戴氏才華橫溢,少年時即以詩文名世,壯歲后始爲通經致用之學,他拜桐城派方東樹爲師,接受正統的儒學思想,借研究經學來探討用世之方。可惜天不假年,生逢亂世,在戰亂中,妻妾子女遇害,自己也顛沛流離,最終客死他鄉,終年四十有二。

戴鈞衡雖一生短暫,但頗有作爲。年輕時曾和友人一起創辦桐鄉書院,扶植後學。同時搜求先賢遺著,和文聚奎等人合編《古桐鄉詩選》,和方宗誠合編《桐城文錄》,對宣傳桐城鄉賢文化、發揚桐城文風助力良多。他著述豐富,除編定《潛虛先生文集》《方望溪先生全集》外,還有《味經山館文鈔》《草茅一得》《味經山館詩鈔》《蓉洲初集》《味經山館遺詩》等詩文集,而《書傳補商》《書傳疑纂》兩書,則集中體現了他在經學上的成就。

一、關於《書傳補商》《書傳疑纂》的版本

戴鈞衡對於時局和弊政有很多憂患,曾多次進言獻策,但人微言輕,不被採納。於是他將政治熱情都傾注在對《尚書》的研讀之中,通過《書傳補商》《書傳疑纂》對《尚書》進行詮釋,深刻揭示上古三代的聖王明君是如何積極納諫而使政治清明,賢相良臣是如何公忠體國而使基業不墜,從而曲折隱微地表達出自己對時事政治的關注與願望。

目前國内各圖書館所藏《書傳補商》,或曰清刻本,或曰清咸豐刻本,或曰清道光咸豐間刻本。筆者查閱過國家圖書館、上海圖書館《書傳補商》的藏本。國圖所藏,一函六册,原爲十萬卷樓藏,著録爲"咸豐五年桐城戴氏刻本"。上海圖書館所藏有六册本和四册本兩種,六册本無函套,半頁 10 行,正文大字 20 字,小注雙行 40 字,卷末

附有方宗誠撰寫的跋尾,説明刊刻經過;四册本,每卷扉頁下方均刻
有"真州吴氏有福讀書堂書"印章,其與六册本僅在裝訂册數上有異。
這三種版本字體、版式、行款、正文内容相同,當屬同一刻本,但是有
初印本和重印本的不同,以是否附有方宗誠跋尾區别。

　　方宗誠(1818—1888),字存之,號柏堂。戴氏於《書傳補商》中
多次引用方宗誠《書傳補義》之觀點,《書傳補商》也多有二人切磋相
益之功。太平天國起義,戴鈞衡避難出走,將自己的著述託付給方宗
誠。在戴鈞衡身故後,方宗誠便將其作品編集刊刻。上海圖書館所
藏《書傳補商》(六册本)方宗誠跋尾云:"咸豐五年十月十八日,吾友
戴君存莊卒於懷遠……是書存莊與予商榷者數稿,凡三易,及刻成而
存莊即以是年卒,不及見矣。……存莊生前常請予爲序,予辭不敏,
今慮後世讀此書者,或不知存莊學行本末,爰取此志附刊於末以當跋
尾云。(同治)七年夏,方宗誠識。"①由此可知,《書傳補商》刻成于
咸豐五年,而在同治七年重印時,附刻了方宗誠的《戴存莊權厝志》以
爲跋尾。關於同治七年刷印此書的情況,曾國荃給方宗誠的書信中
亦有反映。曾國荃《復方存之》云:"承囑寄船山、望溪兩先生全集,
查均尚未開刷。刻下陽曉岑正在買紙興工,大約明年三月乃可刷成,
明年當奉寄一部,以報雅命也。至戴存莊先生《書傳補商》,湘省刷者
甚少,皖中向慕者多,自應將書板檢寄皖省,以廣其傳。近日當函致
湘中友人,遇便搭寄吴竹莊方伯處,轉交孫海岑太守奉上。"②書信爲
同治五年八月所寫,從中可知在咸豐五年刻成的《書傳補商》書板,曾
被送往湖南。由"湘省刷者甚少"可以推測,書版刻成後可能有初次
少量印刷。爲了"以廣其傳",在太平天國運動結束、時局稍穩之後,
《書傳補商》書版由曾國荃派人送到安徽,由方宗誠在同治七年再次

①繆荃孫撰.續碑傳集[M].天津:天津古籍出版社,1911:2942-2944.
②梁小進主編,曾國荃著.曾國荃全集[M].湖南:岳麓書社,2006:413.

刷印。

　　清中後期，因鴉片戰爭、太平天國運動，江南的文化事業遭受重創，無數書籍化爲灰燼，故而此時期流傳下來的圖籍數量極少。而咸豐年間，正值安徽戰火紛飛之時，戴鈞衡顛沛流離，客死他鄉，他的《書傳補商》能保存下來，其友方宗誠、曾國藩等人功不可没。方宗誠《柏堂集》次編卷一《編次戴存莊遺集敘》中記載道："君遭難後，舉其生平未刻之書盡以付余曰：'吾家不可保留，子柏堂中或可倖存也。'後君家室爲賊毁，藏書萬卷無隻字存，遺集竟得至今無恙。"①戴鈞衡《書傳補商》賴方宗誠得以保存，後又因曾國藩、曾國荃的輔助，在同治七年，得以重新刷印，流傳至今，可謂幸運。

　　而戴鈞衡的另一部《書傳疑纂》卻甚少人知，《尚書》研究大家顧頡剛先生稱從未見過此書，有學者説："戴氏雖筆耕甚勤，但享年不永，又逢亂世，著作多散佚。在經學領域只著有《書傳補商》《書傳疑纂》二書。但後者並未梓行，今未見。"②遍檢各種目録，惟有《販書偶記》著録："《書傳疑纂》，八卷，底稿本。"③據《中國古籍善本書目》的綫索，筆者在上海復旦大學圖書館找到此書，共八卷，一函三册，由蕭穆于同治二年（1863）抄寫並批點。蕭穆（1835—1904），字敬甫，一字敬孚，桐城人，跟隨方宗誠等人學習桐城的古文義法，愛好收藏古籍，長於校勘考證，著有《敬孚類稿》《敬孚尺牘》《敬孚遺稿》。蕭穆爲桐城後學，又是戴鈞衡摯友方宗誠的弟子，他能夠有機會看到並抄寫戴鈞衡《書傳疑纂》一書，亦在情理之中。

---

①方宗誠撰. 方柏堂遺書［M］. 清光緒十二年刻本, 卷 1, 12—13.

②劉德州. 戴鈞衡之學術淵源及其《書傳補商》之特色［J］. 孔子研究, 2015:
　64—70.

③孫殿起著. 販書偶記［M］. 上海:上海古籍出版社, 1999, 卷 1, 25.

二、《書傳補商》《書傳疑纂》的内容

　　《書傳補商》與《書傳疑纂》爲戴鈞衡注解《尚書》的精心之作，從中可見其《尚書》研究之全貌。兩書思想一脈相承，内容相輔相成，但各具特色。戴在《書傳補商》序例中云："殷《盤》周《誥》，詰曲聱牙，歷漢訖今，義多未顯。《微子》《金縢》《多士》《君奭》《多方》《立政》《顧命》《康王之誥》《吕刑》諸篇，語意艱深，無殊《盤》《誥》。窮經者不求甚解，試士者不以命題，苟無古文諸篇，則斯經幾同廢棄。是《書》特加詮釋，仍以次編；其他明顯之篇，間有齟齬之處，别爲《疑纂》，附以質賢，不敢傚近儒之擯絶古文，亦並異草廬之專釋今文也。"①可見，《書傳補商》是對今文《尚書》二十八篇中最艱澀的商周誥體文獻十五篇的詮解，至於餘下十三篇不釋，劉起釪認爲："今文中還有十三篇他以爲明顯易懂，因而未釋。只遇諸篇有問題不好解之處，另撰《疑纂》一書釋之。"②二書内容各有側重，《書傳補商》只釋今文，《書傳疑纂》不僅注解了《書傳補商》未釋的一些今文篇目，還兼釋僞古文《尚書》篇目；而在學術觀點和治《書》方法上兩書基本一致，所以《書傳疑纂》可視爲《書傳補商》之補充與延續。

　　《書傳補商》分爲十七卷，十五篇，包括《盤庚》《微子》《金縢》《大誥》《康誥》《酒誥》《梓材》《召誥》《洛誥》《多士》《君奭》《多方》《立政》《顧命》《吕刑》，其中《盤庚》分上中下三節。前有《序例》，説明全書體例和解經方法、原則，卷中個别篇次有小序，如《金縢》《洛誥》《君奭》《梓材》。除《康誥》《洛誥》篇以外，其他篇目後均附有諸家觀點。

①戴鈞衡撰.書傳補商[M].序例,2.
②劉起釪著.尚書學史[M].北京:中華書局,2017:390.

　　《書傳疑纂》共八卷，二十八篇，包括《堯典》《舜典》《大禹謨》《皋陶謨》《益稷》《禹貢》《甘誓》《胤征》《仲虺之誥》《湯誥》《伊訓》《太甲》《説命》《高宗肜日》《西伯戡黎》《泰誓》《牧誓》《武成》《洪範》《旅獒》《無逸》《蔡仲之命》《周官》《君陳》《畢命》《文侯之命》《費誓》《秦誓》。各篇解説十分簡要，僅對篇中有疑義之處重點釋解，符合《書傳補商》序例中所敘述的"間有齟齬之處，別爲《疑纂》附以質賢"①的撰寫目的。《五子之歌》《咸有一德》《微子之命》幾篇未單獨進行詮釋，僅列篇名。

　　兩書均以蔡沈《書集傳》(以下簡稱《蔡傳》)爲依據，匯集衆家解説，詮解《尚書》篇章，從分節、析句、考字、串講文意、訓釋義理各個方面，對《蔡傳》的不妥之處進行補正商榷，力求使蔡沈《書集傳》圓融貫通。相對來説，《書傳補商》對《蔡傳》駁正多於補充，《疑纂》則補充之處較多，駁正之處較少。二書共釋讀今古文《尚書》45 篇，全面展現了戴鈞衡的《尚書》學成就、經學思想、治學方法。

三、戴鈞衡的經學思想和解經特色

　　義理、考據、詞章三者兼備，是桐城派作文的主張。姚鼐云："苟善用之，則皆足以相濟；苟不善用之，則或至於相害。"②身爲桐城派後學，戴鈞衡的《書傳補商》《書傳疑纂》烙上了桐城派文章家的濃重印記，他以闡發理學思想爲宗旨，以訓詁字句、順通文義爲基礎，分析文法文氣，時見考證發微，將義理、詞章、考據等結合起來對《尚書》進行詮釋，在治經過程中，既能够闡發思想、落實考據，又能兼顧文辭之美。

---

①戴鈞衡撰. 書傳補商[M]. 序例,2.
②姚鼐撰. 惜抱軒文集[M]. 臺灣:文海出版社,1980,卷 4,21.

戴鈞衡的經學思想和治經方法,不僅在《書傳補商》的序例之中有集中的闡述,而且散見於對《尚書》具體篇章的説解中。

1. 相信僞古文,支持僞《孔傳》。

自東晉梅賾獻出五十八篇古文《尚書》,至閻若璩《尚書古文疏證》出現,立於官學達千餘年之久、爲儒者所深信不疑的孔傳《古文尚書》的身世之謎才真正揭開。戴鈞衡生時,梅本古文《尚書》二十五篇及所謂的孔安國《傳》之僞已成公論,許多學者已將僞《古文尚書》棄若敝屣,對僞《孔傳》也大加排斥,而戴鈞衡對此不以爲然。

戴鈞衡認爲,僞古文《尚書》能流傳下來,必有其存在的意義與價值,不能輕易否定。在詮釋《尚書》時,他對那些被認定爲僞古文《尚書》的篇章也兼而收之,在《疑纂》中選取了《胤征》《説命》《泰誓》《君陳》等篇進行訓解,因爲這些篇章所記載的聖人言行、君臣大義不可磨滅,有益於教化。他在《泰誓》篇中感嘆道:“是書真見聖人順天應民、救民水火之心坦白光明,毫無委曲。三代下應運真主,假仁誓衆,仗義興師,有一能大公無私至誠迫切如武王之舉動者乎? 然則《泰誓》三篇,真僞即不可知,而其不愧爲聖人之言,則可信也。”①

而對《孔傳》的真僞,戴鈞衡雖有疑慮,但覺得其尊崇王道、擁護王權、維護三綱五常之理等説法,仍有可取之處,不宜一概摒棄:“《孔傳》真贋,原不敢知,以較馬、鄭諸公,得失參半。近代漢學家專崇馬、鄭,視此如仇,彰顯可通,亦加攻擊。兹乃邊見,未足式型。”②因此他在解經時時時徵引僞《孔傳》,對其在文字訓詁、斷句方面某些合理的説解,往往予以採納,對於其不足之處則必加否定,如《微子》“我祖厎遂陳於上”句中,《蔡傳》訓“遂”爲功,《孔傳》云“致遂其功”。戴直接指出:《蔡傳》爲誤,《孔傳》乃增文衍説,“非以遂爲功,遂未嘗有

①戴鈞衡撰. 書傳疑纂[M]. 清抄本,卷2.
②戴鈞衡撰. 書傳補商[M]. 序例,4.

功訓也。"①

由此可知,戴鈞衡對於古文《尚書》及僞《孔傳》的態度,實際上依然秉承著朱熹、蔡沈等宋明理學家的正統觀點,雖然有所懷疑,但認爲古文是聖道的真傳,爲世道人心所繫,生怕廢了它就會綱維解紐,還是極力維護。正因如此,《書傳補商》雖受到顧頡剛稱讚,而戴鈞衡本人則被顧頡剛稱爲"沉迷僞古文的衛道士"②。

2. 宗主《蔡傳》,漢、宋兼采。

清初一些徇常守舊的學者大都承襲宋學,他們在《尚書》上宗奉《蔡傳》,而以古文《尚書》爲不僞。清中期興起考據學派,崇尚馬融、鄭玄爲代表的漢學,擯棄程朱爲代表的宋學,宋學、漢學勢同水火。《四庫全書總目·經部總敘》對此進行了极好的概括:"國初諸家,其學徵實不誣,及其弊也瑣。要其歸宿,則不過漢學、宋學兩家,互爲勝負。夫漢學具有根柢,講學者以淺陋輕之,不足服漢儒也。宋學具有精微,讀書者以空疏薄之,亦不足服宋儒也。消融門户之見,而各取所長,則私心祛而公理出,公理出而經義明矣。"③戴鈞衡師從方東樹,方東樹學問本出於程朱,主張窮理盡性,因文見道,戴鈞衡自然深受其師影響。

因此在《補商》序例中,戴鈞衡首先表明自己宗主宋學、推崇《蔡傳》的立場。他說:"《書》有《蔡傳》,猶《易》之有程子,《四書》之有朱子也,雖分量微有不同,而發前儒之未明,爲功則一。"④《蔡傳》代表宋代《尚書》研究的最高成就,自元明清以來,立於學官,是《尚書》闡釋的正統。戴鈞衡認爲蔡沈《書集傳》釋義堪稱精當,但亦有不足

①戴鈞衡撰. 書傳補商[M]. 卷4,25.

②劉起釪撰. 尚書學史[M]. 北京:中華書局,2011:372.

③永瑢等編. 四庫全書總目[M]. 臺北:臺灣商務印書館,1986:1—88.

④戴鈞衡撰. 書傳補商[M]. 序例,2.

之處，"而按以經文，或過爲求深，或曲爲暢説。伊川先生所謂'言本近而鑿教深遠者也'。是書於此類間有不從，非不知前賢之苦心，乃恐失廬山之面目耳。"①"獨於《盤》《誥》諸篇，義奥辭艱，不無失經本恉之處，元明以來，代有指摘。"②故而戴鈞衡在《書傳補商》中廣列各家注疏，對蔡沈《書集傳》求之過深、曲爲暢説、强辭申義之處進行商榷。

　　清代中期以後，漢學、宋學日趨壁壘森嚴。"桐城派又好述歐陽修'因文見道'之言，以孔、孟、韓、歐、程、朱以來之道統自任，而與當時所謂漢學者互相輕。"③戴鈞衡雖然師承桐城派，但並不排斥漢學，他認爲漢學、宋學各有弊端，又各有長處。他在《洛誥》小序中云："是篇宋儒鬭漢儒者二事，一曰'復子明辟'，一曰'命公後'、'惟告周公其後'。漢儒重師承，宋儒主義理，偏守師承，多乖大義；空疏義理，恒病無徵。二者擇善而從，勿有拘執。"④所以他在旁求衆説對《蔡傳》補充商榷時，堅持的原則是：《蔡傳》可通之處，則取蔡沈觀點；《蔡傳》不可通之處，則遍參諸家之精當，參以己見，補伸其義。他博引古書七十餘部，既對漢學家推崇的、間存於《經典釋文》《尚書正義》及《史記》注等書的漢代馬融、鄭玄經説擇善擷入，也對漢學家排斥的僞《孔傳》的説法時時採録，既於宋代理學家如林之奇、吕祖謙、朱熹等人的看法隨處引用，又將如惠棟、戴震、段玉裁、王引之等爲代表的清代漢學家及以李光地、張英等人爲代表的清代理學家的觀點也多有收納。可以説，正是由於戴鈞衡抛卻門户之見，兼采衆家之長的治學理念，使他的《書傳補商》能够貫通漢、宋，考訂精密，多發前人

①戴鈞衡撰. 書傳補商［M］. 序例，3.
②戴鈞衡撰. 書傳補商［M］. 序例，1.
③梁啓超著. 清代學術概論［M］. 長沙：岳麓書社，2010：63.
④戴鈞衡撰. 書傳補商［M］. 卷11，107.

之未見。在平定太平天國以後,曾國藩竭力提倡漢宋調和,既想化解桐城派與漢學家的宿怨,也想消除經今古文經學的爭端,他的這種做法,除了時勢風氣等因素之外,其友戴鈞衡的影響,恐怕也不容忽視。

3.戴鈞衡在解經時,訓詁字句,考證名物,闡發義理,分析文氣,賞鑒文法,將義理、考據、辭章結合起來,體現出迥異於他人的解經特色。

戴氏解經,首重訓詁,認爲訓詁字句是理順文意、闡發義理的基礎。"經中義理,隨詁而生,訓詁失真,即經義失實。"①而在訓詁方面,主張小學一事、通假之説,解經者均需明瞭,尤其對《尚書》這樣一部文字古奥,晦澀難懂的儒家經典,更須如此。故而他在《書傳補商》中廣徵先秦子書以及《左傳》《史記》《漢書》等史書之注、《爾雅》《説文》《釋名》《經義述聞》《經傳釋詞》等訓詁資料來疏通字句,同時參引馬、鄭、《孔傳》、宋、元、明及清代各家注疏,即經索解,使文意通曉、主恉明白。凡是《尚書》中訓詁之運用,通假之本源,他都進行了標注,舊説隨文引入,己見則逐句推求。

戴鈞衡在面對紛紜衆説,取捨的原則是準理揆義,擇長摭善。在兩義俱精、未能偏割的情形下,取其一以爲宗主,附其一以備參觀。若有衆説參差又不能以理斷之,則兼收並列以示衆人。他在卷十一《洛誥》序中明確表示:"竊謂《尚書》當秦火後,伏生口傳,昏眊記誦,不能無譌。孔壁古文類多奇字,安國讀以今文,舛戾或有。又復竹簡叢冗,稍亂即乖,加以易篆爲隸,輾轉沿失,先儒所謂脱簡誤文,誠哉不免。今欲一一疏暢昭朗,勢必不能然。而稽古求通,即經索解,必將擇長摭善,俾大恉開明,人可誦説;又必準理揆義,掇除謬悠,雖吾之所言,非必古人之言也,而逆之以心,通之以義,苟不謬於古人,則

──────────

①戴鈞衡撰.書傳補商[M].序例,3.

古人之所許也。"①在卷五《金縢》他亦表達了同樣的看法："大抵學者解經，於前儒之言，必擇其理之長而證之確，理足以相持而證又不足以相勝，則惟一以經文爲斷，推之字句少傅會穿鑿而無害於道義者，從之而已。"②

不僅在取捨衆説時要以道義爲原則，戴鈞衡每立一説，也必揣度聖賢之心，推之義理，以倫理綱常爲標的。如《洛誥》中"復子明辟"一句的解釋，歷來聚訟不斷，戰國秦漢間學者認爲武王死後，成王年幼，周公踐祚當國。及成王壯，周公作洛邑既成，遂"復政成王"，以後學者多承其説。而到了宋代，朱熹、蔡沈等人則認爲周公不曾"踐祚稱王"，釋"復子明辟"爲"成王命周公往營成周，周公得卜，覆命于王也"，力辟漢唐學者之非。戴鈞衡臚舉歷代説法之後，申明自己立場："考《傳》義，本王氏安石。王氏之言曰：'先儒謂成王幼，周公代王爲辟，至是乃反政於成王。以《書》考之，周公位冢宰、正百工而已，未嘗代王爲辟，則何君臣易位、復辟之有哉？復如復逆之復，成王命周公往營成周，周公得卜，復命於成王。謂成王爲子者，親之也。謂成王爲明辟者，尊之也。'程子、葉氏夢得、吕氏祖謙皆取王氏之言……今案：王氏、葉氏、吕氏所辨，理正義精，足以洗聖人之誣，定君臣之分，釋萬世之猜，可謂善於説經、有功名教者也。"③由此可知，戴鈞衡雖對蔡沈《書集傳》有所駁正，但其總體思想都是以尊崇三綱五常，擁護君主統治爲基礎，名分所關，義理所係，半點不得逾越。

他在闡發義理時，往往不憚辭費，如《微子》中論"三仁"，引柳宗元、李翰之文，一詠三歎，於去就之節、君臣大義反復置論；在《金縢》中對"居東二年"的含義再三推導，曲盡情理，細緻入微；在《大誥》卷

①戴鈞衡撰.書傳補商[M].卷11,107.
②戴鈞衡撰.書傳補商[M].卷5,42.
③戴鈞衡撰.書傳補商[M].卷11,109.

尾廣引衆家之説後,又大發感慨,對周公之處境用心一再申辯;在《召誥》最後,引林之奇、真德秀之語,對召公事成王惓惓忠愛之情不斷讚歎……他引録前人這些有關治道、啓迪人心、發揮義藴的話附在篇後,蓋有意爲之,目的是要"俾學者知古人讀書用意,不徒規規然字句解釋間也。"①不難看出,這些文字實際上也寄託了戴鈞衡的許多言外之意,身世之感,隱微曲折地表達了他對於清明政治、賢君良相的期盼,以及對現實時局的不滿。

戴鈞衡解經,不僅重視義理、考據,也極其善於體會文意,揣摩文氣,經常從前後文句之間的呼應、行文的層次推進來分析文理,以揭示《尚書》的文法之妙。他認爲:"六經載道,非可言文;古人詁經,莫論文法。蒙意不通文事,未許讀經。"②如《書傳補商》卷九在注解《梓材》"汝若恒"至"肆亦見厥君事,戕敗人,宥"一段時,先釋字,斷句,然後申講,最後分析文法:兩"曰"字屬康叔言,"亦厥君先敬勞,肆徂厥敬勞",仍王誥叔之詞,不承上"曰"字貫下讀。"肆往姦宄殺人"云云,舉紂時臣子效君之縱宥罪人,反言以明君先敬勞臣乃敬勞之意,兩"厥君"字緊相呼應。下文"王啓監"云云,又申言不可不敬勞之義也。"如此則上下文脈莫不貫通,而各虛字之精神亦出,沈誦久之,有順逆回環、抑揚開合之妙。"③

如何才能體會出古人的文法高妙?要對經文反復沈誦,反復推玩。戴鈞衡在書中曾多次強調這個方法,"細審之,卒與上下文義不相通貫。反復沈誦,久之而豁然悟也。(《召誥》)"④"嘗反覆沈誦,覺大恉尚自可尋。(《洛誥》)"⑤"如此則通篇氣脈融洽分明,而古人

①戴鈞衡撰.書傳補商[M].序例,6.
②戴鈞衡撰.書傳補商[M].序例,4.
③戴鈞衡撰.書傳補商[M].卷9,89.
④戴鈞衡撰.書傳補商[M].卷10,97.
⑤戴鈞衡撰.書傳補商[M].卷11,108.

文法之空遠高妙,愈讀而愈出矣。(《梓材》)"①他自云:"解經固資箋注,而通經衹在白文。嘗有旁索諸家,微言愈晦;屏除百氏,妙義潛通。惟反復而沈吟,乃精神之契合。是書每解一篇,數十誦而始披傳注;每取一説,數十誦而始定從違。"②尤其"周誥諸篇,辭意高深,波瀾空闊,或一句一義,語斷神連;或數十句一義,盤空旋轉;或遠勢遥接,或首尾相銜,割節分章,反失其妙,注家苦於詮釋,不得不然。學者訓詁既明,全篇精誦,斯古人之神味出矣。"③

　　體會古人文法高妙,不僅要反復沈誦,而且在誦讀時還要一氣讀下,戴氏書中對此法時時提及。"此處應一氣讀下,方能體會行文之妙。""將言宅事、宅牧、宅準,而先言拜手稽首后矣者,致敬以尊禮其君者也。數句宜一氣讀,乃見史臣文法之妙。"(《立政》)④《吕刑》"罰懲非死"引吴澄疏解之後,加案語曰:"吴氏一氣讀下,甚捷,今取而加釋之。"⑤

　　除了闡明自己詮解《尚書》的立場、觀點、方法之外,戴鈞衡在《書傳補商》中也批評了一些儒者解經的弊病,比如:

　　據理求通,改易經字,任意改置前後順序,以逞其私説;

　　解經時過於求新,於字詞文義之間强加新意;絕無據依,而但就經文一二字之可通,遂欲徑創數千年未經人道之新語;傅會穿鑿,否定通假之意義以求奇。

　　揣意爲説,以今律古,以後世情事上測古人。

　　于經義不可解之處,强解以求通,不知闕疑;如《康誥》首四十八

①戴鈞衡撰. 書傳補商[M]. 卷9,87.
②戴鈞衡撰. 書傳補商[M]. 序例,4.
③戴鈞衡撰. 書傳補商[M]. 序例,4.
④戴鈞衡撰. 書傳補商[M]. 卷15,165.
⑤戴鈞衡撰. 書傳補商[M]. 卷17,205.

字,前儒以爲錯簡,紛紜衆説,戴鈞衡以爲:"然則四十八字果有錯簡與否,朕弟寡兄究爲何人語氣乎,曰:此直當闕疑而不能斷者也。""讀書而不闕疑,必有扞格不通之處。"①

不治全經,僅窺一隅而貿然注解,一句可通,一節可訓,而乖謬全篇;他陳説自己纂作《書傳補商》:"是書一文一句,必玩全經,其或一語而彼此殊宗,一字而後先異詁,惟求其是,不敢彊同。"②

總而言之,戴氏認爲解經不足深辯,亦不可專泥一説,惟當據經解經。於本經難通而諸家可取立説者,援以發明,本經既通,不敢牽引。對於《尚書》的闡釋,他的目標是要信而通:"説經之道,惟信與通。信而不通,則以辭害意;通而不信,則雖善無徵。是書於義理必審其安,於故訓必尋其確,兩義可通,取證之的;兩徵俱實,依理之長。"③"每立一言,必推之義理而可存,按之經文而甚順,揆之前儒而較合,示之學者而易明。"④他希望通過《書傳補商》,對人們閱讀理解義奧辭艱的《尚書》,起到開通墾闢之助。

四、《書傳補商》的價值與影響

戴氏《書傳補商》,旁搜遠紹,廣徵博引,排比取捨,體例嚴謹。他自述成書經過:"是書朝商暮改,一紀於兹,出示同方,必祈釐正。一疑來告,反復求安;妙義可參,隨時補改。今刊代寫,廣正高賢,期他年學力稍優,審定群言,以成一家之經注。"⑤十二年勤苦,三易其稿而成《書傳補商》,可見戴鈞衡用功之深厚,態度之審慎。

---

①戴鈞衡撰. 書傳補商[M]. 卷7,58.
②戴鈞衡撰. 書傳補商[M]. 序例,5.
③戴鈞衡撰. 書傳補商[M]. 序例,3.
④戴鈞衡撰. 書傳補商[M]. 序例,4.
⑤戴鈞衡撰. 書傳補商[M]. 序例,6.

正因如此，書成之後，頗受推重。方宗誠稱贊《書傳補商》"是書在國朝經學中，最有補於經術"。① 曾國藩在日記中云："余好讀《吕刑》，而苦不能盡通其讀。兹悦戴氏之説，有愜予心者，如'制百姓於刑之中'、'天齊於民，俾我一日'暨'非從惟從'等句，皆黎然有當於人心，欣賞無已。"②

在現代學者中，顧頡剛非常欣賞戴鈞衡的《書傳補商》，他説："此書之作，實用苦功。惟適值太平天國軍興，社會動蕩，故流行不廣，無聞於世。余今讀得，必表章之！"③劉起釪在與其師顧頡剛合作完成的《尚書校釋譯論》中，經常引用戴鈞衡之觀點；並且在《尚書學史》中對戴鈞衡的《尚書》學貢獻與影響做了極爲中肯的評價："戴鈞衡本爲桐城派文章家，早承方苞、姚鼐之學，原善於從文章的古文義法入手，分析文句，及後學有專攻，能承受段氏及王氏父子之學，無門户之見，於漢、宋惟擇善而從，對馬、鄭，對二孔，對《蔡傳》，都能經過研究批判繼承。其術先采漢學家之學通其訓詁，接著進而從古文章之義法上求其貫通，因此能把難讀的《盤》《誥》諸篇大體講得文從字順，使這些篇章能够通讀。在他之後，清末出現了好幾位桐城派學者，相繼寫有《尚書》著作，都是沿著他這一治學路數而取得成就。"④

當然，對於我們今天的讀者來説，我以爲，戴氏此書好處，可以概括如下：首先，戴鈞衡其生也晚，此書又廣徵博引，彙聚歷代經説，概括前人觀點，不僅極具資料集成之富，而且使後學對《尚書》每篇存在的主要問題以及爭論可以一目了然，提供了按圖索驥、入手研究之便利；其次，戴氏解經，融合漢、宋之長，既有訓詁，又有義理，且注重文

①方宗誠撰. 柏堂師友言行記[M].民國十五年京華印書局本，卷1,5.
②曾國藩著. 曾國藩全集[M].石家莊：河北人民出版社,2016:162.
③劉起釪. 尚書學史[M].北京：中華書局,1989:378.
④劉起釪. 尚書學史[M].北京：中華書局,1989:378.

法、結構的分析，對於《尚書》的詮釋，較之前代奉爲權威的僞《孔傳》、蔡沈《書集傳》，明顯全面細緻，委曲周詳，更有益於後學研讀理解，衝破古奧艱澀之文字障礙，一窺《尚書》之堂奥。再次，戴氏解經，於前人糾纏之處，多有發明，如對《微子》中"我舊云刻子"之"刻子"、《金縢》中之"居東二年"、《梓材》中"肆往姦宄殺人厲人宥"之"厲人"、《召誥》中之"讎民"、《君奭》中之"小子同未在位"之"未"、《多方》中之"王曰嗚呼猷"、《吕刑》"民之亂罔不中"之"中"等等闡釋，新人耳目，頗具啓發之力。最後，戴氏於《書傳補商》序例之中，詳細總結了自己的治經心得與方法，對前儒解經中存在的弊病亦客觀揭露，爲後學開示了注解儒家經典應當具備的態度和法門。凡此種種，可謂嘉惠儒林，功莫大焉，這也正是我們選擇整理戴鈞衡《書傳補商》的主要原因。

何如月
庚子年仲夏於長安終南山下

整理説明

一、目前所見《書傳補商》版本有兩個：一是清咸豐五年桐城戴氏刻本；二是咸豐五年刻同治七年印本（因加入方宗誠《戴存莊權厝志》而爲另一版本）。此次標點以咸豐五年桐城戴氏刻本爲底本。

二、標點過程中，《尚書》原文以黑体標識，戴鈞衡引用諸家解説以及按語等解經文字均用宋體以示區別，原文雙行小注改爲單行小字。

三、底本凡有訛、脱、衍、倒而進行增、删、改者，一般皆出校説明。形近易訛字有文獻依據者以及常見的異體字、簡體字、避諱字，隨文改正，不出校記。生僻異體字改爲規範繁體字。

《書傳補商》序例

鈞衡治《尚書》盤、誥諸篇，先取漢唐以來諸説縷列辨之，既以煩而無當也，乃壹以《蔡傳》爲之主，差諸家之精當者，參以管見，補伸其義，商榷其譌。篹初成，自爲之説曰：自東晉梅賾上古文《尚書》，而漢代諸家異同之本廢；自唐孔穎達等奉敕撰《正義》，而漢魏晉隋諸家異同之説亡。論者多以是爲惜，蒙意不然。伏生、歐陽、大小夏侯、馬、鄭、王、顧之説，非絶不傳於後者，觀其大略，測其全書，類不能遠過於今行《孔傳》。秦火肆虐，聖道晦盲，緒已絶而僅延，道欲明而未啓，當時諸儒之所得，制度、名物、典章而外，大率相同，其於聖人之道，若九牛之一毛，滄海之一涘而已。非其心思才力遜於後儒，亦時會氣運使然，搜羅掇拾之功勤，而窮理精義之功少也。有宋蘇子瞻、陳少南、張子韶、林少穎、楊中立、葉少藴、吳才老、吕伯恭諸家之説出，而《書》之大恉以明；其間又得程子、朱子先後論訂，蔡氏本師意，折群言以成《集傳》，而後二帝三王之心，修齊治平之道，天人興廢之故，禮樂刑政之原，燦然犁然，無幽不燭。其於古文諸册，辨義晰理，如日中天，無可復議；獨於《盤》《誥》諸篇，義奧辭艱，不無失經本恉之處，元明以來，代有指摘。其精者，起九峰無異辭；其彊辭申義者，或正傳而又失之。譬如以黍爲粱，以稷爲麥，其論粱與麥是也，而未必其粱也麥也；指夏之衣曰葛，指冬之衣曰裘，其論葛之宜夏、裘之宜冬是也，而未必其葛也裘也。郢人過書"舉燭"以遺燕相，燕相得書而國大治，燕則治矣，而非郢人意也。昔朱子慮人之彊黍爲粱，彊稷爲麥，彊裘葛以就冬夏,故諄諄教人於知之明者食之衣之,其不明者闕之。然而苟有能別其爲黍爲粱爲稷爲麥爲葛爲裘者,朱子必將曰:"是可食也,是可衣也。"觀其平日節取介甫、子瞻、以道、才老諸家之説者,其用意可知也。或曰:吾子之爲是書,固朱子之所許矣,獨不聞伯恭初解《書》謂無難通,後乃自悔不能闕疑乎?曰:伯恭之解《書》與蒙異,伯恭於不可通者,彊以辭義申之,説易巧而難安;蒙於不可通者,類以古訓參之,詞易明而少曲。蒙生伯恭時,爲伯恭之所爲,未必能道伯恭之言也;伯恭生蒙時,以蒙之法爲之,則必有蒙所不能言而亦不如其當日之所言者矣。今夫日引而日靈者,心也;日推而日廣者,學也。《書》之大義與讀《書》之法,宋賢出無遺蘊矣;章句訓詁之末,固有前賢未及諟而後儒可日推以明之者。生古人後,輕易古人之説者,妄也;生古人後,不能徧考其説而擇從者,陋也;生古人後,有可以發古人之未發而不敢發者,拘也。且朱子不嘗云乎,《尚書》可疑諸篇概置弗信,恐倒六經。又謂荆公不解《洛誥》,擇可曉者釋之,甚善。後人解《書》,又須解盡。夫朱子嘗言不必彊解,而又云云若此,何哉?讀《書》而不闕疑,必有扞格不通之處;解《書》而不求盡,先不知何者爲疑之當闕矣。余之纂是書也,亦聊守朱子解盡之意,而不敢任六經之倒而已。若夫譔述義例,條列左方,以商海內好學君子。

一、殷《盤》周《誥》,詰曲聱牙,歷漢訖今,義多未顯。《微子》《金縢》《多士》《君奭》《多方》《立政》《顧命》《康王之誥》《吕刑》諸篇,語意艱深,無殊《盤》《誥》,窮經者不求甚解,試士者不以命題,苟無古文諸篇,則斯經幾同廢棄。是《書》特加詮釋,仍以次編;其他明顯之篇,間有齟齬之處,別爲《疑纂》,附以質賢。不敢傚近儒之擯絶古文,亦並異草廬之專釋今文也。

一、《書》有《蔡傳》,猶《易》之有程子,《四書》之有朱子也,雖分量微有不同,而發前儒之未明,爲功則一。觀其所採,於漢則《孔傳》

之説爲多,於本朝則東坡、少穎、伯恭三家之言爲夥,而去取一宗朱子,故精當迥異各家。後來諸儒所參,使蔡氏見之,當必更有爲其所用者。是書旁求衆説,商所未安,意在尊經,不嫌異傳。

一、《蔡傳》有義理精妙,玩之洽心,而按以經文,或過爲求深,或曲爲暢説,伊川先生所謂"言本近而鑿教深遠者也"。是書於此類間有不從,非不知前賢之苦心,乃恐失廬山之面目耳。

一、詁經之體,不能不增字成文,但必删除所增之字,按之經語,仍自明通,乃爲無病。苟增字可説,删字難通,則委曲傳會之解也。《傳》中此類,不敢曲從。

一、説經之道,惟信與通。信而不通,則以辭害意;通而不信,則雖善無徵。是書於義理必審其安,於故訓必尋其確,兩義可通,取證之的;兩徵俱實,依理之長。亦有舊解未安,不得不姑從爲説者。與其闕而不論,使學者無所適從,何如權立其辭,俾讀者猶可解説。

一、經中義理,隨詁而生,訓詁失真,即經義失實。發揮義理,非賢者莫極精微;詮釋白文,雖大儒不無歧説。觀朱子《論》《孟》精義所採,如伊川之解懷德懷刑、上蔡之解先進後進、橫渠之解不夢周公、成都之解觀過知仁,於聖言非不得其一偏,《集注》出而後知其未得真是也。是書參求衆説,務取其長,間有兩義俱精,未能偏割,取其一以爲宗主,附其一以備參觀。其輿地沿革、年日後先與夫衆説參差不能以理斷者,兼收並列,以示傳疑。

一、小學一事,解經者不可不知。漢唐以來諸書不必述矣,國朝邵氏《爾雅義疏》、段氏《説文解字注》、阮氏《經籍籑詁》、王氏《廣雅疏證》《經傳釋詞》等書,匯百氏之傳箋,廣前修所未備,雖亦間有傅會,而精到者自不可磨。是書凡有採用,取其精確,去其支離。昔程子有言:"凡看文字,先須曉其文義,文義曉,然後其意可尋。"鄙意之廣證旁搜者,惟欲使文義之明,非好與先賢爲異也。

一、破字解經,曩賢所戒,然字之通假,文之誤譌,確有難諉,不容執一。如《論語》之無所取材、不至于穀、五十學《易》、井有仁焉，《學》《庸》之此，謂自謙而後厭然。儀監于殷、素隱行怪、《孟子》之由水就下、無以則王，觀朱注之表明，知辭義之難彊。周秦諸子，《史》《漢》諸書，通假不明，更多難讀。《尚書》奧句，此類亦多。蒙昔年曾輯《通假字匯》一書，於斯道頗窺區蓋，故敢以分寸之聞見，補萬一于高深。蓋本字難通，原文費解，與其增辭曲説，何如借讀易明？昔朱子於"天棐忱辭"，取《漢書》注，讀"棐"爲"匪"，則兹固大賢之所許也。友人有惡近代漢學家穿鑿支離，遂概斥通假爲不可信，則六經假借之謂何？且毋乃因噎而廢食乎？

一、經文之難解者，説經之士，未必語語真合古人，但每立一言，必推之義理而可存，按之經文而甚順，揆之前儒而較合，示之學者而易明。是書得失，不敢自知，惟三數同人謂得是本而此經易讀，則於詰曲聱牙之語，亦稍有開通墾闢之助云。

一、六經載道，非可言文；古人詁經，莫論文法。蒙意不通文事，未許讀經。周誥諸篇，辭意高深，波瀾空闊，或一句一義，語斷神連；或數十句一義，盤空旋轉；或遠勢遙接，或首尾相銜，割節分章，反失其妙，注家苦於詮釋，不得不然。學者訓詁既明，全篇精誦，斯古人之神味出矣。是書解説之中偶有論及，亦知近陋，聊欲共明。

一、解經固資箋注，而通經祇在白文。嘗有旁索諸家，微言愈晦；屏除百氏，妙義潛通。惟反復而沈吟，乃精神之契合。是書每解一篇，數十誦而始披傳注；每取一説，數十誦而始定從違。未必當於人人，聊復言之爾爾。

一、《孔傳》真贋，原不敢知，以較馬、鄭諸公，得失參半。近代漢學家專崇馬、鄭，視此如仇，彰顯可通，亦加攻擊。兹乃邊見，未足式型。《蔡傳》於是書十遵四五，鄙意仍有可採者，間亦登之。

一、馬、鄭二家《書》註久佚，《釋文》《正義》及《史記》注與他經疏間存一二而已。是書偶爲擷入，善者從之，其不善者概不採録。亦有本不足採而爲近代漢學家所偏袒者，略爲辨之。

一、有宋、元、明治書者夥，董氏《纂注》、陳氏《纂疏》所引，國朝《四庫書目》所收，《書經傳說匯纂》所採，成德通志堂所刊，以及世所流傳，不下百家。蒙所目親，裁五十餘家而已，未見各種，容俟補稽。

一、當代著家不一而足，專漢學者多失於偏，新義旁通，間有創獲；專書之外，散見於各家雜著文集者，均有足補前賢。大恉相同，第收初創；詳略互見，抉善而登。其悖謬者概弗屬入。

一、漢儒師授，各有異同，《説文》、石經及諸子、《史》、《漢》、《文選》注家所引，字多區別。是書於本經難通而諸家可取立説者，援以發明。本經既通，不敢牽引，他若優賢揚歷、劃割臍宮、帥彼天常、唯曰圭璧，傳本各判，斷簡難稽，概不摅言，反滋異説。

一、伏生口授，孔壁珍藏，錯簡誤文，誠哉不免。漢唐依經釋義，尠所竄移。宋元據理求通，每多更易。《武成》《洪範》《康誥》《梓材》，變本改弦，似爲過甚。是書於經文原本，遍考求通，苟有可言，必仍其舊。其或單文隻字，百慮難通，證確義精，乃從換易。

一、採録先言，時有節易，或原文煩冗，割棄蕪辭；或全義支離，裁收數語。然而斷章則有，變本則無，惟《朱子語録》之文，間爲易其俚語，其他有與原書異者，則據先儒之引改，非小子所敢塗也。

一、鄙見所及，間合前賢，善苟在人，何殊出己？既我心之先獲，斯蒙説之隨删，蓋不敢暴己之長、掩人之善也。其或微言得半，嚆矢初鳴，亦必先録前辭，隨加暢隱，不敢昧因作創，冒竊爲真。

一、昔儒經説，彼此參差，不治全經，終多未合。嘗見微辭妙解，創若天生，或一句可通，反乖全節；或一節可訓，刺謬全篇。乍視若此絀彼優，細測仍此長彼短。是書一文一句，必玩全經，其或一語而彼此殊宗，一字而後先異詁，惟求其是，不敢彊同。

一、近儒著書，多用附註，蓋正文未盡，餘義旁通，入之辭中，則文多冗長；置之辭外，則類不相從，惟以分注雙行，隨事牽綴。既正文之不雜,亦餘義之畢宣。是書義仿時賢,例同古史,訓詁之出於何氏,通假之本於何書,一一載明,不敢臆説。

　　一、漢宋大儒詁經作傳,類採諸家之説,以成一己之言,但求聚以明經,不必盡詳所出。後儒則一言一義,類述其人。是書仿三山林氏之例,舊説則隨文引入,管見則逐句推求,傳所已明,則從其略。簡首用董氏《纂注》之例,凡所徵引,依代列明。

　　一、宋儒摭言,類書某氏,或稱外號,或冠里居,意示尊崇,不敢直斥。固前賢之謙慎,實後輩所宜然。第以人苟名賢,無難共曉;士非碩彦,恐訝誰何。是書例概書名,姓下加氏,既俾易曉,亦異直稱,謹遵《欽定諸經傳説》例也。惟程、朱稱子,萬世同尊;康成不名,敬避廟諱。

　　一、經内微言,貴能闡發;篇中大恉,類有要歸。前儒多以天人性命、治亂興衰發揮義藴,洵有關於治道,亦啟迪乎人心。是書篇後録收,俾學者知古人讀書用意,不徒規規然字句解釋間也。

　　一、聖人經恉,原止一歸,不得其真,群言乃別。解之而當,必合於人心之不言而同然。然朋友講習之初,又必彼此互異,抵隙攻瑕,真是乃出。若好人之同乎己,則自蔽也。是書朝商暮改,一紀於茲,出示同方,必祈釐正。一疑來告,反復求安;妙義可參,隨時補改。今刊代寫,廣正高賢,期他年學力稍優,審定群言,以成一家之經注云爾。

《書傳補商》卷之一

盤庚上

盤庚之遷，説者不一。《孔疏》引鄭氏康成云：“祖乙居耿，後奢侈踰禮，土地迫近，山川嘗圮焉。至陽甲立，盤庚爲之臣，乃謀徙居湯舊都。”又云：“民居耿久，奢侈成俗，故不樂徙。”是君民奢侈踰禮，盤庚憂之而遷也。王氏肅云：“自祖乙五世至盤庚元兄陽甲，宮室奢侈，下民邑居墊隘，水泉瀉鹵，不可以行政化，故徙都於殷。”是謂君奢侈而民患水泉，盤庚憂之而遷也。皇甫氏謐云：“耿在河北，迫近山川，自祖辛已來民皆奢侈，故盤庚遷於殷。”是又專謂民奢，盤庚憂之而遷也。三説小異，其言奢侈則同。夫風俗視教化爲轉移者也，民俗侈靡，人主但當躬行節儉，爲天下先，申法定制，使無踰越，自足黜浮反本，何待於遷？若謂先君侈奢，則第裁冗費，易汰規，以養材足國已耳，又何待遷？今有人焉，其祖宗習於豪華，子弟溺于淫泰，而是人方爲家主，乃曰：吾不能變祖宗之制度，禁子弟之食用，計惟遷可以已之，有是理乎？亦徒見其紛更煩苦而已。然則盤庚之遷，何故乎？曰水災也。曷災乎？曰河圮也。何以知之？曰亦於經文知之而已。上篇曰“不能胥匡以生，罔知天之斷命”，中篇曰“自鞠自苦，惟胥以沈，永敬大恤”，下篇曰“蕩析離居，罔有定極”，夫曰斷命、曰胥以沈、曰大恤、曰蕩析離居，非水災乎？非河水而災若是乎？孔氏安國第言水泉沈溺，未明言河患；《蔡傳》則直言之，可謂得其實矣。

盤庚遷于殷，民不適有居。

《傳》謂殷在偃師者，説本鄭氏。鄭以《史記》有"復故居"之文，又班固《地理志》于偃師縣注云"殷湯所都"，故斷以爲偃師。後之辨者，或以《史》《漢》爲誤，謂偃師實非湯都，盤庚所遷乃偃師也；或謂偃師非湯都，亦非盤庚所遷，衆説各持一是。近惟馮氏景辨之甚詳，其略曰：亳有三。蒙，北亳也；穀熟，南亳也；偃師，西亳也。南亳、西亳，皆湯所都；北亳，湯會諸侯之地，《左傳》"商湯有景亳之命"。名殷，名北蒙，名景亳。《括地志》云："宋州北五十里大蒙城，爲景亳，湯所盟地是也。"景亳因景山而名，《詩·玄鳥》云"景員維河"，《殷武》云"陟彼景山"，故《蔡傳》謂亳三面依山，鄭氏謂東成皋、南轘轅、西降谷也。《竹書》謂上甲微遷殷，又謂盤庚自奄遷于北蒙曰殷，《書序》言亳殷，孔安國言"殷者，亳之別名"，皆指景亳，即北亳也。今案馮氏本《商頌》，執景山以定殷地，執亳殷以斷盤庚所遷，脗合《竹書》，甚爲有據。輿地沿革，考古者原難臆斷，亦擇其言之多可據而近理者從之。"民不適有居"，王氏引之曰："有，語助也。若虞、夏、商、周皆國名，而曰有虞、有夏、有殷、有周也。"

率籲衆慼，出矢言。

《傳》訓"衆慼"爲"衆憂"，以"我王來"至"底綏四方"爲告民之言，自是漢唐以來舊説。惟下文明言"盤庚斆于民，由乃在位"，則何得先敘"告民"一段於先，謂告之民不從而乃復由在位者告之邪？則經宜以"民不適有居"移入"盤庚斆于民"之上。謂史臣雜記前後誥辭邪？則經文義緒零散，且無周誥"王曰"、"又曰"更端之例。王氏鳴盛曰：《説文》：'籲，呼也。'《商書》曰'率籲衆慼'，慼蓋謂貴慼。段氏玉裁曰："古干戚、親戚、憂慼同一字，古本作'戚'，後人因《孔傳》訓憂，改作慼耳。"曉喻臣民必由近臣始，故呼召之。下文'由乃在位'，即衆慼也。”案：王氏訓貴戚，近是；以爲即下文“在位”，非也。下文“在位”乃衆臣，此則貴戚之臣。民不欲遷，由在位浮言，而貴戚又在位者表率，故首呼告之。下文命衆至廷，乃統呼衆臣而告之也。率，用也，語詞。《詩·思文》“帝命率育”，《毛傳》：“率，用也。”

曰：“我王來，既爰宅于兹，重我民，無盡劉。不能胥匡以生，卜稽，曰其如台？

《傳》謂：“祖乙來都於耿，固重我民之生，非欲盡致之死。”似方遷時，豫知後世有水患而爲開解之語，以義衡之，當不其然。孔氏安國曰：“所以遷此，重我民，無欲盡殺故。”蓋言先王遷都，乃所以重我民，民得無盡死。當日之遷，亦必以民不聊生不得已而爲之也，故盤庚首引，以爲今日不得不遷之證。“其如台”，《傳》曰：“此地無若我何。”於經文外增“何”成義，非是。江氏聲曰：“如台猶奈何。問龜辭也。《湯誓》云‘夏罪其如台’，《高宗肜日》云‘乃曰其如台’，《西伯戡黎》云‘今王其如台’，《史記》皆作‘其奈何’。”今案：江説是也。揚子《法言·問道》篇曰：“顏氏之子，閔氏之孫，其如台？”班固《典引篇》曰：“今其如台而獨闕也？”《漢書·序傳》曰：“如台不匡禮法。”如台，皆奈何也。第以爲問龜之詞，則語半未了，其奈何者，蓋卜告以無如水患何，言舍遷無策也。盤庚言昔我先王以國災來居於此，所以遷此者，重我民也，故民得無盡死。今即不能相救以生，因以卜稽之。卜意若曰其如水患何哉，亦惟有遷而已矣。下文遂更言當遷之義。

“先王有服，恪謹天命，兹猶不常寧；不常厥邑，于今五邦。今不承于古，罔知天之斷命，矧曰其克從先王之烈？

“五邦”之説不一，馬氏融謂商丘、亳、囂、相、耿，鄭説亦同。孔氏謂亳、囂、相、耿，合盤庚今遷，爲五。孔説《傳》既明辨之矣，且當時將遷未遷，亦斷無逆數爲五之理。而《傳》因《史記》有“祖乙遷邢”之文,疑祖乙或是兩遷,亦未可信。蔣氏廷錫曰:"《史記索隱》云'祖乙遷于邢','邢'音'耿',近代本亦作耿,則耿、邢實一地也。"張守節《史記正義》又以南亳、西亳、囂、相、耿爲五。馮氏景又據《竹書》,以囂、相、耿、庇、奄爲五。地輿一事,代遠年湮,原難臆決,好學者並存觀之,可也。

"若顛木之有由蘖,天其永我命于兹新邑,紹復先王之大業,底綏四方"。

《説文·𣏟部》云:"𣏟,木生條也。從𣏟,由聲。《商書》曰'若顛木之有𣏟枿',古文言由枿。"又《木部》"櫱"字《注》亦引《商書》曰"若顛木之有𣏟櫱",是𣏟、由古今字,"蘖"通作枿,櫱也。魏了翁曰:"《左氏傳》注'木再萌芽謂之由',故云'楚其復由'。又昭八年:'今在析木之津,猶將復由。'"先王謂湯也。遷都而曰底綏四方者,京師天下之本,京師安則天下安也。陳氏大猷曰:"承天命、復祖業、綏四方,三者盤庚圖遷之本意。故史總述于篇首。"蒙謂此告貴戚,故舉其大綱言之。下文告臣告民,大約不出此意也。

盤庚斅于民,由乃在位,以常舊服,正法度。曰:"毋或敢伏小人之攸箴!"

自"我王來"至"底綏四方",告貴戚之言。此時王在內朝,故曰"呼";下文王命衆至庭,乃統命世家大族至外朝而告之也。此節乃史氏承上起下之文,漢唐宋諸儒以"我王來"以下即爲告民之詞,故此節殊覺橫亘不可通。近仁和趙氏佑、吾鄉姚氏鼐、曲阜孔氏廣森皆謂"我王來"以下,爲民不願遷、呼告其君之詞,於新邑二字委曲立説,是求其義不得而彊爲之言者也。"以常舊服正法度"者,金氏履祥曰:"常舊之服,先王遷都故事;正法度者,今日遷都規模也。""無或敢伏小人之攸箴",《傳》意謂"民有欲遷而以言箴規其上者"。案:《盤庚》

開首即曰"民不適有居"，中篇告民曰"乃咸大不宣乃心"，曰"爾忱不屬"，曰"汝不謀長"，曰"汝有戕則在乃心"，曰"無胥絶遠"，則當時民惑浮言，亦不願遷，可知此處獨著小民欲以遷箴規一語，於通篇文意及本節上下語勢均有未合。吾友方宗誠曰："無或敢伏小人之攸箴，蓋謂不可匿我箴民之言耳。下文不匿厥指、惟汝含德、不和吉言于百姓、其惟致告，皆反復此一語，所謂'敷于民由乃在位也'。"此意近是。小人之攸箴，倒文也。

王命衆悉至于庭。

篇中或書盤庚，或書王，古者史臣質樸，隨意稱也。自鄭氏有"上篇是盤庚爲臣時事"之言，宗其說者，多以王爲陽甲。今考《竹書》，盤庚遷殷在十四年，《史記》亦曰"帝盤庚之時，殷已都河北。盤庚渡河南，復居成湯之故居"，則遷殷在盤庚爲君時，確有明證，不得屬之陽甲也。《史記》謂《盤庚》作自小辛時，則尤謬說。且篇首云"盤庚遷于殷"，一語已定，祖鄭說者，或謂計出盤庚，故以盤庚言之。嗚呼，何其鑿也！"衆"當依孔氏作群臣，《傳》云統臣民，非廷外朝也。《周官》小司寇掌外朝之法，二曰詢國遷。

王若曰："格汝衆，予告汝訓汝，猷黜乃心，無傲從康。

陳氏經曰："傲上者，違王命而不肯從；從康者，懷久安而不爲後日慮。群臣所以不遷，其病根在此二者，故直指其病而戒之。"

"古我先王，亦惟圖任舊人共政。王播告之，修不匿厥指，王用丕欽。罔用逸言，民用丕變。

《說文》引《商書》曰"王播告之"，此當從讀爲句。修，修明也。逸古通"佚"，遺也。言舊人之共政也，王所敷告者，即修明而不匿其旨，王因是敬之；又一一宣布于民，罔有遺佚，民因是化之。蓋上奉王言而修之無不盡，下宣王言而示之無或遺，此舊人所以可貴也。姚氏舜牧曰："凡一遇播告，即將朝廷德意傳宣于下，使四海曉然見君上之心，這是不匿厥指。如民未遍曉，又委曲告以利害之故，這是罔有逸言。"若曰今我遷都之意，爾當爲我宣明於衆，不應反起浮言，如下文所謂"聒聒"也。兩"丕"字，助詞。

"今汝聒聒，起信險膚，予弗知乃所訟。非予自荒茲德，惟汝含德，不惕予一人。

"聒聒"，《説文》引作"𧮂𧮂"，拒善自用之意。"起信險膚"，《傳》謂"起信于民者皆險詖膚淺之言"，增"于民"二字，似曲。時氏瀾曰："盤庚不以險膚待公卿大夫，但謂今汝所以聒聒胥動浮言者，緣爾信險膚之言也。"於文勢略順，而意亦委曲。竊謂信，讀"引而信之"之信，謂起申險膚之言也。王氏樵曰："言不出于中正爲險，無深慮遠見爲膚。""非予自荒茲德"，承"先王圖任舊人"而言；"惟汝含德不惕予一人"，承"不匿厥指罔有逸言"而言。言今汝拒善自用，起申險詖膚淺之言，予弗知汝所爭辨者何意。非予自廢其德，不似先王圖任舊人同心一力，乃汝含藏德意，不敬畏予一人，不似舊人之宣布無遺，使上下之情畢達也。《傳》以"非予自荒茲德"三句屬下"予若觀火"，説義多未安。

"予若觀火，予亦拙謀，作乃逸。若網在綱，有條而不紊；若農服田力穡，乃亦有秋。

"觀火拙謀"，《傳》義未愜。吳氏澄曰："浮言惑衆，我不遏絶於始萌之時。迨至舉國怨咨，無所忌憚，如火之方燎不撲之，乃坐觀其熾盛，是我之拙謀起汝過也。"王氏充耘曰："火雖不可嚮邇，猶可撲滅，故火蔓延則當撲之。今乃坐觀其延爇，是拙謀矣。人臣不從上令，則當刑以驅之。今乃聽其所爲，成就其過惡，是與觀火者何異？惡得不謂之拙謀？"案：二説較《傳》雖若貫串，然同是以不用刑爲拙謀,義終委曲。且不教而殺謂之虐,慢令致期謂之賊,盤庚賢君,何得如此立説? 竊意"拙"當從《説文》作"𤈦"。《説文·火部》云:"𤈦,火光也。"今本《説文》多作"火不光"。段玉裁曰:"𤈦訓火光,無不字。《玉篇》《廣韻》《集韻》所引皆同,惟《類篇》引'火不光'也,誤衍'不'字,後人遂據以增《説文》。"今案:段説是也。𤈦從火出,非火不光矣。近漢學家多據《説文》"火不光",與《周禮》司爟鄭注解"觀火"爲熱火,解"𤈦謀"爲無赫赫威,不通可笑。《商書》曰"予亦𤈦謀",讀若巧拙之拙,意者字本作𤈦,後人以讀若巧拙之文,誤改之耳。𤈦依火光,訓明;謀,咨事也。見《國語》。亦,又也。作,讀同《周禮》"鄉師作民"之作,謂起役也。乃,始也。見《漢書·賈誼傳》注。逸,安也。言予之洞悉利害,若觀火然;予又明與人謀,惟興作乃安逸也。予若觀火,決之于己也。予亦明謀,度之於人也。吾友方宗誠曰:"若網在綱,申觀火𤈦謀也。力穡有秋,申作乃逸也。"

"汝克黜乃心,施實德于民,至于婚友,丕乃敢大言汝有積德。乃不畏戎毒于遠邇,惰農自安,不昏作勞,不服田畝,越其罔有黍稷。

此言遷則德及群黎婚友,不遷則己身且有損無益也,語意反正相足。丕,語詞,下文"丕乃崇降罪疾"、"丕乃告我高后"、"丕乃崇降弗祥"皆是,解者概訓爲"大",失之。王氏《經傳釋詞》言此更詳,大約《尚書》丕字訓語詞多,訓大者少。"乃不畏"之乃,猶若也。詳後"汝萬民乃不生生"。昏,《文選·西京賦》注云:"勉也。"

"汝不和吉言于百姓,惟汝自生毒,乃敗禍姦宄,以自災于厥身。乃既先惡于民,乃奉其恫,汝悔身何及?

上文但泛論國之當遷,至此始斥言民之不遷,皆爾臣之故。自此以上勸之以德,自此以下愒之以威也。吉,善也。百姓,民也。敗,壞也。《廣雅·釋詁》文。禍，毀也。《釋名·釋言語》文。姦宄，《釋名》云：
"姦，奸也，言奸正法也。宄，佹也，佹易常正也。"此姦宄本義，引伸之
爲盜賊之名，又引伸之爲亂在内曰姦，在外曰宄。此敗禍姦宄，只作
壞毀正道、干易常法説方合語意，向來解者失之。言汝不和善言于百
姓，勸使從遷，則是汝自生毒害，自爲敗禍姦宄之事，以自取災戾于其
身。汝既以惡先民，汝亦必先承受其痛，後雖自悔，身何及也？吴氏
澄曰："乃奉其恫者，病痛人之所去，而今乃奉之，是護其疾，利其災。
及有災之時，汝雖悔之，而身已無及矣。"亦通。

　　"相時憸民，猶胥顧于箴言，其發有逸口，矧予制乃短長之
命？汝曷弗告朕，而胥動以浮言，恐沈于衆？若火之燎于原，
不可嚮邇，其猶可撲滅？則惟爾衆自作弗靖，非予有咎。

　　此更斥其浮言惑衆，意益明而言益厲，然其氣象自和婉也。相，
視也。時，是也。"若火之燎于原"云云，《傳》意謂火雖盛，猶可撲
滅，喻浮言雖衆，遏絶之不難。考隱六年、莊十四年《左傳》兩引經文，
杜注曰："盤庚言惡易長，如火焚原野，不可嚮近，不可撲滅。"今玩經
文語勢，當依杜注爲合。盤庚言視彼小民，猶相顧于箴刺之言，惟恐
發言或有口過，不協義理，況予制汝等生死短長之命？汝有情，曷弗
以告朕，而相煽動以浮言，恐獧衆人，沈陷衆人。吾恐浮言易發難收，
若火之燎于原野，不可嚮近，其猶可撲滅乎？浮言不定，則民不肯徙；
民不肯徙，必加罪于汝衆臣，則是汝衆臣自作不靖，非予有咎過也。

　　"遲任有言曰：'人惟求舊，器非求舊，惟新。'古我先王
暨乃祖乃父胥及逸勤，予敢動用非罰？世選爾勞，予不掩爾
善。兹予大享于先王，爾祖其從與享之。作福作災，予亦不
敢動用非德。

　　引遲任之言，《傳》謂"重人惟求舊"，是也。或謂器新喻新邑當

遷,蓋亦略有此意。"古我先王"以下,則承上文之意而言災福之施有非得已也。引遲任數言橫亘中閒,以起"乃祖乃父",文法參差高妙。錢氏時曰:"上既言當正典憲以聳懼之矣,然而不輕用也。于是復論乃祖乃父之勳舊,兼言非罰非德之不敢。非罰,言非罪而妄罰也;非德,猶言姑息以爲德也。有善蒙賞,是之謂福;有罪蒙罰,是之謂災。其福其災,係其所作。我雖不用非罰,若真有罪,我亦斷不用姑息以爲德也。當時群臣敢於傲上從康者,正以憑恃勳舊之故,三復此言,正破其的。

"予告汝于難,若射之有志。汝毋侮老成人,毋弱孤有幼。各長于厥居,勉出乃力,聽予一人之作猷。

自此以下,決言必遷,正告諸臣之從之也。"予告汝于難",向來解家未得。難讀去聲,言予告汝于患難之時,必有一定不移之計,若射之有志也。鄭氏康成曰:"射者張弓屬矢,志在所射必中,然後發之是也。"難即水患,志即決于遷也。吾友方宗誠曰:"難讀如字,亦可謂于難爲之事,若射之有志,計一定而不移,不可畏難而苟安也。""無侮"、"無弱"云者,水災肆害,老弱最苦,不肯從遷,是聽老弱之顛連而不惜,是侮之弱之也。自古王者發政施仁,恤災憫難,往往必舉老弱鰥寡爲言,皆此意也。"孤有幼"者,蘇氏曰:"有、又通,猶言孤與幼也。"《傳》謂"老成孤幼,皆有言當遷者",戒其不可侮之,不可少之,此與"無或敢伏小人之攸箴"似皆誤耳。"各長于厥居",《傳》謂"各謀長遠其居",非不精當,第增"謀"成義,且似遷後語矣。竊謂長讀上聲,主也,率也。《淮南子》"鸚鵡能言而不可使長",注:"長,主也。"《呂覽·蕩兵》"勝者爲長",注:"長,率也。"黃氏度曰:"公卿大夫各有封邑而爲之長,當率其民,勉出力,以聽命也。"時氏瀾曰:"各長厥居者,各統其所屬部伍,不可紊亂也。"二說意味似不如《傳》義之長,而於經文則明捷矣。

"無有遠邇,用罪伐厥死,用德彰厥善。邦之臧,惟汝衆;

邦之不臧,惟予一人有佚罰。

前三句以目前從遷不從遷之利害示之,後四句以遷後之臧否開解之也。言至此,而遷之計愈決矣,不從遷者罪也,從遷者善也。"邦之臧惟汝衆"者,善則歸之諸臣;"邦之不臧惟予一人有佚罰"者,罪則歸之一己。當時不欲遷者,咸以遷後臧否爲言。故盤庚言功則汝衆,罪則予一人,以決其計也。"佚"《國語》引作"逸",韋昭注:"過也。罰,猶罪也。"今從之。《傳》義似泛而未切。

"凡爾衆,其惟致告:自今至于後日,各恭爾事,齊乃位,度乃口。罰及爾身,弗可悔。"

此又教群臣轉相告語也,告民亦在其中。"恭"本作"共",觀孔訓"奉"可知。凡今《尚書》恭字,《孔傳》多以"奉"訓,則知作恭者,後人改也。恭、共古字通。《詩》"虔共爾位",鄭箋:"古之恭字,或作共。"《左傳》"三命茲益共",《屈原賦》"共承嘉惠",此皆假共作恭。《老子》注"非惟恭其乏而已",此假恭作共。"各恭爾事",各共爾事也。齊,肅也。《左傳》文二年"子雖齊聖",注:"齊,肅也。""度乃口"者,吾友邵懿辰曰:"猶言制乃口也。"孫氏覺曰:"恭爾事則無傲上,齊乃位則無從康,度乃口則無浮言,三者盤庚所深戒也。"

《書傳補商》卷之二

盤庚中

盤庚作,惟涉河以民遷。

三句乃史臣先文立案,下乃紀事。上篇"盤庚遷于殷,民不適有居",下篇"盤庚既遷,奠厥攸居,乃正厥位",例同。

乃話民之弗率,誕告用亶。其有衆咸造,勿褻在王庭。盤庚乃登進厥民。

話,《廣雅·釋詁》云:"調也。"有,語助詞。與前"不適有居"同。言盤庚起,將涉河以民遷殷,乃調民之不率者,大告以誠。於是其衆皆至,毋敢褻慢于王庭者,王乃升進而告之。王庭,疑即上篇"命衆至庭"之外朝。古者外朝有庭而無堂,故外朝可稱庭也。前既詳告衆臣使致告于民,民之不適者,今已多率矣。及是將遷,乃復調其不率者于外朝而告之。呂氏祖謙曰:"已離舊邦,未至新邑,王庭蓋道路行宮,如《周禮·掌次》是也。班次臣在前,民在後,故升進其民于前而告之。"案:此解王庭亦可通,但以情事揆之,民既從遷,未必至中途而復不率,而待王之誥教于道路中也。

曰:"明聽朕言,無荒失朕命! 嗚呼! 古我前后,罔不惟

民之承，保后胥慼，鮮以不浮于天時。殷降大虐，先王不懷
厥攸作，視民利用遷。汝曷弗念我古后之聞？承汝俾汝，惟
喜康共，非汝有咎，比于罰。

　　“惟民之承”與“惟正之供”、“惟進之恭”同例。之，猶是也。見
上。承，奉順之意。殷降大虐，舊解謂我殷家于天降大災，殷下必增
“于天”二字乃可通，故《傳》舍殷字不訓。説者謂盤庚未遷以前，國
惟稱商，《詩》“降而生商”、“濬哲惟商”、“帝立子生商”、“實左右商
王”可證。“撻彼殷武”，盤庚以後詩也。此方追述先王，似不得稱
殷。予謂即可稱殷，經當云殷遭大虐，不宜云降。竊意殷，盛也。
《易·豫》象傳鄭注、《左傳》成十六年杜注。懷，安也。《詩·揚之水》鄭箋。
盤庚嘆言，昔我先王無事不惟民是承順，其時小民亦保安君后，相與
憂其憂，雖天時有災，鮮不以人力勝之。故每遇盛降大害，先王即不
敢懷安，其所興作，視民有利則用徙。今汝民何弗念我古后之所傳聞
乎？其順承汝民，驅使汝民，惟歡喜安樂之是共，非汝民有罪，比于譴
謫也。汝泛指民言，猶我之不專言己身也。承汝三句，《傳》意以爲盤
庚自言今時之遷，非不可通，第與下文“亦惟汝故”、“安定厥邦”義
複，反復誦之，而知其承先后説也。“承汝俾汝”，雙文疊義。

　　“予若籲懷兹新邑，亦惟汝故，以丕從厥志。

　　王氏念孫曰：“若，詞之惟也。《盤庚》曰‘予若籲懷兹新邑’，《大
誥》曰‘若昔朕其逝’，《君奭》曰‘若天棐忱’，《吕刑》曰‘若古有訓’，
若字皆語詞之惟。”案：王説是也。“亦惟汝故”緊承上文“承汝俾汝”
而言，故曰“亦”。上文“若”如《傳》解，則此節重複不可通矣。“以丕
從厥志”，《傳》引蘇説，謂“非從其口之所樂，而從其心之所不言”，義
巧而曲。厥志者，蓋即先王惟喜康共之志也。言先王遷都固皆爲汝
民起見矣，今予呼籲來此新邑者，亦惟汝民之故，將以從我先王之志
也。丕，語詞。

　　“今予將試以汝遷，安定厥邦。汝不憂朕心之攸困，乃咸大不宣乃心欽念以忱動予一人。爾惟自鞠自苦，若乘舟，汝弗濟，臭厥載。爾忱不屬，惟胥以沈。不其或稽，自怒曷瘳？

　　“今予將試以汝遷，安定厥邦”，即“先后惟民之承”之意也。“乃咸大不宣乃心”云云，即“保后胥慼”之反也。“自鞠自苦”以下，即“惟喜康共”之反也。“乃咸大不宣乃心欽念以忱動予一人”十五字句。宣，顯白也。“惟胥以沈”，以，即與也。《傳》云“相與以及沈溺”，“以”上增“與”，贅矣。“不其或稽”，王氏引之曰：“其，猶之也。《盤庚》曰‘不其或稽’，《康誥》曰‘朕其弟’，其與之同義。”今案：王說是也。《梓材》“王其效邦君越御事”，《多士》“罔不配天其澤”，《囧命》“非人其吉惟貨其吉”，“其”皆當讀“之”。《左傳》僖十五年“以德爲怨，秦不其然”，謂秦不之然也。《國語·晉語》“多而驟立，不其集亡”，言不之集亡也，與此不其正類。言爾之忱心不屬于我，則惟相與沈溺而已。當此時而不之或察焉，後雖自怒，何益乎？皆所謂“自鞠自苦”也。

　　“汝不謀長以思乃災，汝誕勸憂。今其有今罔後，汝何生在上！

　　此即申言“不其或稽自怒曷瘳”之恉也。勸憂，《傳》義精妙而不免于曲。竊謂誕，語詞。勸，慰也。勸憂者，河水之患民非不憂之，第安土重遷，時相勸慰以自解耳。“汝何生在上”，《傳》訓“汝有何生理于天”，亦義精，而于經文爲增衍。黃氏震曰：“上即指耿邑，言今不從遷，邑將圮，女何能生育在其上乎？”

　　“今予命汝一，無起穢以自臭，恐人倚乃身，迂乃心。

　　“命汝一”者，命汝一其心也。起，發也。《論語》“起予者商也”皇疏，《管子·山權數》“君請起十乘之使臣”注，並訓發。穢不發則不臭，喻疑不生則浮言不入,所謂一也。"倚乃身迁乃心"者,王氏肯堂曰:"倚者使汝害不能避,利不能趨,而失其持身之則;迁者使汝以利爲害,以害爲利,而失其制心之宜。"

"予迓續乃命于天,予豈汝威,用奉畜汝衆。

"予豈汝威",《傳》云"予豈以威脅汝哉",增"脅"成義。竊謂威,虐也,《後漢書・杜詩傳》"威侮二垂",注:"威,虐也。"即下文"曷虐朕民"之虐。言河水之患,天將斷汝命也。予謀遷都,乃迓續汝命于天,予豈汝虐,乃所以奉養汝也。奉養猶承保,曰奉者,見古賢王重民之義。

"予念我先神后之勞爾先,予丕克羞爾用懷爾然。

吾友方宗誠曰:"予迓續乃命于天,上承天心也。予念我先神后之勞爾先,予丕克羞爾,上承祖德也。"下文乃反復言不遷之不可。

"失于政,陳于茲,高后丕乃崇降罪疾,曰:'曷虐朕民?'

此盤庚自言不遷則高后將降罪疾也。高后,《傳》指湯,言似拘。陳氏櫟曰:"神后言神靈在天,高后言功德崇高,與先后皆指先王之遷都者。丕乃之丕,語詞。"

"汝萬民乃不生生,暨予一人猷同心,先后丕降與汝罪疾,曰:'曷不暨朕幼孫有比?'故有爽德,自上其罰汝,汝罔能迪。

此言汝不從遷,先后亦將罪汝也。乃,猶若也。王氏引之曰:汝萬民乃不生生,《洛誥》"汝乃是不蠲",《孟子》"乃所願則學孔子",《莊子》"乃至于棄其所爲而殉其所不爲",乃並與若同義。生生,朱氏彬曰:"《易大傳》'生生之謂易',蓋取變化不窮之義。凡滋生、謀生、安生、樂生、遂生,皆可謂之生生也。"有,猶爲也。王氏念孫曰:《國語・晉語》"克國得妃,其有吉，孰大焉”，《周語》“胡有孑然，其效戎狄也”，有皆猶爲也。比，同心也。《孔傳》如此。有比者，爲同心也。爽德，《國語》“實有爽德”，賈注：“爽，貳也。”貳德者，即上比之反自上。先后，在天之靈也。“汝罔能迪”，當與“詔王子出迪”之迪同，行也。言先后自上降罰于汝，汝罔能行而避之也。《傳》云“無道自免”，贅矣。

“古我先后既勞乃祖乃父，汝共作我畜民，汝有戕則在乃心！我先后綏乃祖乃父，乃祖乃父乃斷棄汝，不救乃死。

此因上言先后將罪汝，而並言汝祖父亦棄汝而不救也。“汝有戕則在乃心”，《傳》云“汝有戕害在汝之心”，似遺“則”字，于下句亦不貫。此外諸家異說，謬者無論，稍可通者有二。蘇氏軾謂：“則爲象，言爾有戕害之象見于心。”錢氏時謂：“則者物則之則，人之本心皆具此則，順之則爲善爲良，戕之則爲凶爲暴。”《傳》曰：“毀則爲賊，毀則即戕則也。”然云汝有害象在乃心，汝有毀則在乃心，皆于義未允。江氏聲曰：“在，察也。《爾雅·釋詁》。汝若有所殘害，則先后洞察汝心，恐有誅罰也。”此言近之。“綏乃祖乃父”，《傳》訓懷來，義無所著。竊謂當讀《國語》“以勸綏謗言”之“綏”，注云：“綏，止也。”言我先后降罰于汝，且止汝之祖父，令勿救汝也。

“兹予有亂政同位，具乃貝玉。乃祖乃父丕乃告我高后曰：‘作丕刑于朕孫！’迪高后丕乃崇降弗祥。

始言我不遷則高后將降罪于我，次言汝不遷則高后亦降罪于汝，且申言汝祖父皆罪汝不能相救，兹復言在位不欲遷者皆具貝玉之臣，其祖父亦告高后，乃與其古同義，故《蔡傳》訓其。求降罪于其身，不能保命，汝等勿信其浮言也，立言之序蓋如此。吾友方宗誠曰：“乃祖乃父，亦謂民之祖父。刑，害也。言今予有亂政之臣，具乃貝玉，不欲遷徙，汝祖汝父方乃告我高后曰：此人作大害于我子孫，啟迪高后，高后乃將大降不祥以罰之。若曰汝等奈何反信其言邪！”案：此義尤切。
宋錢氏《融堂書解》亦有此義而言之未暢。

“嗚呼！今予告汝：不易！永敬大恤，無胥絶遠！汝分猷
念以相從，各設中于乃心。

上文已反復言不遷之不可，故至此直告以決于從遷也。不易之
易，讀入聲。鄭氏康成曰：“我所以告汝者不變易，言必行是也。”蓋盤
庚詳告之後，猶恐衆志未堅，故以不變要之。《傳》讀去聲，謂“告汝
以遷都之難”，不及鄭義之捷。大恤猶大患，即水災也。“各設中于乃
心”，《傳》義極精。陳氏櫟曰：“中者，人心同然之理，何待于設？正
緣徇于私情之一偏，則中之理亡。各設中理于心，則明見利害，自有
不偏之準在于胸中矣。”

“乃有不吉不迪，顛越不恭，暫遇姦宄，我乃劓殄滅之，無
遺育，無俾易種于兹新邑。

乃有，其有也。《左傳》哀十一年引此經，作“其有顛越不恭”，乃
與其同義。暫，猝也。“暫遇姦宄”者，猝遇人即劫奪之，孔穎達所謂
逢人即劫、爲之無已也。《傳》云“暫時所遇爲姦宄”，蓋如時氏瀾所
云“本非姦宄，暫以人之未必知其蹤跡，遂爲惡者”，似未得經義。
“不吉不迪，顛越不恭”，即屬姦宄言。“恭”本作“共”，孔訓“不奉上
命”，是也。“劓殄”當連讀，王氏引之曰：哀十一年《左傳》作“劓殄無
遺育”，《史記·伍子胥傳》作“劓殄滅之，俾無遺育”，劓殄猶言刑殄。
《多方》曰“刑殄有夏”，又曰“劓割夏邑”，是劓爲斷割之通稱也。
《傳》云“小則劓大則殄滅”者，蓋以劓殄滅之爲刑太重，故添小則劓
一條。不知此申嚴號令，以防道路之姦，且當時浮言恐衆者，此亦一
事，故盤庚重爲是言，以安衆心也。遺，留；育，生也。言滅之不復留
生也。盤庚言遷計已決，汝民無以道路爲憂，其有平日不善不道、顛

隕踰越、不奉上令之人，至是猝遇人而行姦宄者，我乃劓殄滅之，無復留生于世，無使轉生種類于新邑。惡人易相習染，此而不誅，則新邑必轉生種類，非必專指其子孫也。

"往哉生生！今予將試以汝遷，永建乃家。"

《書傳補商》卷之三

盤庚下

盤庚既遷，奠厥攸居，乃正厥位，綏爰有衆。

鄭氏康成曰："徙主于民。故先定其里宅所處，次乃正宗廟朝廷之位。"時氏瀾曰："宗廟重事也，何以在奠民居之後？蓋盤庚本爲民而遷，故至即使民得以就安，先民後己之意也。"《傳》云："定其所居，正君臣上下之位。"語意渾括，而鄭、時之説較分明。綏，猶撫也。有衆，衆也。見中篇。

曰："無戲怠，懋建大命！

吳氏澄曰："無戲，欲其敬事；無怠，欲其勤事。大命，兼民命、國命而言。建命，謂命雖在天，立之在我，使民有以遂其生，國有以永其祚也。當時傲上從康，習于戲怠，未遷則以爲憚，既遷則以爲足，不復爲自勉自立之計，故以此戒之。"

"今予其敷心腹腎腸，歷告爾百姓，于朕志罔罪爾衆，爾無共怒，協比讒言予一人。

"于朕志"當屬下讀，若連上讀，必改"于"作"以"乃通，且與上文"心腹腎腸"犯複，下"罔罪爾衆"亦虛懸無著。協，合也。言于我心固不罪爾衆，爾毋得共相怨怒，合比讒予一人也。吳氏澄曰："臣民雖皆遷，盤庚猶慮其彊從上命，非出本心，怨怒未忘，故明白洞達，以釋其疑也。"

"古我先王將多于前功，適于山。用降我凶德，嘉績于朕邦。

《傳》以先王專指湯，適山專指遷亳，較漢唐舊說精確不磨。惟以凶德爲河圮之患，于義未安，湯時未必以河圮水患而遷也。林氏之奇曰："適于山者，指亳而言也。適于山，則其民敦厚務本而勞。勞則善心生，善心生，則吉德升而凶德降。蓋驕奢淫逸者皆凶德也，惟其民之相與樂事赴功，故湯以成其美功，伐夏救民，由七十里而有天下也。"案：此較《傳》義稍安，後之解者多從之，然說"降"字猶曲。且亳果如是，後王之他遷何也？蒙意古，昔也。將，大也。適，往也。山，景亳也。用，因也。降讀平聲，服也。凶德，惡德之人。《左傳》曰："盜賊藏姦爲凶德。"此蓋謂韋、顧、昆吾之屬。考《竹書》，夏帝癸二十八年，昆吾氏伐商，商會諸侯于景亳，遂征韋。商師取韋，遂征顧。二十九年，商師取顧。三十年，商師征昆吾。三十一年，克昆吾。夫取之克之，皆降之也。曰我凶德者，以韋、顧、昆吾皆黨桀，時來伐商，猶云我寇仇也。嘉，美也。績，業也。盤庚言昔我先王大多于前人之功。《竹書》帝癸二十一年，"商征有洛，克之。遂征荆，荆降。"二十二年云："諸侯遂賓于商。"此所謂大多于前功也，正在會諸侯于景亳以前。往彼亳殷，大會諸侯，因以降服我凶德之韋、顧、昆吾，遂伐桀，而有天下美基業於我邦也。盤庚以今所遷者殷，故特舉亳殷爲商家發祥之始地，以告臣民如此。依據《竹書》《竹書》前儒或以爲僞書，近代徐氏文靖《竹書統箋》、任氏啓運《竹書證傳》、鄭氏環《竹書考證》、陳氏逢衡《竹書集證》皆謂此書一一與《詩》《書》所載印合，可據以斷漢儒曲說之誣。一二不可信者，乃同時並出璅語之竹簡錯亂厠入者也。與《詩》所云"苞有三蘖"，"韋顧既伐，昆吾夏桀"及《左傳》"商湯有景亳之命",並前馮氏景所考景亳爲盤庚所遷之殷,即成湯會諸侯之所者,一一脗合,而于本經文義亦通達,而無煩曲説矣。

"今我民用蕩析離居,罔有定極,爾謂朕曷震動萬民以遷？肆上帝將復我高祖之德,亂越我家。朕及篤敬,恭承民命,用永地于新邑。

"爾謂朕曷震動萬民以遷",此作問辭。"肆上帝"云云,所以答也。江氏聲曰："肆,今。亂,治。越,于也。及,猶汲汲也。《公羊·隱元年傳》,及猶汲汲也。今天將興復我高祖之德,治于我家,我汲汲于篤敬,恭承民命,以順天心,用久長其地于此新邑。"案："篤敬"《傳》訓"篤敬之臣",經無"臣"字,嫌增文,江義得之。及者,及身、及時之義也,古人多省文如此。

"肆予沖人,非廢厥謀,弔由靈各；非敢違卜,用宏兹賁。

此篇如"多于前功"以下,朱子本疑之。"弔由靈"、"宏兹賁"等語實難曉,自來解經者以爲疑竇。今玩《傳》義,原可彊通,第以"弔由靈"爲至用衆謀之善,《盤庚》三篇皆諄諄責臣民不肯從徙,不當于此忽云用善謀,且與下句"違卜"不相承接。江氏聲曰："今我沖人非廢爾衆之謀也,以至極之則必由龜靈。《禮記·禮運》云'麟鳳龜龍,謂之四靈',《周易·頤》初九云'舍爾靈龜',是龜爲靈物。下云各非敢違卜,卜必用龜,故解龜爲靈。"案：江説甚巧。初疑靈未可即以爲卜龜,既考《爾雅·釋魚》曰："龜俯者靈。"《周禮·龜人》曰："天龜曰靈屬。"《文選·蜀都賦》注引譙周《異物志》曰："涪陵多大龜,其甲可以卜。俗名曰靈。"《禮器》"諸侯以龜爲寶",《疏》引《爾雅》靈龜郭注曰："今江東所用卜龜黃靈黑靈者,此蓋與天龜靈屬一也。"得知卜龜古多單呼靈。以此推之,江説不可易也。宋錢氏時解靈爲神靈,亦略見及此，而不如訓卜之爲確。第訓"弔"爲至極之則，猶不免增字衍義。竊謂弔，至也，與《康誥》"惟弔兹"之"弔"同。賁，美也。《廣雅》文。言今予沖人，非廢爾謀不用，至用龜卜也。《盤庚》《金縢》《大誥》皆言卜，古者大事必以卜決之。國有大遷，必貞龜。《周禮·卜人》文。即爾衆亦各不敢違卜，故定計從遷，用大此美績也。

"嗚呼！邦伯師長百執事之人，尚皆隱哉！予其懋簡相爾念敬我衆。朕不肩好貨，敢恭生生。鞠人謀人之保居，敘欽。

　　上文中明遷意已詳細無餘矣，自此以下，告諸臣當其愛民也。"隱"之云者，吳氏澄曰："新遷之民生理未復，諸臣當惻然憫痛、愛護封植之也。""予其懋簡相爾"，《傳》訓"相"爲導，與懋簡不貫。竊意其，猶也。見前"不其或稽"。相，輔佐也。爾即指邦伯、師長、百執事，皆王之輔佐也。相爾者，猶言用爾等爲輔佐，倒文，亦省文也。"敢恭生生"，《傳》謂"勇于敬民以生生爲念"者，串下句説，義複而迂。"敢"蓋讀如《左傳》"敢辱高位"之敢，即不敢也。恭，經本作"共"，見上篇"恭乃事"。此處《孔傳》亦訓奉。讀"惟喜康共"之共。言予之勉擇爾等爲輔佐，乃欲爾等之念敬我衆也。朕不任好貨之人，敢共汝謀生生乎？惟能養人及謀人之安居者，敘而用之，欽而禮之而已。鞠人謀人之保居，乃所以念敬我衆也。若好貨自謀生生，豈復知有民乎？盤庚之意蓋如此。王氏十朋曰："導其耕桑，薄其稅斂，使老幼不失其養鞠人之事也。聯其比閭，合其族黨，相友相助，謀人保居之事也。"

"今我既羞告爾，于朕志若否，罔有弗欽！
　　此與"歷告爾百姓于朕志"文義相類，昔儒均以"于朕志"連上讀，故解多未合。鄙意"今我既羞告爾"句，"于朕志若否"句，言今我既進告爾矣，凡于我心順否者，毋或不敬也。順否猶言好惡。古"若"有善訓，"否"有惡訓。"若"又有然訓。善惡然否，皆與好惡同義。我心所順者，當益敬勉其行；我心所否者，當急敬改其過也。我心所順者，念敬我衆者也；我心所否者，好貨生生者也。當時在位，蓋多有其人，故並舉言之，而下文復申言"毋總于貨寶"也。

"無總于貨寶，生生自庸！式敷民德①，永肩一心！"

"生生自庸"，《傳》訓庸爲民功，非是。江氏聲曰："庸，用也。"毋總集貨寶，生殖以自足用是也。民德，即民彝也。言爾諸臣毋聚積貨寶以生生自庸而已也，必式敷布民德，永任之一心而不可忘。蓋上不貪則民德日新，上好利則民德日喪，爲民上者，不可不正本清源以出治也。《盤庚》三篇文勢相同，開首皆各敍數語，即提先王，前事者後事之師，故必歷舉詳述，以爲臣民鑒。後路必有總敍歸宿數語，上篇自"予告汝于難"以下，中篇自"今予告汝不易"以下，下篇"自邦伯師長"以下，皆同。古人文章之法，亦於此可悟。

附録諸家論説

蘇氏軾曰："民不悦而猶爲之，先王未之有也。祖乙圮于耿，盤庚不得不遷。然使先王處之，則動民而民不懼，勞民而民不怨。盤庚德之衰也，其所以信于民者未至，故紛紛如此。然民怨誹逆命，而盤庚終不怒，引咎自責，益開衆言，反復告諭，以口舌代斧鉞，忠厚之至，此殷之所以不亡而復興也。後之君子厲民以自用者，皆以盤庚藉口，予不可以不論。"

張氏九成曰："余于諄複之中，見先王忠厚之心。商鞅變法，志在必行；項羽行兵，盡坑秦衆。夫民心未曉，當委曲詳盡以告戒訓諭之，

①"民"《書傳補商》原作"明"，據阮元校刻《十三經注疏·尚書正義》改。

使之心安氣平，可也。不是之問曰：我君也，汝臣也，我所欲爲，汝當
聽命；有不聽命，殺之坑之。此以犬彘草菅視民也。董卓遷都，謂楊
彪曰：'百姓何足與議？若有前卻，我以大兵驅之，可令詣滄海。'又
曰：'天下之事，豈不由我？我欲爲之，誰敢不從？'盜賊之言，類如此。
盤庚從容訓諭，略無忿疾之心，與《多士》《多方》篇相爲照應，乃知聖
王之心在此而不在彼矣。東坡先生曰：不仁者鄙慢其民，曰：'民可與
樂成，難與慮始'。故爲一切之政，若雷霆鬼神然，使民不知其從出，
其肯敷心腹腎腸以與民謀哉？可謂深見先王之心，後世之暴矣。"

又曰："盤庚告戒，動以鬼神警動之，何也？商人敬鬼，盤庚以風
俗衰敝，訓誨不能遽革之，故因其所畏而警戒焉。然亦豈誑誤之哉？
幽明一理也，古人有言曰：'明則有禮樂，幽則有鬼神。'明之禮樂，即
幽之鬼神也，得罪于人者必得罪于天，而民愛之者，天亦必愛之也。"

黃氏度曰："或曰：盤庚患其民不從令，故假鬼神以懼之，是乎？
曰：否。古人必畏天，必敬鬼神，必省察禍福。是故國家誥命必發於
宗廟，而盟誓必臨之以鬼神，人心敬戒，懍乎神祇祖考常在其上也。
後世人心放肆，慢言恣行，雖鬼神福善禍淫，其道不改，而人方顛迷，
豈能識察？故雖隕越殄滅，而猶不悟。大抵古人鬼神之訓，皆非假設
之言也。"

林氏之奇曰："人主天下之利勢，生殺予奪之權在於掌握，言出於
口，則群臣百姓憚其威，畏其命，而無敢有違之者。使盤庚以人主之
利勢，驅以刑罰而使之遷，則亦誰敢違之者？今其言乃反覆勸諭，若
將有所甚畏者，蓋得天下有道，在得其民；得其民有道，在得其心；得
其心有道，所欲與聚，所惡勿施爾。使盤庚先以勢力與臣民較，以失
民之心，則雖彊之使遷，而天下亦自此危矣。故寧爲是優游不忍之
辭，以開諭其心，而使之知吾所以聚民所欲、去民所惡之意，故不失乎
民之心，而亦不害其所以爲遷者，此盤庚所以大過人也。"

又曰："君民之勢，有尊卑上下之殊。苟爲君者，以至尊自侈而莫

接于民，上下之情離，則危敗禍亂自此生矣。盤庚于民，與之周旋曲折，論其禍福安危之理，若父子兄弟相于議家事于閨門之内者。其近民也如此，民其有不心悦而誠服者哉?”

又曰：“盤庚愛民，惻怛之實充實于中，而優游寬大之語自然發見于外，皆其心之所誠然者也。故其始也，臣民傲上從康，扇爲浮言，咨嗟胥怨，其君臣上下之情判然離矣。其終也，不變一法，不戮一人，而臣民莫不中心悦服，樂以從上。蓋盤庚之德發而爲言則善，能順民心之所欲者而利導之，故能定天下難定之業，斷天下難斷之疑。史官深陳其言以示後世，欲使人君知爲國者舉大事、決大謀，而臣民之情或有未孚，則其所以曉之者當如此也。”

吕氏祖謙曰：“三書反覆折難，須于包容處看其德量，于委曲訓誥處看其恩意，于規畫纖悉處看其措置。”

陳氏大猷曰：“世主之懦者，惟知徇人，事所當爲，慮拂人情而輒沮；其果者，惟知徇己，事苟當爲，遽拂人情而不恤，二者皆非也。盤庚内不失己，外不失人，所以爲兩全歟!”

《書傳補商》卷之四

微　子

微子若曰："父師、少師！殷其弗或亂正四方。我祖底遂，陳于上，我用沈酗于酒，用亂敗厥德于下。

吕氏祖謙曰："其者，疑而未定之詞；或者，非斷然之詞。商亡形決矣，微子猶冀紂一旦悔悟，不謂其果不能也。沈酗紂自爲，微子歸之我者，蓋以君爲體，視同己過，亦不忍斥言紂也，如《五子之歌》曰'萬姓仇予'。"孫氏星衍曰："《史記集解》引馬融曰：'下，下世也'。下世猶言後世，則前引上亦當爲上世也。"案：孫解上下是也，上猶前也，《吕覽·安死篇》"自此以上者"，注："上猶前也。"下猶後也。《國語·周語》"以有允在下"，注："下，後也。""我祖底遂"句，"陳于上"句。遂，安也。《詩·雨無正》"飢成不遂"，《傳》："遂，安也。"陳者，燦然敷布之意。言我祖致天下于安，燦然敷布于前。《傳》訓"遂"爲功，蓋誤會《孔傳》。孔云"致遂其功"，乃增文衍説，非以遂爲功，遂未嘗有功訓也。而我乃沈酗于酒，用亂敗其德于後乎。忝厥祖甚矣，所以深歎之也。

"殷罔不小大好草竊姦宄，卿士師師非度。凡有辜罪，乃罔恒獲，小民方興，相爲敵讎。今殷其淪喪，若涉大水，其無津涯。殷遂喪，越至于今！"

“殷罔不小大好草竊姦宄”十字句，言殷小大罔不好草竊姦宄也。師師，衆也。《廣雅·釋訓》文，並詳《梓材》。方，並也。鄭注《儀禮·鄉射禮》文。

曰：“父師，少師，我其發出狂？吾家耄遜于荒？今爾無指告，予顛隮，若之何其？”

此節向來解者失之。“狂”，當依《史記》作“往”。鄭氏康成曰：“發，起也。紂禍敗如此，我其起作出往也。”《史記》注。今本作“狂”者，蓋“㤼”之誤。《説文》“㤼，遠行也。”耄，古只作老稱，觀《詩》“借曰未知，亦聿既耄”，《禮·射義》“耄期稱道不亂”可知。後世乃以爲昏瞀之稱，而于本義反昧矣。“吾家耄”者，即指父師、少師而言，二人皆宗老也。告，示也。《荀子·禮論》“興藏而馬反，告不用也”，注：“告，示也。”“今爾無指告”句。王肅讀“今爾無指告”句，《史記》裴駰亦分“今爾無故告”爲句。“予顛隮”句。《説文》“隮”字注引《商書》曰：“予顛隮。”予，殷也。謂予殷宗祀將顛墜也。《史記》注引馬融曰：“隮猶墜也。恐顛墜于非義，當如之何也。”下文“我乃顛隮”正應此句，不當有二解。微子蓋以身爲宗臣，與父師、少師同國休戚，殷邦喪滅，當以死殉之，而又念宗祀之不可不圖存也。三人者，皆可任宗祀之重，故特就而商之。上文既痛殷必喪亡，故此呼二師而告之曰：殷事如此，我其起而出往乎？抑或父師少師遜于荒野乎？今爾若無所指示，我殷家宗祀顛隮，其若之何？下文“詔王子出迪”，答“我其發出往”之語也；“我不顧行遯”，答“吾家耄遜于荒”之語也；“我乃顛隮”，答“予顛隮”之語也；其“我罔爲臣僕”以上，則答“殷其弗或亂正四方”云云。如此則經恉明顯，三仁忠愛之情益昭著矣。

父師若曰：“王子！天毒降災荒殷邦，方興沈酗于酒。乃罔畏畏，咈其耇長舊有位人。

此節答微子"沈酗于酒敗亂厥德"之語也。《傳》分兩節,以"天毒"二句答"沈酗于酒","乃罔"二句答"發狂耄遜",非是。父師答而少師不言者,孔氏安國曰:"心同省文是也。"鄭康成謂:"少師不答,志在必死。"豈微子、箕子皆求生者乎?"天毒降災荒殷邦",《傳》謂"紂無道,故天降災,紂之無道,亦天之數。箕子歸之天者,忠厚敬君之意",義似迂曲。且此句主紂說,則下句不得不屬四方化紂沈酗言矣,"乃罔畏畏"之文,不幾不相承貫乎?宜不得已而分兩節也。竊謂數句當一氣讀,言天方厚降災以荒殷邦,而紂方起而沈酗于酒,乃絕無所畏畏,逆其耇長舊有位人。畏者,畏天之降災也。耇長者,疑指祖伊之屬,《史記》敘作《微子》,正在祖伊奔告之後。已及微子、比干皆是也。

"今殷民乃攘竊神祇之犧牷牲用以容,將食無災。

此答"草竊姦宄"及"辠罪罔獲"之語。《傳》亦云此答"草竊姦宄",而不知兼答"辠罪罔獲"也。秦氏繼宗曰:"用以容指有司,則卿士之壞法亂紀在其中矣。"以秦氏之言推之,則此兼答"卿士師師非度"也。用,語詞。以,與也。將,取也。言今殷民之草竊姦宄非特小事已也,乃直攘竊神祇之犧牷牲,有司相與包容,聽其取食,而無災禍及其身。紀綱法度,尚復有存哉?

"降監殷民用乂讎,斂召敵讎不怠。罪合于一,多瘠罔詔。

此答"小民方興相爲敵讎"之語也。"用乂讎斂",《傳》義冗曲。近漢學家多宗馬融作"稠"。馬作"稠",數也,見《釋文》。謂所用以治民者,皆多歛之人,較"讎"爲順。然"用乂"必解作"用以治民"乃可通,殊覺增衍。又於微子之言無對針,亦與上節不相承。畢氏東美曰:"降監殷民用乂讎句,斂召敵讎不怠句,言百姓自治其讎,以斂召敵讎而不怠,其罪混淆不分,雖多罪而無所告也。"案:畢說是也。上云攘竊犧牲,則百姓之被其攘竊可知矣。有司不治其罪,則民之無所伸雪可知矣。故小民不得不自治其讎而讎益甚,所謂歆召敵讎不怠也。斂讀上聲,收也。如是則攘竊者有罪,而自治攘竊者復有罪,民之愁病,無所告訴,故曰"罪合于一,多瘠罔詔"、"小民方興,並爲敵讎"者,蓋如此。

"商今其有災,我興受其敗;商其淪喪①,我罔爲臣僕。

此答"淪喪越至于今"之語也。《傳》合"詔王子"四句爲一節,謂答"淪喪顚隮"之語,意欠分明。箕子答微子之言,皆加一倍説:微子言紂沈酗于酒,箕子則曰不惟沈酗于酒也,且咈其耉長舊有位矣;微子言小大草竊,箕子則曰不惟尋常草竊也,且攘及神祇之犧牲矣;微子言小民相爲敵仇,箕子則曰不惟相爲敵仇也,且良善人自治敵仇而反有罪矣;微子言殷其淪喪,殷遂喪越至于今,猶有疑詞焉,箕子則曰我興受其敗,我罔爲臣僕,決其不能久存而定策也。反復推玩,無一語不因微子而發。"詔王子出迪"以下,則明答"出往"、"顚隮"數語,不待推玩而後知也。

"詔王子出迪。我舊云刻子,王子弗出,我乃顚隮。自靖! 人自獻于先王,我不顧行遯。"

此下錯綜,答"我其發出往"節也。"出迪",《傳》謂"以去爲道",義冗。迪猶行也。《爾雅・釋詁》:"迪,作也,又進也,皆有行義。"江氏聲曰:"迪,道也。道猶行也。"孫氏星衍曰:"迪者行也。字從由,行。"馬融注《多方》,迪作攸。《説文》:"攸,行水也。""我舊云刻子",《傳》云"我前日所言適以害子",不惟義曲,且箕子勸帝乙立啓之言,亦僅《孔傳》揣説。《呂氏春秋》載"紂父欲立微子,太史據法而争"云云,未嘗言箕子勸

---

①"喪"《書傳補商》原作"商",據阮元校刻《十三經注疏・尚書正義》改。

立也。此外説者甚多，于上下文義均未協。竊謂舊，常也。《淮南·氾論》"不必循舊"，注："舊，常也。"刻，責也。《後漢書·申屠剛傳》"懼然自刻"，李賢注："刻猶責也。""我舊云刻子"者，我常言宗祀之重責于子也。管氏同曰："舊，即上文'舊有位人'之舊。《詩》云：'殷不用舊。'刻，期也。父師言我商舊人，皆以宗祀之存期刻于子。"按：此與鄙意合，而解舊字猶曲。子若不出，則我殷家之宗祀顛隮矣。"自靖"云云者，陳氏櫟曰："我以不去爲義之所安，微子則以去爲義之所安也。反之吾心而果安，則獻之先王而無愧，對越先王之心，不外吾心而已。若比干，則死其心之所安歟？"

附録諸家論説

張氏庭堅曰："君子之去就死生，其志在于天下國家，而不在乎一身。故其死者非沽名，生者非懼禍，引身以去者，非忘君也。故微子得奉先之孝，比干盡事君之節，箕子全愛君之仁。微子自獻以其孝，箕子、比干自獻以其忠，然《書》載微子、箕子之言，而比干不與焉。蓋人臣之義，莫易明於死節，莫難明於去國，而屈辱用晦者，尤所難辨也。"

張氏九成曰："三仁之志，各有所在。後世以死生爲重，古人以義理爲重。後世志慮淺狹，故見死爲高節；古人智慮廣大，故以死爲常事。或去、或死、或生，初無高下，義之所在，三仁各安之矣。"

朱子曰："延平先生説三仁事云：'當理而無私心，則仁矣。'今以此語推之，三仁之心，只欲紂改過而圖存，比干之殺身蓋非得已，箕子亦偶未見殺耳，非有意于爲奴也。事勢既爾，微子亦只得全身以存先王之祀，皆禮不得不然者。使其先有殺身彊諫之心，則亦不得爲仁矣。"

又曰："微子去易，比干一向諫死，箕子最難處，所以《易》中特説箕子之明夷，可見其難處。故曰：'利艱貞，晦其明也。内難而能正其志，箕子以之，外雖狂，心則定也。'"又曰："三仁之事，《左傳》、《史記》所載互有不同，但《論語》只言微子去之，初無面縛銜璧之説。今乃捨孔子而從左氏、史遷，已自難信，又不得已而曲爲之説，以爲微子之去，乃去紂而適其封國，則尤爲無所據矣。此乃人道之大變，聖賢所處事雖不同，而心則未嘗不同。故孔子歷舉而並稱之，且皆許其仁焉。更須玩索，未可輕論也。"按，《蔡傳》云："微子適周，乃在克商之後，此所謂去，特去位而逃遯于外耳。"王氏樵曰："蔡氏之論當矣。"然僖六年面縛銜璧之説，亦《傳》之譌也。不知周師未至，微子先已出迪，胡得有面縛銜璧之事乎？面縛銜璧武庚事也，非微子也。微子適周，不知的在何時。以經考之，武王克商，即反商政，釋箕子之囚，封比干之墓，式容容之閭，豈于微子而獨遺之耶？若初克商時即得微子，武王必有以處之，必見于經矣。以經之不載，知微子之遯而未獲也。以微子未獲，故初封武庚以奉湯祀。及武庚以叛誅，而後微子受封于宋。其命詞曰："修其禮物，作賓王家。"周人之禮微子如此，寧有抱器自歸之理乎？《史記》言克商時，微子持其祭器造于軍門者，亦謬也。

　　呂氏祖謙曰："天下有道，君子相與公議於朝，各盡致君之道。天下無道，君子私議於家，各盡致身之道。微子與二師宗室大臣，與社稷爲存亡。當紂之時，無所致力，不得已，謀各行其志，以不失其義。欲知三仁之心，此篇可見。"

　　黄氏銖曰："諫行而紂改過者，箕子、比干之本心也。諫不行而或死或囚者，二子所遇之不同耳。至箕子爲微子之計，則其意豈不以謂吾三人者皆宗國之臣，利害休戚，事體一同，皆當與社稷俱爲存亡，不可復顧明哲保身之義。然而微子國之元子也，又居危疑之地，義當逃去，萬有一全宗祀可也。此三子者，其制行不同，各出於至誠惻怛之心，無所爲而爲之。故孔子並稱三仁，或以此歟？"

　　熊氏禾曰："天下治亂繫風俗，風俗之美惡繫人心。三代固皆有道之長也，而商一代之風俗爲最美。每讀《商書》至終篇紂之亡，三仁寧死、寧遯、寧佯狂爲奴，所以自靖自獻者，不敢有一毫負先王之心。

伯夷扣馬一諫,凛凛乎萬世君臣之大義,雖聖人復起,不可易也。微
子歸周以全宗祀,自是商亡以後事;比干之死,固已安之;箕子佯狂之
意,柳宗元之論,亦深有以察乎其心,案柳宗元《箕子碑文》曰:"當其周師
未至,殷祀未殄,比干已死,微子已去,向使紂惡未稔而自斃,武庚念亂以圖存,
國無其人,誰與興理? 是固人事之或然者也。然則先生隱忍而爲此,其有志于
斯乎?"又案李翰《比干廟碑》云:"昔商王受毒痛于四海,德悖于三正,肆厥淫虐,
下罔敢諫,于是微子去之,箕子囚之,而公獨死之。非夫捐生之難,處死之難,故
不可死而死,是輕其生,非孝也;可死而不死,是重其死,非忠也。聖人立教,懲
惡勸善而已矣,天倫大統父子君臣而已矣。夫子稱殷有三仁,嘗敢論之曰:存其
身,存其祀,亦仁也。亡其身,存其國,亦仁也。若進死者,退生者,狂狷之士將
奔走焉。哀生者,貶死者,宴安之人將置力焉。故同歸諸仁,各順其志,殊途而
一揆,異行而齊致,俾後之人優游而自得焉。"案:此發明夫子論三仁,在宋儒未
出以前最爲精當,特附錄之。後來武王下車訪道,授聖大法,而終不爲之
臣,朝鮮長往,用廣宗祀,此其志何如哉? 不但是也,當時爲商之臣若
民者,大率不肯有臣周之心,《大誥》諸篇,班班可考。陳同甫所謂
'歷三紀而後,世變風移',亦可見商家一代之人心風俗矣。夏末之前
聞也,周平王以後,奄奄如一尪羸病廢之人,略無能出一匕彊劑以起
其生者,則所謂養成一代之人心風俗,有王者作,誠不可以已也。"

張氏英曰:"箕子、比干於商爲元臣,故以臣之道自處。微子於商
爲宗子,故以子之道自盡。臣之道莫大于救危亡,子之道莫大于存宗
祀,比干非徇名,微子非避難,三人之心,昭然如揭日月。公孫杵臼謂
程嬰曰:'死易,立孤難,勉爲其難者。'公孫杵臼死而程嬰復死,遂開
後人輕生徇名之弊,爲聖賢所不道也。"

鈞衡曰:"此篇微子痛殷之亡,念宗祀之重,特就商于父師、少師,
欲以一人遠去而綿先王之血食也。微子之心,其初豈欲己之去哉?
迨父師以去義詔之,而後知去之責不容諉。篇中所云刻子者,正明言
宗祀之重責于微子,而非父師、少師之任也。是故箕子而居微子之

位，則必以去自責；比干而居微子之位，則箕子必將以去責比干。三子者，或去、或死、或囚，固易地皆然者也。微子即不以遠去來詔二師，亦必有起而謀及宗祀者矣。故知發出狂，發出往也。吾家耄，謂父師、少師也。予顛隮，即憂宗祀之顛隮也。反復箕子之言，一一與之相應。不然微子所謂求指告者，豈憑虛無著而昧昧然問處亂之策乎？且篇中所陳，皆歷敘殷家將亡、謀去就之語，若未嘗爲紂謀者。苟不知微子特商宗祀之重，則似私籌身家，忘其君而自矜明哲，曾仁者而肯出此乎！三仁之生死去留，朱子及諸儒之論既詳且至矣，而獨此篇爲微子特向父師少師謀宗祀之辭猶未及見，而於箕子所以答微子者，因言示意，無一虛文泛設，猶未細審之也。史臣以比干之死，心跡易明，惟一去一囚，不能無惑于天下後世，而去者尤涉可疑。故特錄此篇，俾天下後世知微子之去，非以高蹈遠引爲事，而罔爲臣僕，不顧行遯之人，亦必非貪生畏死者流，而後二子仁至義盡大不得已之心，暢然明著於天下。孔子所以稱三仁者，蓋據此耳。非是，則聖人無以稱，後儒又何所考邪？"

《書傳補商》卷之五

金　縢

既克商二年，王有疾，弗豫。二公曰：“我其爲王穆卜。”

“穆卜”，《傳》訓“誠一而和”，不如孔訓“敬”之捷。蓋當時凡卜皆言穆，觀下文“其勿穆卜”可知。吾友邵懿辰曰：“穆卜，猶《虞書》‘昌言’，蓋當時語也。”

周公曰：“未可以戚我先王。”

《傳》云：“未可以武王之疾而憂惱我先王，卻二公之卜。”案：下文公方自禱，其詞哀切，正所以戚先王也。豈於二公之卜，獨以爲憂惱先王不可行乎？竊謂此言僅卜未足以動我先王也。“戚”，讀若《孟子》“於我心有戚戚焉”之戚，趙岐注：“戚戚然心有動也。”僅卜未可以戚先王，故下文特爲壇墠，先册告而後用卜耳。

公乃自以爲功，爲三壇同墠。爲壇于南方，北面，周公立焉。植璧秉珪，乃告太王、王季、文王。

壇墠之設，《傳》謂：“二公穆卜必禱于宗廟，用朝廷卜筮之禮，上下喧騰，人心搖動，故周公不於宗廟，而特爲壇墠以自禱。”夫壇墠之設，豈不較宗廟而更令人駭異乎？孔謂“因三王以請命於天”，於義爲近，不知祇以告三王也。蓋當時三王各有專廟，周公不敢輕奉其主，以合祭於一，而三王之精爽常在天，《詩》所謂"在帝左右"也。故特爲壇墠，聚三王而告之。"告三王"，即陰寓請命於天之意。董氏琼乃謂"支子不祭，周公不敢入廟而爲壇"，則更非也。

史乃册祝，曰："惟爾元孫某，遘厲虐疾。若爾三王是有丕子之責于天，以旦代某之身。予仁若考能，多材多藝，能事鬼神。乃元孫不若旦多材多藝，不能事鬼神。乃命于帝庭，敷佑四方，用能定爾子孫于下地，四方之民罔不祇畏。嗚呼！無墜天之降寶命，我先王亦永有依歸。今我即命于元龜，爾之許我，我其以璧與珪歸俟爾命；爾不許我，我乃屏璧與珪。"

册，即周公所作簡書也。"惟爾元孫某"以下，皆册書之詞。林氏之奇曰："某者，武王名也。周公之禱，蓋用武王名，及史官記載，則諱其名而代以某。自太王、王季言之曰元孫，自文王言之曰丕子，其實一也。""丕子"句説者不一，孔謂"大子之責，疾不可救，謂天責取，武王必死"，《傳》斥其非，而謂"武王爲天元子，三王當任其保護之責于天，不可令其死"，義亦迂曲。且此句下必加"如欲其死"四字，乃可通。鄭氏康成又讀"丕"曰"不"，讀"子"曰"慈"，謂元孫遇疾，若汝不救，是將有不愛子孫之禍，爲天所責，欲使爲之請命云云，文義較順，然與事鬼神節不相生。以武王之疾歸過三王，亦非周公應施于祖考之言。且下云"以旦代某之身"，豈武王死，三王爲不慈，必周公死，三王乃爲慈乎？皆義之難通者也。"丕子"，《史記》作負子。《索隱》曰："謂三王負上天之責也。"段氏玉裁曰："言武王有背棄子民之咎而將死也。"《曲禮》疏引《白虎通》曰："諸侯疾曰負子。子，民也。言憂民不復子之也。"《後漢書·隗囂傳》曰"庶無負子之責"本此。案：此蓋《今文尚書》異字，或以"負"、"不"古通用，誤也。遍考諸家，惟朱子取晁以道之説爲合。朱子曰："若爾三王有丕子之責于天，

此一段先儒都誤,惟晁以道言丕子之責,如史傳中責其侍子之責,蓋
云上帝責三王之侍子,侍子指武王也,上帝責其來服事左右,故周公
乞代其死。”案:晁意甚順,第云上帝責其來服事左右,似無是理;且仍
是《孔傳》天責取之義,推之下文“命于帝庭無墜降寶命”語,意猶未
洽。竊謂丕子之責于天,屬三王説于天。三王之靈在天也,言若三王
在天之靈欲責丕子侍養于天,則請以旦代之。吳氏《書纂言》説亦同鄭
意。下文鬼神正謂三王在天之靈也。“予仁若考”,王氏念孫曰:“《史
記》作‘旦巧’。巧、考古字通,若、而語之轉。予仁若考者,予仁而巧
也。顧懽《老子義疏》曰:“若,而也。”《夬》九三“遇雨若濡”,莊二十二年《左
傳》“幸若獲宥”,若皆讀而。惟巧,故能多材多藝,能事鬼神。”案:王説
是也。薛氏《書古文訓》,凡“考”皆作“丂”。《説文·丂部》云:“丂,
古文以爲于字,又以爲巧字。”《禮·表記》“辭欲考”,鄭注:“考,巧
也。”是考、巧古通用。《傳》謂“仁順祖考”,增祖成義,而武王亦豈不
順祖考者乎？林氏之奇引薛氏,訓“若”爲如。言其仁如父,義亦可通,終不如
王説之善。敷,遍也。《周頌》箋:“敷,徧也。”《堯典》“敷奏以言”,《史記》作
“徧”。《傳》訓布,必增文德字爲義。佑,輔助也。“以璧與珪歸俟爾
命”及“屏璧與珪”者,皆收藏珪璧,不敢再瀆之意。《傳》謂“屏璧與
珪爲不事神,言周之基業必墜,雖欲事神,不可得”,恐非經恉。説者
又或謂三王許周公代死,則周公將以此珪璧事神;不許代死,則將屏
藏之不用。夫珪璧特一物耳,豈公死所能攜去者,尤非事理。蓋周公
既爲壇墠,植璧秉珪之後,史乃持周公所作册書祝于三王,曰:惟爾元
孫某,今遘厲虐之疾,若爾三王在天之靈欲責丕子侍養,則請以旦代
某之身。予仁惠而巧,能多材多藝,能事鬼神。乃元孫不若旦之多材
多藝,不能事鬼神。元孫之所能者何哉？乃受命于上帝之庭,徧佑四
方,用能安定爾子孫于下地,下地與在天緊對,能與不能緊對。而使四方
之民莫不敬畏者也。嗚呼！三王尚其以旦代死,無使墜失天之所降
寶命,則宗廟血食,我先王亦永有依歸矣。三王之許我與否,幽明殊

塗,不可言語接也,惟元龜者,三王之命之所寄,今我就命于元龜,爾之許我,我其以璧與珪歸而俟命;爾不許我,我乃藏璧與珪,而亦不敢復有請矣。稱爾、稱我,《傳》謂"無異人子之在膝下以語其親",其義甚當而實非也。管氏同曰:"古人不以爾、汝爲卑稱,用之於君,《天保》詩曰:"天保定爾。"《卷阿》詩曰:"俾爾彌爾性。"亦用之於鬼神。《詩》曰'既昭假爾',《禮》曰'假爾泰龜有常',同此例耳。周末文勝,始有以賤簡之稱不可施於尊貴者,故孟子云云,古人本無是也。"説經者乃謂稱三王爲爾,類人子膝下之詞;而箕子陳《洪範》,自我而汝武王,見其不屈,豈不誤哉?

乃卜三龜,一習吉。啓籥見書,乃並是吉。

三龜,《傳》謂"卜筮必立三人以相參考",葢本《洪範》"三人占"爲説。孔以三龜爲三王之龜,即《周禮》三兆,謂"前後相因而三卜"。時氏瀾曰:"三王之前皆有一龜,卜之皆吉,龜三而吉一,故曰一習吉。"案:三説皆可通。考《史記》云"周公已令史冊告太王、王季、文王,於是乃即三王而卜",則三王前各置一龜之言,乃古説也,朱子亦嘗取之。書者,《周禮》所謂頌,《春秋》所謂繇也。

公曰:"體,王其罔害!予小子新命于三王,惟永終是圖。兹攸俟,能念予一人。"公歸,乃納冊于金縢之匱中,王翼日乃瘳。

體,與《詩》"體無咎言"之"體"同,言卜兆也。"新命于三王",《傳》謂"新受三王之命",增"受"成義。竊謂"命"讀《儀禮·特牲饋食禮》"祝命嘗食"之"命",告也。此節《史記》以爲周公入賀武王之詞,今亦未見必然。或得此卜,喜以告二公及在朝諸臣,或其自言,俱未可知。公葢言卜兆如此,王疾其無害矣。我小子新告于三王,惟長終周道是謀。兹所俟命之卜若是,是三王能念予一人矣。念,顧也。

一人,馬氏融曰:"天子也。"見《史記》注。予,天子,親而尊之之語。

武王既喪,管叔及其群弟乃流言于國,曰:"公將不利于
孺子。"周公乃告二公曰:"我之弗辟,我無以告我先王。"周
公居東二年,則罪人斯得。于後,公乃爲詩以貽王,名之曰
《鴟鴞》。王亦未敢誚公。

孔訓"辟"爲法,以"居東"即周公東征。馬、鄭讀"避",以"居
東"爲東行避謗。後解經者劈分兩大門户,宋儒遵孔者半,遵馬、鄭者
半。朱子初答徐元聘、何叔京、董銖,力主《孔傳》,闢馬、鄭爲鄙生腐
儒之言。答徐元聘曰:"周公東征,不必言用權,自是王室至親與諸侯連衡背
叛,當國大臣豈有坐視不救之理? 帥師征之,乃是正義,不待可與權者而後能
也。若馬、鄭以爲東行避謗,乃鄙生腐儒不達時務之説,可不辨而自明。"答何叔
京曰:"此處須著極廣大無物我心胸看方得,若有一毫私吝自愛惜避嫌疑之心,
則與聖人做處天地懸隔矣。萬一成王終不悟,周公更待罪幾年,不知如何收
殺。"又董銖問:"周公之誅管、蔡,與伊尹之放太甲,皆聖人之變。惟二公至誠無
愧,正大明白,故行之不疑,未可以淺俗之心窺之也。使周公委政而去二年之
久,不幸成王終不悟,而小人得以乘間而入,則周家之禍可勝言哉? 周公是時,
不知何以告我先王也? 觀公告二公之言正大明白,至誠惻怛,區區嫌疑,有所不
敢避矣。自潔其身而爲匹夫之諒,周公豈爲之哉?"先生答曰:"辟字當從古注
説。"既答蔡仲默,謂宜從鄭注。答蔡仲默曰:"弗辟之説,只從鄭氏爲是。
向董叔重亦辨此條,一時信筆答之,謂當從古注,後來思之不然。是時三叔方流
言于國,周公處兄弟骨肉之間,豈應以片方半語,便遽然興師以誅之? 聖人氣象
大不如此。又成王方疑周公,周公固不應不請而自誅之。若請之於王,王亦未
必見從,則當時事勢亦未必然。雖聖人之心公平正大,區區嫌疑似不必避,但舜
避堯之子於南河之南,禹避舜之子於陽城,自是合如此。若居堯之宫,逼堯之
子,即爲篡矣。"故蔡氏本師意訂《集傳》,後儒説《書》者猶多主朱子初
説。蓋以大義言之,讀"辟"爲"致辟",似得聖人之正大光明,毫無委
曲。蒙初亦主之,既而推玩經文,反復情事,而知當以避位之説爲合,

何也？經言流言，未言叛逆，從《孔傳》，則必如錢氏時以不利孺子爲管、蔡挾以作亂之辭，增文傅會；從避位，則不須增辭解矣。以"居東"爲東征，則下文"親迎出郊"乃遠迎東國，情事難信，又無經傳可憑，且證以《東山》詩，公歸乃春，非秋也。以爲避位居東，則迎于東郊近地，情事可信。且《竹書》曰："成王元年，周文公出居于東。二年，大雷電以風，王迎文公於郊，遂伐殷三年，滅殷伐奄。"梁氏玉繩曰："二年待罪也。武王既喪，管、蔡流言，政當成王諒闇時，公居東避之。二年始得罪人主名，公遺王《鴟鴞》之詩，王尚疑而未悟。迨感風雷而後迎公，管、蔡等懼，遂叛公，乃奉王命東伐，三年而歸。王迎公之時，三年之喪已畢，故曰'王與大夫盡弁'，此其事之本末也。居東二年者，其次年即出師之歲也。以秋反，以秋征，實居東不過年半耳。東征三年，其一即郊迎之秋，以前年之秋征，以後年之春歸，實東征不過二年耳。合居東與東征，計之首尾，僅三年有餘。故《竹書》曰云云。"足爲確證。以迎歸爲東征後事，則《金縢》在《大誥》前，次序不合。前儒以爲因事類記，雖亦可通，然何如從避位之爲恰合乎？錢氏彝曰："聖人之序書也，《金縢》之後附以流言，次以居東，次以《鴟鴞》之詩，次以風雷之變，次以郊迎，而後次以《大誥》。今但循其次第推之，周公之迹昭然可見，而孔、鄭諸家之辨，亦不必別求佐證，而可以折其中。"而説經不主避位者，其言約有數端，一則謂聖人舉動，無事避嫌，不知家庭骨肉之間，非可徑情直行，孟子論瞽瞍殺人，謂大舜惟有竊負而逃一法。當是時，成王疑於上，國人疑於下，公而不避，將益生君民之疑，而速管、蔡、武庚之亂。計以一去，期息流言，陰消君臣骨肉之嫌，即以豫杜武庚窺伺之隙，而曲全夫管、蔡天顯之親。此正聖人忠忱懇切，仁至義盡，而豈以自明心迹，爲避嫌計邪？聖人處事純乎天理，必無一毫不曲盡乎人情，聞流言而即欲致辟，於天理已不足，況人情乎？迨避位，亂作迫歸，東征則於天理人情兩無憾矣。南氏軒曰："居東從避位解，則周公事君之忠，愛兄之情，全身之智，處變之權，無所不白。"一則謂致辟乃可告先王，避位無以告先王，不知經果言管、蔡作亂誅之可以告先王也。

一聞無根之語，即欲殄同氣之親，其可以告先王乎？不殺管、蔡，恐醸王家之亂，無以對先王也。少主方疑，外難未作，不求退避，擅欲興師，其可以對先王乎？且群叔流言，以公之攝政也。一旦避去，則彼無所據以立其辭，而亂可已矣。不此之圖，而遽欲誅謗滅口，其事可以告先王乎？一則謂周公委政而去，恐成王終不悟周家之禍不可言。不知當日見有二公在朝，公之避，豈冒冒然去哉？公避而成王之疑解，二叔、武庚不作亂邪，則公之所全者大矣。公徐以致仕元老，密與二公圖謀國是，奠安宗社，去位猶在位也。公避而成王之疑不釋，二叔、武庚終不靖邪，公亦逆料之矣。公退而三監仍叛，則成王之疑公者可解矣，公又何難復起圖之乎？且予反復《鴟鴞》詩，而益信避位居東之不可易也。說是詩者，向來以爲東征後作，不知此乃武庚初叛、周公勸王征伐之詩也。《序》曰：“鴟鴞，周公救亂也。”夫曰救亂，自是群叔流言，武庚方亂，公作此以貽王而救之。若三監既誅，亂已平矣，何救之有？《毛傳》曰：“寧亡二子，不可以毀我周室。”是明明勸以伐叛誅管、蔡。又曰：“手病口病，故能免乎大鳥之難。”是明明言必勞師而難乃可息，未嘗有一言一字涉武庚誅後情事。《鄭箋》以爲避位時作，即毛意也。自《孔疏》強分毛、鄭之說，傅會曲解，按之經義，毫不相符，古人所以云“傳疏出而經亡”也。周公見二叔挾武庚叛，恐王礙于叔父之尊，不肯征討也，故作此以貽王，鴟鴞比武庚，子比二叔，室比王家。取者，取爲己有也，二叔從殷叛，故言爲所取。殷之叛，實二叔主之，而周公以兄弟之親不忍直言，故曰“取我子”也。“無毀我室”者，無令其毀我王業也。當是時，武庚果已誅滅，公告王，何必爲此言乎？二章“陰雨綢繆”云云，尤勸王及時興師備難之確證，不然豈有稱戈犯順，征討屢年，已就殄戮而猶謂之未陰雨乎？惟三章“拮据卒瘏”，若可解以勞師之意，然曰“予未有室家”，則是追敘前時締造之艱，非今日勤王之謂。下云“予室翹翹，風雨所漂搖”，正謂既有室家，不可聽風雨之漂搖也。“予唯音曉曉”，不得已而諄諄告王之意也。且反復吟咏此二章，解作周公陳王業之艱難，憂時勢之危急，呼號慘怛，以望王及時征討，則得聖人蒼黃憂國、迫不容已之情。解作敘伐叛之勤勞，嘆安身之無所，自白志意，乞憐朝廷，便與聖人身分遠隔矣。以此知《鴟鴞》之決爲勸王伐殷詩也。朱子作《集傳》，亦誤以爲東征後作。考《集傳》之成，在朱子四十八歲，是時蓋主居東爲東征之説；後答蔡仲默，改從避位之説，使《詩傳》成于晚年，則未必以爲東征後矣。要之，此當信經而不信傳，經義果與東征後情事相合，則雖毛公、朱子不以爲東征後詩，吾猶將據經以斷。經義既是周公勸王伐殷之意，則即毛公、朱子俱以爲東征後詩，吾必且扶經以爭，而況毛公絕無東征後語意，朱子晚年且有從避位説乎！予既爲此言，後讀何氏楷《世本古義》、方氏苞《朱子詩義補正》、胡氏承琪《毛詩後箋》、惲氏敬《周公居東辯》、許氏鼎《周公遭流言説》、潘氏德輿《周公居東東征解》，大意皆與鄙合，而亦有補鄙見之未及者，乃益斷而不疑也。知《鴟鴞》決爲勸王伐殷詩，則上文"辟"非致辟，"居東"非東征，斷斷無疑矣。齊氏召南曰："辟不必如辟地之解。《魯世家》周公乃告太公、召公曰：'我之所以弗避而攝行政者，恐天下畔周，無以告我先王。'是述此經爲文而加明著，蓋公自道之辭云爾。周公居東即是東征，將上下經文分兩段讀自明，説者必以居東承上辟字，遂多轇轕。"陳氏履剛曰："《説文·辟部》'嬖，治也'，引《周書》曰'我之不嬖'，辟者嬖之省假，弗嬖爲不治。武王初喪，成王踰年即位，其夏六月葬武王，而武庚作亂。時流言驀起，東國欲以蠢動，西土尚未知出自管、蔡，所云治者治武庚，非治管、蔡也；治武庚叛亂，非治管、蔡流言也。居東即東征，周公初行出師，絕不疑啓商始禍出于骨肉至親，天倫遇變實出意表。云'罪人斯得'，以爲至是而得罪人，前此則未得也。"按二説又因避位致辟之均有未安，而又從而爲之解者，亦未可從。其曰罪人斯得，得者出也，《吕覽·貴公》"平得於公"，注："得，出也。"又猶《論語》"如得其情"，史傳所云"廉得其實"之得，與知義略近。前時二叔不過流言，及周公避位居東之二年，則二叔挾武庚以叛，罪惡明著，所謂罪人斯出也。其曰"未敢誚公"者，王以前時流言疑公，至此猶未盡釋，而不敢謂公之言非也，故曰"王亦未敢誚公"。而其時適有風雷之異，王因天變，將啓金縢以卜，及得代死之文，乃涕泣而知周公之忠，遂親迎以歸，而命師伐殷也。其所謂"居東"，方氏苞《記王巽功周公居東説》曰："周公居東，惟《集傳》'居國之東'爲近，而未著其何地。自我觀之，王欲親迎，即駕而出郊，就令出舍以俟，公必信宿可至。古者大夫有罪，自投于私邑以待放，禮也。然則公所居，其近在郊關之内歟？"馬氏融以爲東都，其時未營洛邑，安有東都？鄭氏康成以爲東國，虛而無指。《墨子·耕柱篇》以爲東處于商，三監方欲謀，公豈有避居于商之理？《越絶書》以爲東巡狩于邊，王方疑，公避位將以釋疑也，而反公然代天子巡狩乎？近徐氏文靖據《魯世家》"周公奔楚"及《國策》"王季葬楚山之尾"之文，以爲出依王季墓；明豐坊僞《子貢詩傳》以爲居魯，皆不足信。

秋，大熟，未穫，天大雷電以風，禾盡偃，大木斯拔，邦人大恐。王與大夫盡弁，以啓金縢之書，乃得周公所自以爲功代武王之説。

林氏之奇曰："啓金縢之書，將啓緘而卜風雷之爲何祥也，以其得書而止卜，知其爲卜而啓緘。周公藏書於金縢，非預知天時有風雷之變，而嗣王之必將啓緘以卜之也。成王之啓書於金縢，亦非素知公有請死之册，將取而觀之也。啓緘而遂知周公之心，此豈人力之所能爲哉？"

二公及王乃問諸史與百執事。對曰："信。噫！公命我，勿敢言。

二公從王咸往，故曰"二公及王"。"對曰"云云，此必諸史、百執事中有一當時與其事者以實對也。《傳》言"皆對"，恐無是理。二公且不知，諸史、百執事安得皆知之？周公又安得盡人而誠之？"公命我勿敢言"宜從孔讀，"公命我"句，"勿敢言"句。蓋非公命其勿言，其事未必秘藏至今，且愈以見公之誠也。《傳》讀"公命"句，蓋誤會此對爲諸史、百執事同言，故不得謂公曾遍人而戒之也。

王執書以泣，曰："其勿穆卜！昔公勤勞王家，惟予沖人弗及知。今天動威以彰周公之德，惟朕小子其新逆，我國家禮亦宜之。"王出郊，天乃雨，反風，禾則盡起。二公命邦人凡大木所偃，盡起而築之，歲則大熟。

　　親逆出郊，必非遠地，故知居東決非東征也。孔於"新逆"解作改過自新，遣使往迎；於"出郊"釋爲玉帛謝天，皆曲説。林氏之奇謂："逆公爲國家之禮所宜，於是還公于東都，比其至而出郊迎之，豈天之雷電以風，直待遣使迎公，公至郊外而乃反風乎？"薛氏季宣又以出郊爲王遣使迎公，出郊以送，亦爲傅會。大抵學者解經，於前儒之言，必擇其理之長而證之確，理足以相持而證又不足以相勝，則惟一以經文爲斷，推之字句少傅會穿鑿而無害於道義者，從之而已。

附録諸家論説

　　林氏之奇曰："請代武王之死者，周公之本心也。王瘳而周公不死，此則天也，非人之所能爲也。蓋天之於人，雖若茫昧不可測知，而其禍福之應，如影之隨形，響之隨聲，未有動於此而不應於彼者。高宗恭默思道而夢帝賚之良弼，周公代武王之死而王翼日乃瘳，皆其至誠洞達神明，故其應也如此之速，應非自外也。聖人之德，貫天地，通神明，能盡人之情於昭昭之際，則有以盡鬼神之情於冥冥之間。其或未能事人而欲事鬼，未知生而欲知死者，則不足以當乎此矣。"

　　又曰："禱於三王，欲以身代武王之死，周公爲之不疑。至於子路請禱而夫子不許者，蓋父有疾，子禱焉；君有疾，臣禱焉；師有疾，弟子禱焉，此皆出於至誠惻怛不忍之心，而非有爲爲之也。子路以其意自禱，可也；請於夫子，則不可也。周公前命二公曰'未可以戚我先王'，下則命諸史勿敢言，自非天有雷風之變，則周公請命之事終無以見於天下後世，然則周公之禱也，豈欲人之知邪？"

又曰："董仲舒論天人相與之際,甚可畏也。國家將有失道之敗,天乃先出災異以譴告之;不知自省,又出怪異以警懼之;尚不知變,而傷敗乃至。使成王不能自新以逆周公,則其災豈止於雷風而已哉!其始也疑周公,天大雷電以風;其終也逆周公,則天乃雨反風,天人之際,可畏如此。然非周公之忠載於金縢,則不能因天變以悟成王;非天有雷風之變,則不能警成王以逆周公。故曰:天不人不因,人不天不成也。"

陳氏經曰："子之不禱爲己也,周公之禱爲君親也。爲己而禱是不知命,爲君親而不禱,是不知義。"

陳氏櫟曰："元孫不若旦,非公自誇而貶武王,蓋欲代其死,不得不然。言武王不救則天命墜,宗社亡,非過爲危言,理勢實然也。後來王崩在定商八年後,三監之變尚如此,況克商二年乎?周公忠誠懇切,欲代王死以輸危急,蓋以武王一身,宗社生民之身;周公之禱,非獨弟爲兄、臣爲君,乃爲先王禱,爲天下禱,爲萬世社稷生靈禱也。"

郝氏敬曰："學者讀《金縢》,但當思聖人忠孝誠敬,迫切至情,而不必奇其事。方其請代,惟知臣爲君死,何暇計事之有無?而藏册金縢,亦何期後日見知?惟自盡其心,至於受命如響,莫之致而至也。"

董氏鼎曰："帝王之興自有天命,必至於極而後見。武王崩,成王幼,天下之重,懸於周公。公負謗而不遑自安,王得詩而尚猶未悟,文武之業,危如一髪,非天其孰能警悟而扶持之?故天之動威,不特以彰周公之德,實以表見三監之罪,而顯相文武之業也。漢高困於項籍,而大風爲之揚沙;光武窘于王郎,而河冰爲之自合,庸非天乎?"

張氏英曰："氣聚則生,氣散則死,惡有死而可以他人代之者?如果有鬼神操生死之權,可以求而免,可以求而代,則凡爲人之子若臣,孰不當爲君父請命?乃古今如此等事又不多覯,何也?如謂聖人愛親之心無已,亦但如是以求之而已,其應與否不可得而必也。武王亦適然而愈,未必鬼神之許周公。然則或有或不有之事,聖人亦行之乎？竊謂人之心本與天地鬼神相通者也，天地鬼神未嘗操人生死之權，惟一心之誠，則天地鬼神遂若隨其心之所欲而無不應。愚夫愚婦刲股割肝，呼天搶地，猶有可以延其父母數歲之命者。聖人雖不以立訓垂世，不可謂其事之全無也。武王克商方二年，此天下何等時乎！故周公迫切誠懇，願以身代，此固與尋常禱祀不同，愚夫愚婦猶可以感格鬼神，況聖人之至誠迫切乎？故朱子曰：‘聖人爲之，亦須有此理。’”

邵氏懿辰曰：“聖人之心與天地相流通，三龜之吉、風雷之變，皆周公至誠所感，故並記之，以見至誠而不動者，未之有也。後人所以祈神而神不應，畜君而君不順者，誠不足而已。聖人則其心之天無刻不與蒼蒼之天相爲應感，故其精神往來，自有以潛移默奪而匪夷所思者。高宗恭默，賢臣形于夢寐，舜以孝若瞽瞍，禹以謙格有苗，伊尹以一德化太甲，皆是道也。後世每以己之多僞，而疑聖人之不情，故曰‘《書》之失誣’。《書》豈盡誣也哉！”

《書傳補商》卷之六

大　誥

王若曰:"猷！大誥爾多邦越爾御事。

王,成王也。鄭氏康成以王即周公,謂周公居攝,命大事則權稱王。其語大謬,前儒辨斥已多,近世宗鄭者猶祖其説。無論誣聖悖理,即以經文推之,曰"我幼沖人"、"予小子"、"予沖人",皆述成王之詞,非周公語氣,明甚矣。"王若曰"云者,朱子曰:"若字只是一似如此説底意思,如《漢書》中'帝意若曰'之類,蓋或宣道德,意者敷演其説,或記録者失其語而追記其意如此也。猷,歎詞。《爾雅》曰:"那、都、繇,於也。"繇、猷古通用。近儒多謂《爾雅》"於也"當讀于,不讀烏。竊謂那、都、繇,經傳固有訓于者,皋陶曰"都",禹曰"都",訓爲于,豈可通乎? 且《爾雅》訓字,多一字兩義,如:"台、朕、賚、畀、卜、陽,予也。"台、朕、陽爲予我之予,賚、畀、卜爲賜予之予。"治、肆、古,故也。"治、故爲久故之故,肆爲語詞之故。"栖遲、憩、休、苦、叔、鯀、呬,息也"。栖遲、憩、休、苦爲止息,叔、鯀、呬爲氣息。則此"於也"當可兩讀,不可執一廢一也。此經"猷"字,馬、鄭本在"誥"字下,説者謂移在"大誥"上,《僞孔》所改。《多士》《多方》之"猷",豈皆《僞孔》所改乎? 竊謂如馬、鄭本"猷"當訓"于",如在句首,則斷當訓歎詞也。越,與也。《尚書》越有數訓:一曰與也,一曰惟也,一曰及也,一曰于也。王氏《經傳釋詞》最明。

　　"弗弔天,降割于我家,不少延。洪惟我幼沖人,嗣無疆大歷服。弗造哲,迪民康,矧曰其有能格知天命?

　　《周書》多言"弗弔",下文皆言天,蓋謂天不弔恤,倒文耳。割,《釋文》云馬本作"害",古割、害通用。洪惟,詞也,與《泰誓》"洪惟作威"、《多方》"洪惟圖天之命"皆同,《傳》訓"大思",失之。服,事也,《傳》訓"五服",非。有,讀曰又。《詩·終風》"不日有曀",《既醉》"昭明有融",箋皆訓"又"。格,窮極之意。格知者,知之深也。言上天弗弔,降害于我周家先王,不少延留。惟我幼沖人嗣無窮之大歷事,弗能造於明哲,以導民於康,況曰其又能深知天命乎?

　　"已!予惟小子,若涉淵水,予惟往求朕攸濟。敷賁,敷前人受命,茲不忘大功。

　　已,歎詞,此外《康誥》凡三見,《梓材》《洛誥》各一見。已、噫一聲之轉,蓋即噫也。段氏玉裁曰:"已,《莽誥》作熙,師古注:歎詞。此今文《尚書》也,皆即今之嘻字。"忘讀曰亡,謂亡失也。成王歎言:予乃小子,當此之時懍懍危懼,若涉淵水,予惟往求朕所以濟涉之道,惟在敷布休美,敷布前人所受之命,不亡失前人之大功而已。

　　"予不敢閉于天降威,用寧王遺我大寶龜,紹天明。即命曰:有大艱于西土,西土人亦不靜,越茲蠢。

　　"天降威"與上文"天降割"、下文"天降威"一例。《傳》以降威爲討罪,非也。此篇自"殷小腆"下,始言武庚之叛,前數節第泛言武王新崩、國家多難之意。即命寶龜,乃武王崩後二叔未流言以前事,解者以降威爲伐叛,則結絆不清矣。《傳》從古説,讀"天降威用"句,不如王氏安石讀"天降威"句,以"用"屬下讀爲是。閉與蔽通,經傳訓壅、訓塞、訓闇不一,類皆昏昧不明之義。紹,承也。王莽擬《誥》,于"紹天明"句,作"乃紹天明"意。注師古曰:"紹,承也。"正可取以解此。天明,言天道明顯也。《詩》曰"昊天曰明"、《酒誥》《多士》言"天顯"，皆是。即命者，就受命令之義。《金縢》曰"今我即命于元龜"，蓋古者凡卜言即命，常語也。言武王之崩，天降威也，予不敢昏昧于天之降威，嘗用寧王所遺我之大寶龜以卜，上承天之明顯，就受其命曰：有爲大難于西土者，西土之人亦不安静，今及蠢然動矣。爲難西土，指武庚；西土人指三叔，三叔固鎬京人也。

"殷小腆誕敢紀其敘。天降威，知我國有疵，民不康，曰：予復！反鄙我周邦。

腆，《傳》訓"厚"，義曲。孔氏安國訓小貌，鄭氏康成訓小國，皆未允。王氏肅曰："腆，主也。"殷小主，謂禄父也。案，段氏玉裁曰："《說文》：敪，主也。"王蓋以腆爲敪之假借，《釋文》馬曰"至也"，當爲主字之譌。案：王說最捷，今從之。"天降威"屬周說，即上文所謂降割，《傳》謂"降威於殷"，非是。有疵，指流言也。王氏鳴盛曰："伏生《大傳》云奄君謂禄父曰：'武王既死矣，今王尚幼矣，周公見疑矣，此百世之時也，請擧事。'所謂知周有疵而欲叛也。"鄙我周邦者，《左傳·宣十四年》華元曰"過我不假道，鄙我也"，成十八年宋西鉏吾曰"大國無厭，鄙我猶憾"，皆此義也。言殷小主誕敢紀其已亡之敘者，以天降威，寧王新崩，又知我國有流言，民心不安，故敢曰：予將復舊業。反鄙邑我周邦也。

"今蠢，今翼日，民獻有十夫予翼，以于敉寧武圖功。我有大事休，朕卜並吉。

"今翼日"，猶言今明日。"民獻有十夫"宜泛說，馬氏融以爲十亂，孔氏安國以爲四叛國賢者來，皆非。予翼，即翼予也。"敉寧武圖功"，《傳》訓"撫定商邦，繼嗣武王所圖之功"，增文義曲。遍考諸家不可得，既推玩《大誥》全文，有曰"不可不成乃寧考圖功"，又曰"不敢不極卒寧王圖事"，又曰"敉寧王大命"，文義皆與此同，疑"武"字爲“考”字之譌。吳氏澄曰：“寧王亦謂武王，初喪未諡，以其能安天下曰寧王，有安天下之武功，故曰寧武。”案：此近穿鑿。言今雖蠢動，兩日之內即有賢者十人來，願輔予，以往撫定我寧考所圖之功。我有大事休美，朕之卜又並吉也。民獻予翼，得人心也。朕卜並吉，得天心也。天人交應，如之何其不征邪？

“肆予告我友邦君越尹氏、庶士、御事，曰：‘予得吉卜，予惟以爾庶邦于伐殷逋播臣。’

陸氏鍵曰：“此非國家誅叛之大典不足憑，而反憑冥冥之卜也。蓋殷王之裔，或天心所未欲絶，則取決於卜。今卜伐而吉，則此不過逋亡播遷之餘孽耳，又何論艱大乎？”

“爾庶邦君越庶士、御事，罔不反曰：‘艱大，民不静，亦惟在王宮邦君室。越予小子考翼，不可征，王害不違卜？’

“考翼”與下文考翼必有譌誤，不可强通。《傳》以小子爲邦君自稱，考翼爲父老敬事者，增文曲説。此外諸家多以小子爲成王，自言謂我小子之身，當考其敬，翼以自反而不可征，亦皆强詞。錢氏時曰：“考翼者，父敬也。三監皆武王所命，是父之所敬也。不可遽行征伐。”案：此義較諸家略通，今聊從之。王宮猶云王家，王家邦君謂二叔也。周謂諸侯曰監，《梓材》“王啓監”、《周官》“立其監”可證。爲成王叔父，故曰王家邦君。言民不安静，雖由武庚，亦惟在二叔之室，惟予小子父所敬者，不可征伐，諸侯以此勸王之違卜也。述邦君之言，而又雜以予小子之語，古人文法高妙參差，往往如是。

“肆予沖人永思艱曰，嗚呼允蠢，鰥寡哀哉！予造天役，遺大投艱于朕身，越予沖人，不卬自恤。義爾邦君越爾多士、尹氏、御事，綏予曰：‘無毖于恤，不可不成乃寧考圖功！’

“允蠢鰥寡”《傳》讀爲一句，竊意當讀“嗚呼允蠢”句，“鰥寡哀哉”句，文義乃明。“予造天役”，《傳》謂“我之所爲皆天所役使”，義冗。蒙意造，爲也；天役，天使，即代天工之意，猶孟子言天吏也。“義爾邦君”，《傳》謂“以義言之，爾等當安我曰”云云，説亦冗曲。朱氏彬曰：“義者，宜也。”案：朱説是也。義、儀古一字，通作宜。《詩·烝民》“我儀圖之”。《傳》曰：“儀，宜也。”《漢書·地理志》“伯益能儀百物以佐舜”，注：“儀與宜同，此義之當讀作宜也。”“無毖于恤”，《傳》訓“無勞于憂”，蓋謂無以憂邺之事爲勞也。寧考，武王也，自成王稱之，故曰考。上言爾庶邦君臣勸我勿征，此言征非得已也。今我沖人常思念其艱難曰：嗚呼！今武庚信已蠢動，鰥寡受害，誠可哀哉！予爲天吏，天方遺大投艱于我躬。惟予沖人固不我自恤矣，宜爾邦君及爾多士、尹氏、御事亦皆慰安我曰“無以憂恤之事爲勞，不可不成乃寧考所圖之功”，今奈何以勿征爲言乎？

“已！予惟小子，不敢替上帝命。天休于寧王，興我小邦周，寧王惟卜用，克綏受茲命。今天其相民，矧亦惟卜用。嗚呼！天明畏，弼我丕丕基！”

休，嘉也，《國語·周語》“以休懼其動”，注：“嘉也。”善也。《廣雅·釋詁》。言天嘉善于武王也，“今天其相民”，其猶之也。見《盤庚》。矧，《説文》作“㖕”，注：“況也，詞也。”是矧有“況”與“語詞”二訓。《尚書》多“矧”，二義盡之。段氏玉裁《説文注》謂：“況也。詞也。上‘也’字爲衍文，謂矧爲況，詞。”今以《尚書》推之，矧固確有“詞也”之訓，段説非也。此宜直作語詞義，若則《康誥》“矧惟不孝不友”、“矧惟外庶子訓人”、“矧太史友”、“矧惟爾事”、“矧汝剛制于酒”皆是，向來解者訓爲況，故多迂曲。“天明畏弼我丕丕基”，《傳》意天之明命可畏，輔成我丕丕之基業，言卜不可違。竊謂如《傳》意，則與上文義複，且僅援天以自信，不如解作告庶邦當畏天以輔我之意。上文既以大任責己，以大義責臣，故此復申言卜之不可違，而告庶邦當畏天以輔成我之基業也。歉言予乃小子，不敢廢上天之命，昔者天嘉善于我武王，興我小邦周，武王惟不違天之卜，故能安受此大命。今天之相民，則亦惟卜是用，嗚呼！天明顯而可畏，爾等當畏天，以輔成我大基業也。

王曰："爾惟舊人，爾丕克遠省，爾知寧王若勤哉！天閟毖我成功所，予不敢不極卒寧王圖事。肆予大化誘我友邦君，天棐忱辭，其考我民，予曷其不于前寧人圖功攸終？天亦惟用勤毖我民，若有疾，予曷敢不于前寧人攸受休畢？"

惟，乃也，言邦君、御事乃武王舊臣也。《傳》云"專呼舊臣而告之"，猶拘。毖，《廣韻》云："告也。"經中多此義，"天閟毖我成功所"，天密告我以成功之所也，"天亦惟用勤毖我民"，天亦惟以勤勞告我民也。"汝典聽朕毖"，汝常聽朕告也。"厥誥毖庶邦庶士"，猶《多方》言"誥告爾庶殷"也。《傳》以否閉艱難解之，非是。極讀曰亟。《荀子‧賦篇》"出入甚極"，楊注："極讀亟。"《易‧説卦傳》"坎爲亟心"，荀爽本作"極心"。卒，終也。化誘，勸化開誘之意。"天棐忱辭"，朱子曰："諸家棐字並作輔字，訓難曉，後讀《漢書》顏師古注云‘匪、棐通用’。案：《食貨志》《武五子燕刺王旦傳》皆有之。如《書》中棐字，正合作匪字義。"許氏月卿曰："言天非誠有言辭，考之民，可見天意欲征武庚，非諄諄然命之，民心所欲，即天意也。"前寧人，亦武王也。葉氏夢得曰："自成王稱之曰寧考，概言之曰寧人，以其在前曰前寧人，皆稱武王也。"《傳》謂"武王大臣"，非是。勤，勞也，即征伐之事。休，善。見前。畢，終也。王呼邦君御事而言，爾等乃武王舊臣，爾大能遠識前日之事，爾知武王何如之勤勞哉？今天密告我以成功之所，予不敢不亟終武王所謀之事也。故予大化導我友邦君，當仰承天意。天匪誠有言也，其考之我民可見，天向民輔，予何其不於前寧人之功謀所終乎？且天亦惟以勤勞告戒我民，不可安逸，如有疾痛，必速除之。予曷敢不於前寧人所受者善厥終乎？

　　王曰："若昔朕其逝，朕言艱日思。若考作室，既底法，厥子乃弗肯堂，矧肯構？厥父菑，厥子乃弗肯播，矧肯穫？厥考翼其肯曰：予有後弗棄基？肆予曷敢不越卬敉寧王大命？

　　若，惟也。王氏念孫曰："《大誥》曰'若昔朕其逝'，《君奭》曰'若天棐忱'，《呂刑》曰'若古有訓'，若字皆語詞之惟。"昔，始也。《詩·采薇》"昔我往矣"，《釋文》引《韓詩》："昔，始也。"《老子》"昔之得一者"，王注："昔，始也。"其猶將也。王氏引之曰："《盤庚》曰'天其永我命于兹新邑'，《微子》曰'今殷其淪喪'，《康誥》曰'爽惟天其罰殛我'，《酒誥》曰'予其殺'，'其'皆有將義。"言始朕將往，朕亦言其事之難而日思之矣，而有不可安於難者，子孫不終祖父之業，祖父其曷賴乎？"考翼"之文不可知。《詩正義》引鄭康成說此經曰："其父敬職之人，其肯曰我有後，子孫不廢棄我基業乎？"孔氏安國謂爲敬事創業，義與鄭同，今聊從之。肆，今也。《爾雅·釋詁》文。越，及也。見前。越卬，猶言及我，身不容緩也。

"若兄考乃有友伐，厥子民養，其勸弗救？"

　　"民養"，蘇氏以養爲廝養，謂民養猶臣僕。二字於經傳別無他見，恐未可信，此外亦鮮有明捷無礙者。竊意"若兄考乃有友伐"句，"厥子民養"句，"其勸弗救"句。養，畜也。民養倒文，謂畜民也。勸，阻止之意。言若兄父而有友來攻伐者，其子畜養民力，其可阻止而弗救乎？兄考喻王，友喻武庚，厥子喻邦君、御事，皆養民者。上言予不可不成先人之業，此言臣子不可不救君父之難也。

　　王曰："嗚呼！肆哉，爾庶邦君越爾御事。爽邦由哲，亦惟十人迪知上帝命，越天棐忱，爾時罔敢易法①，矧今天降戾于周邦？惟大艱人誕鄰胥伐于厥室，爾亦不知天命不易？

———————
①"易"《書傳補商》原作"曷"，據阮元校刻《十三經注疏·尚書正義》改。

肆,力也。《爾雅·釋言》文。勉邦君御事戮力也。《傳》訓放,謂
"欲其舒放而不畏縮",非是。"爽邦"以下,《傳》義較舊解爲順,然猶
有未合,"惟大艱人"以下亦未昭晰。竊謂爽邦,昌明之邦。昧,爽,天
初開明也。爽邦,肇造邦之義。哲,多謀慮也。見《詩·瞻卬》箋。迪,語
詞。越,與也。見前。易,違。《呂覽·禁塞》"古之道也,不可易",注:"易
猶違。"法,軍法也,即《牧誓》所云六步七步四伐五伐六伐七伐之類。
惟,有也。王氏引之曰:"《文選·東京賦》薛綜注'惟,有也。'《酒誥》'我聞惟
曰'、'我聞亦惟曰',皆當訓有。"誕,語詞。鄰,比。《淮南·精神篇》"與德爲
鄰",注:"鄰,比也。"胥,助也。《廣雅·釋詁》文,又《方言》"胥,輔也",亦助
義。告邦君及衆臣,既教以當戮力矣,遂言我邦所以昌明者,由多謀
慮之士,亦惟亂臣十人迪知上帝命,與天共輔相我周之誠。天意輔誠,
十人能知天命,故與天其輔我周家也。是時無敢違法令不從伐商者,況今
天降戾于周邦? 有大艱險之人比助伐于其室,是天意所急欲征討者。
爾亦不知天命之不可違乎? 大艱人,兼三叔及武庚言,三叔爲國懿
親,故曰"伐于厥室"。陳氏櫟曰:"爽明國事,實由哲人。爽邦,猶言通達國
體也。十人,即民獻十夫,即所謂爽邦之哲人也。亦惟此十人蹈迪而深知帝命,
及天之輔忱,命德討罪,天之法也。爾于常時尚當罔敢變易其法,矧今天降戾,
鄰胥伐,骨肉相仇,事勢危迫如此,爾乃以爲不可征,是爾亦不知天命之不可變
矣。"以此解之,辭意順適,蔡氏必以十人爲十亂,費辭辨之,終覺首尾衡決。今
以陳説按之經文,尚多未愜。附錄之者,以從古説,則陳氏爲明;從《蔡傳》,則蒙
言可采也。

　　"予永念曰:天惟喪殷,若穡夫,予曷敢不終朕畝? 天亦
惟休于前寧人。予曷其極卜? 敢弗于從,率寧人有指疆土?
矧今卜並吉。肆朕誕以爾東征。天命不僭,卜陳惟若兹!"

　　真氏德秀曰:"此以予永念發端,下分三説。天命喪殷,我不可不
終其事,一也。天降休命于武王,凡今所有之疆土,皆前人之所區畫,

我不可不率其舊,如韓愈所謂'惟天惟祖宗所以付任予者,庶其在此,
予曷敢不力',二也。其下乃言今卜並吉,是天實命我,所不可違,三
也。"按:《傳》義未極明了,真氏分三截,大恉明通,今試依而釋之。
休,嘉也。極讀曰亟。于,往也。從,讀如《春秋傳》"率師從之"之
從,征也。征,古文作徰,篆文與從相近,或即征之誤歟?率,古通帥,
統也。有指者,山川封域明白有可指也。言予嘗思念曰:天之喪殷,
若田夫之務去草焉,予何敢不順天意,以終竟田畝之事乎?而天之
所以必喪殷者,非予小子之故,亦惟嘉善于我前寧人耳。我何以亟
于求卜邪?是乃祖宗基業所存,敢弗往征,以統率寧人歷歷有可指
數之疆土邪?況今卜又並吉,故朕大以爾東征。自來天命無有差
僭,今卜之陳兆如此,其克可知,爾庶邦尚何疑乎?古人文簡義賅,
反復誦之,立言之恉當如是。

附録諸家論説

　　林氏之奇曰:"昔湯伐夏以救民,亳之民以爲夏罪其如台,咎湯不
恤我衆。夫湯之兵,爲應天順人而舉也,亳人徒以桀滅德作威而亳邑
未被其禍,故憚於行役戰鬬之事而出此言也。庶邦御事之不肯致討
於武庚,其意亦若是而已矣。不知自古有天下之禍,常起于一隅,蔓
延之久則偏于天下。漢景帝時,吳楚七國作亂于山東,聲焰甚熾。惟
漢遣周亞夫將三十六將軍之兵倍道而進,故一鼓滅之,不然不獨關東
非漢有也。晉武帝死,惠帝以昏童而即祚,當是時八王以肺腑之親更
相屠滅,戎羯乘之,中夏鼎沸,歷數百年而後定。管、蔡、武庚之亂,又
挾淮夷以爲重,此其爲變,蓋不減於八王與五胡也。當武王之喪而卜
之以龜,其繇辭已曰'有大艱于西土,西土人亦不静。'夫管、蔡喪亂於
東土,則西土之人宜無所預也。而龜辭以爲西土之人亦爲之不静者,
蓋天下之勢然也。"

　　又曰:"滅紂即封武庚,誅武庚則封微子,武王所欲誅者,紂而已。

武庚何罪焉？成王所欲誅者，武庚而已，微子何罪焉？蓋惡之止于其身者，聖人之忠厚也。”

朱子曰：“紂之暴虐，天下之人胥怨。及武王既奉天下之心以誅紂，於是天下之怨皆解，而歸德於周矣。然商之遺民及與紂同事之臣，一旦見故主遭人戮，宗社爲墟，寧不動心？茲固叛心之所由生也。蓋始於苦紂之暴而欲其亡，固人之心；及怨已解而人心復有所不忍，亦事勢人情之必然者。又況商之流風善政，畢竟尚有在人心者，及其頑民感商恩意之深，此其所以叛也。後來樂毅伐齊，亦是如此。”

呂氏祖謙曰：“武庚之叛，止三監及淮夷耳，何必大誥多方及御事之人？蓋當時天下初定，人情未安，革商爲周，天下亦未必盡曉然知天命所在。加之三監扇動爲變，恐亂之牽引不止於此。所以大誥多方，開曉其志，諭以天意從違之理，使之釋然曉悟。人心有定，合一無間，則變無由生，然後周公得以安焉而東征。後世人君，一方有亂，出師致討，絲牽繩聯，亂階浸長者，變端在人心故也。”

又曰：“禹之征苗，益贊曰‘惟德動天，無遠弗屆’，使之自反，不爲周公之必征，何也？蓋苗之爲惡，不過一人，可以修德，待其自化，如人小疾，調其元氣而已。至于武王既死，三監、淮夷又叛，危疑之際，不可不伐。使益當此時，必在十夫之數，況益之言至公，邦君之言安常守故，畏縮不敢，皆私意也。”

陳氏大猷曰：“武王以公義封武庚而不虞其怨，以親愛用三叔而不料其反，仁人之過也。使捨武庚而立微子，三監雖欲叛而不從；捨三叔而任他人，武庚雖欲反而不敢。”

董氏鼎曰：“帝王之決大疑，必詢謀僉同，謀及乃心、卿士、庶民，而後及卜筮。蓋以人謀既協，乃決於天。商之亡也，格人元龜罔敢知吉；周之東征也，民獻十夫予翼，而卜又並吉，此《大誥》一書所以始終言之。”

顧氏炎武曰：“武王克商，天下大定，裂土奠國，乃不以其故都封周之臣，而仍以封武庚，降在侯國，而猶得守先人之故土。武王無富天下之心，而不以叛逆之事疑其子孫，所以異乎後世之篡弒其君者，於此可見矣。及武庚既叛，乃命微子啓代殷而必於宋焉，謂大火之祀，商人是因，弗遷其地也。是以知古聖王之征誅也，取天下而不取其國，誅其君，弔其民，而存先世之宗祀焉，斯已矣。”

方氏苞曰：“昔朱子讀《大誥》，謂周公當時欲以此聳動天下，而篇中大意，不過謂周家辛苦創業，後人不可不卒成之。且反復歸之于卜，意思緩而不切，殊不可曉。嗚呼！此聖人之心，所以與天地相似而無一言之過乎物也。蓋紂之罪可列數以聳人聽，而武庚之罪則難爲言，所可言者，不過先王基業之不可弃，與吉卜既得可徵天命之有歸而已。夫感人以誠不以僞，此二者乃周人之實情，可與天下共白之者也。其於武庚，則直述其鄙我周邦之言，未嘗有一語文致其罪；其于友邦君，第動以友伐厥子之私義，而不敢謂大義當與周同仇也。非聖人而能言不過物如是與！不惟此也，周初之《書》，惟《牧誓》爲不雜，武王數紂之罪，惟用婦言、弃祀事，而剖心斲脛、焚炙剔剔諸大惡弗及焉。至于暴虐姦宄，則歸獄于多罪逋逃之臣。故讀《牧誓》，而知聖人之心之敬，雖致天之罰，誓師聲罪，而辭有所不敢盡也。讀《大誥》，而知聖人之心之公，審己之義，察人之情，壹稟于天理，而修辭必立其誠也。”

鈞衡曰：“朱子謂《大誥》始終歸重於卜，意似緩而不切。吾鄉方侍郎既論之詳矣，予又嘗推求其故。《周禮》大卜之職，凡國大師，則貞龜。古聖人征逆伐暴，必本天意，天不可知，惟卜是視。其重卜也，以敬天也。當時罪在管、蔡，武庚辜無可數，三叔之惡又不忍言，歸于卜以祈天，亦聖人大不得已之衷，而可與天下共見者也。其文煩瑣重複，何也？古者言語質樸，不似後世務爲有章以聳衆聽，故有語僅一二，而不惜再三申諭者。厥時史臣亦無粉飾，據言直記，弗避雷同。然而千載後反復誦之，但覺憂勤之意，戰惕之衷，委曲纏綿，有加無已，而不厭其文之複沓拉雜也。諸誥類然，不獨《大誥》然也。王莽居攝，依托周公，無事不以元公自比，故於翟義起兵，依周書作《大誥》，以示天下。其所用多今文家説，與今行《孔傳》不同。又多以己意滅義妄説，誣經實甚。近代漢學家多奉爲指南，以爲此真《尚書》古説，據以難孔。《僞孔》誠不可據矣，莽《誥》更何足據乎？嘗試核之，一‘寧王’也，莽《誥》解爲安帝室，獨於‘爾知寧王若勤哉’，則又以太皇太后代之；一‘前寧人’也，莽《誥》解以祖宗安人，獨于‘天亦惟休于前寧人’，則又以祖宗代之，此其自相矛盾者也。‘即命’上承寶龜，非居攝也，莽則謂‘予即命居攝踐祚’。嗚呼！此莽志也，雖無即命之文，吾知莽亦必增詞羼入矣。且使莽《誥》爲依《大誥》真解，泉陵侯上書云云凡十餘語，太皇太后肇有元城沙鹿云云三四十語，絕不見於《大誥》，何邪？矧其拘文牽義，詰曲支離，有萬不可解者邪？而顧欲依此以解《大誥》邪？古者天子崩，嗣王諒陰三年，百官總己以聽冢宰，周公攝政，亦臣職之常。惟厥時成王小弱，未克經事，壹是周公主之，故他日有復政之事。然而聖人之心，謹凛謙恭，公忠坦白，如皎日青天，固未嘗一日無君也。其作《誥》也，意雖出己，語必稱王，篇中所陳皆成王語氣，未嘗擅自居王也。而説經者必以王爲周公，不惟于‘予小子’、‘予沖人’之文不合，是開天下亂臣賊子無父無君之漸矣。莽之依托，安知非當時經生之言，有以助其姦膽而作其悖心乎？此蒙所必争者也。”

《書傳補商》卷之七

康　誥

惟三月哉生魄，周公初基作新大邑于東國洛，四方民大和會。侯、甸、男、邦、采、衞、百工、播民，和見士于周。周公咸勤，乃洪大誥治。

此節四十八字，漢唐諸儒皆以爲將誥衞侯、先序營洛之文，至宋儒始有疑爲《洛誥》之錯簡者。其説昉于蘇氏，後人多宗其説，然疑之者尚多。元金氏履祥謂當在《梓材》篇首，陳氏櫟謂當在《召誥》“牛一羊一豕一”之後、“越七日甲子”之前，國朝方氏苞謂當在《多士》篇首，毛氏奇齡謂此與《梓材》“王曰封至戕敗人宥”七十四字互有脱簡，姜氏兆錫因有“洪大誥治”之文，謂誥文必别有辭命，此爲闕文。衆説紛紜，其將誰主？竊謂衆説所以不同者，皆由胡氏宏以《康誥》三篇爲武王時書，欲移掇此四十八字入之他篇，而各以意説者也。案：胡氏所論，千古卓識，自吴氏棫、蘇氏軾、朱子皆取其説，蔡氏本以作《集傳》，後儒莫敢異説。其所辨論，於義理極爲精當，然而康叔封衞，實在武庚既滅之後，史傳多明言之，而《左傳》定公四年祝鮀之語及《史記·衞世家》之文尤明白無可置議。於是説經之士，既不敢謂此四十八字爲錯簡，又不敢效漢儒誣周公以踐阼攝王，遂各出其心思，以曲解"朕弟""寡兄"之説。有謂"王若曰"以下皆周公之言，必以王命誥者，事體也；必紀周公之言者，事實也。周公入而告成王以其事，出而告康叔，自以其所欲言，史官紀實以爲天下法，此宋黄氏度之説也。夫周公攝政，封康叔，自以其意作誥，固無不可，然經文何妨直書"周公曰"、或書"周公曰"、"王若曰"云云，今既單書"王若曰"，則必代成王口氣，何得又接以"朕弟"云云？謂之紀實，反致乖謬，未可信也。有謂古者封諸侯于廟，周公相成王，封康叔于武王之廟，故即假武王之辭以作誥，若在天之靈親敕之者，所以終武王之志，此近儒趙氏佑之説也。夫之死致生，若巫覡降神，已爲怪誕；況又代武王自謙爲寡德之兄，更爲非理，不足信也。有謂封康叔之時，成王位于上，周公旁侍而代命之，故史臣悉記其口語，"朕其弟"、"乃寡兄"皆周公自謂，此吾友邵氏懿辰之説也。夫黄氏入告成王出以己意作誥，按之"王若曰"、"朕其弟"之文已爲不合，況又云成王在上，周公從旁代誥，若祭祀之有尸者，不惟事理所無，且史官方書"王若曰"，旋書"朕其弟"，強合兩人爲一口，有是理乎？然則四十八字果有錯簡與否，朕弟寡兄究爲何人語氣乎，曰：此直當闕疑而不能斷者也。第以經文衡之，則胡氏謂武王誥叔，聖人不易，意者武王克商，即已封康叔于商畿之地，如朱子所云商畿千里，紂地甚大，武王封武庚之外，或別有餘地以封康叔者，此誥實武王所作。後來滅武庚之後，以其地改封康叔，周公作誥，覺無以過于武王之所言者，遂取武王之誥申述之，以冠于首，復述成王之意作《酒誥》、《梓材》兩篇，同時頒之。故史臣敘其緣起，先加篇首四十八字，史臣但書王曰不書武王者，以朕其弟乃寡兄小子封云云，天下後世必知此王之爲武王，故於《酒誥》首特加"成王曰"以別之。漢儒傳本皆然，孔本偶脱之耳，而胡氏、吳氏、蘇氏因《康誥》當爲武王誥叔之辭，遂謂《酒誥》《梓材》皆武王時書，則又矯枉過正。果爾，則篇首四十八字真爲贅文，祝鮀所云滅殷封叔者皆爲虚語。夫篇首四十八字，今文古文皆明白可據，何可妄移？祝鮀所云，

乃周人自言其本朝典故，豈應錯誤！然則四十八字不必移，而命以
《康誥》之在滅殷封沬土時，亦確不可易。《康誥》爲周公述武王往日
誥辭，《酒誥》《梓材》爲周公代成王作誥，而同頒于作洛之日，亦推之
情事，按之經文，考之史傳《書序》，而無不合者也。獨惜武王封叔于
商畿之事無考，不足取信于人。全氏祖望曰："《康誥》三篇，確爲武王封康
叔之書。或疑殷地既屬武庚，不得復封衛，則不然。康成《詩譜》謂'自殷都以北
謂之邶，南謂之鄘，東謂之衛'，是三國者原環殷都而裂之，殷都固無恙也，不必
疑康叔之難以並栖。"然而憑虛揣説，雖若傅會，而經文不煩移易，于義
理亦無悖謬，較諸家之穿鑿支離仍於經文不合者，不爲善乎？則亦姑
爲是説，以傳疑而已。"惟三月"，即《召誥》之三月也。"哉生魄"，
《傳》訓月十六日，本孔《傳》爲説是也。近漢學家多主馬融讀"魄"爲
"朏"，謂月三日，始生兆。朏引《説文》霸字，博考廣搜，以證"哉生
魄"之當爲三日。無論推以《召誥》日月，不可爲月之三日。《召誥》
云："三月丙午朏，越三日戊申，太保朝至于洛。"是三月五日召公始至洛，其月十
二日乙卯周公始至洛，自是丁巳始郊，戊午始社，甲子始用書。據此，孔言爲近，
馬説非是。而霸與魄截然不同，竟數千年莫有發其義者，蒙嘗爲説辨
之。説曰：《周書》生魄死魄，《漢書》作霸，顏師古注謂"霸、魄古一字。"以蒙推
之，二字雖通，其實義别。《説文》"霸"，月始生霸然也。承大月二日，承小月三
日，从月，霸聲。《周書》曰："載生霸。"案：所引《周書》即《康誥》文，"載"古通
"哉"。《康誥》之"哉生魄"，以《召誥》乙卯周公至洛證之，自丙午朏至乙卯，當
爲三月十二日。如《説文》之意，即丙午朏，其時周公未至洛，何得云初基作新大
邑于東國洛乎？不獨此也，以魄爲朏，則生魄可云月始生霸然也，死魄亦可云月
始死霸然乎？故知《周書》生魄，定以《孔傳》十六日爲是，而《説文》之霸則別一
字，與朏及哉生明同，而不可以爲魄也。許氏誤以爲一，則其義不可通矣。馬氏
融注《尚書》，亦以魄爲朏，謂月三日始生兆魄，名曰魄，是亦以霸爲魄，不知二字
義不可混。今取經傳所云霸魄者，略正之。《禮·鄉飲酒》云"三日則成魄"，此
魄當作霸。凡《白虎通》《援神契》所云"三日成魄"，《文選·月賦》所云"朏魄
示沖"者，皆霸字也。《漢書·律歷志》云"死霸朔也，生霸望也。"此霸當作魄，

凡所引《武成》"旁死霸""既死霸""既旁死霸"者,皆魄字也。故孟康注曰:"月二日以往,明生,魄死,故言死魄。魄,月質也。"學者準此類推,則可無疑于三日十六日之不合矣。近漢學家深仇《偽孔》,多主許氏、馬氏,闞之,遂並斥《律歷志》之誤,而于經文多不合,又或並舉兩說,而不能斷。此亦無甚關係之義,竟數千年無人道及,古經月日原不宜穿鑿求合,如此則固不可不知者也。播民,毛氏奇齡謂"殷之遺民",猶《大誥》云"逋播臣"是也。"百工播民"讀爲句。見,效也。孫氏星衍曰:《天官書》"以星見爲效",注:"效,見也。"士,事也。勤,撫勞之也。洪,鄭康成云:"代也。"《爾雅·釋詁》"鴻,代也。"洪、鴻通。治,正也。《禮·大傳》"上治祖禰",注:"治,正也。"言百官遺民皆和悅效事于周,周公皆撫勞之,于是代王大誥,正群侯也。此《康誥》《酒誥》《梓材》三篇之總敘也。

王若曰:"孟侯,朕其弟,小子封。

"朕其弟",其,猶之也。見《盤庚》。

"惟乃丕顯考文王,克明德慎罰,不敢侮鰥寡,庸庸,祗祗,威威,顯民,用肇造我區夏,越我一、二邦以修。我西土惟時怙,冒聞于上帝,帝休,天乃大命文王,殪戎殷,誕受厥命。越厥邦厥民,惟時敘,乃寡兄勖。肆汝小子封,在茲東土。"

"丕顯考",言文王之德大明,猶《商書》稱"先神后"也。區夏《傳》無訓,吳氏澄曰:"肇,始也。造,作也。岐周猶近西戎,文王徙豐,始作區宇于華夏之地。"案:吳說是也,第解"區"猶曲。《文選·吳都賦》"鏡水區",劉注:"水區,河中也。"是區有中義。區本訓虛,空虛之象必在中,區又爲藏物之處,物藏必于中也。四方上下爲天區,上下四方爲六區,皆就其中言之也,此皆區訓中之證。區夏猶中夏,言文王徙豐,初作邦于中夏也。"我西土惟時怙"當依孔讀絕句。"冒聞"連讀,王氏鳴盛曰:"趙岐注《孟子》,引此作'冒聞于上帝.'《君奭篇》亦有此句。冒有上進意,故云冒聞也。"江氏聲曰:《説文》"乛,冒也。"二月萬物冒地而出,氾勝之《農書》云:"土上冒橛。"是冒爲上進之意。以王氏之言證之,漢人"冒聞"連讀,王充《論衡・初稟篇》引此亦然,則冒聞不可割也,蓋猶上聞、升聞之義。《傳》讀冒屬上,云"西土之人怙之如父,冒之如天,明德昭升,聞于上帝"。怙冒二字既無連文可證,且怙之如父,自西土人恃文王言;冒之如天,則又自文王覆西土言,乍視似順,實則迂曲甚矣。"殪戎殷",猶《詩》云"伐大商"也。誕,語詞。越,與也。寡兄,寡德之兄,武王自稱之辭。武王既呼封,遂告之曰:惟汝大顯考文王克明其德,克慎其罰,不敢侮于鰥寡。用所當用,敬所當敬,威所當威,以好惡之公彰顯于民,用始徙豐,造我邦于中夏,及我一二邦漸以修治。然後我西土之人皆惟文王怙賴,遂乃上聞于天,天休美之。乃大命文王絶滅大殷,而受其所有天命,其所有之國所有之民惟我周之是順,乃寡德之兄又繼以勉,故汝小子封得在兹東土爲諸侯也。

王曰:"嗚呼! 封,汝念哉! 今民將在祗遹乃文考,紹聞衣德言。

阮氏元曰:"今民,古本'民'上有治字,按當從古本。"《孔傳》云:"今治民。"則孔本原有治字,後人傳寫誤脱耳。衣,王氏引之讀若"依",《學記》"不學博依","依"或爲"衣。"《漢書・外戚傳》"充依",荀悦《漢紀》作"充衣"。是也。言今汝治民,將在敬述乃文考,紹其所聞,依其德言也。

"往敷求于殷先哲王,用保乂民;汝丕遠惟商耉成人,宅心知訓,別求聞由古先哲王,用康保民。弘于天,若德裕乃身,不廢在王命。"

王氏引之曰:"敷者,徧也。"《周頌・賚篇》"敷時繹思",箋:"敷,徧也。”《舜典》“敷奏以言”，《史記》作“徧”。言徧求殷先哲王之道也。《大雅·抑篇》“罔敷求先王”，鄭《箋》以敷求爲廣索，是其義也。別，讀“先飯辯嘗羞”之“辯”，辯，徧也，古字“別”與“辯”通。《周官·小宰》“聽稱責以傅別”，故書“別”作“辯”。“士師荒辯之法”，鄭司農讀爲分別之“別”。《樂記》“禮辯異”，荀子《樂論》“辯”作“別”。《樂記》“其治辯者其禮具”，鄭注：“辯，徧也。”《史記·樂書》“辯”作“辨”，一作“別”，見《集解》。其證也。《墨子·天志篇》“天之愛百姓別矣”，別亦與徧同。由，於也。《釋詁》：“繇，於也，通作由。”《大雅·抑篇》“無易由言”，箋：“由，於也。”“別求聞由古先哲王”者，徧求聞于古先哲王也，與“往敷求于殷先哲王”文義正合。案：王解“敷求”、“別求”、“聞由”，精當不易。古先哲王，鄭康成所謂虞夏之王也。林氏之奇曰：“康叔之治民，固不可不取法于文考。然文考必取法于古先哲王，古先哲王必取法于天，至弘于天，則無以復加矣，道之大，原出于天故也。能弘于天，則能順性命之理以成其德，而可以裕乃身矣。”孟子曰：“仁義禮智根于心，睟然見于面，盎于背，施于四體，四體不言而喻。”此若德裕乃身之效也。“不廢在王命”，在，於也。《左傳》昭十一年注“歲復在大梁”，《釋文》“在”本作“於”。《傳》云“不廢在王之命”，增“之”字，贅矣。

王曰：“嗚呼！小子封，恫瘝乃身，敬哉！天畏棐忱；民情大可見，小人難保。往盡乃心，無康好逸豫，乃其乂民。我聞曰：‘怨不在大，亦不在小；惠不惠，懋不懋。’

“天畏棐忱”，《傳》謂“天命不常，雖甚可畏，然忱則輔之”，義曲。畏讀曰威，古畏、威通用。郭璞《爾雅注》引此作“天威”，《皋陶謨》“天明畏”，馬融本作“明威。”《廣雅》曰：“威，德也。”《風俗通·十反篇》曰：“天威棐忱，言天德輔誠也。”天德棐忱，天之意不可得而見也，徵之民情而可見。然而民甚難保，必往盡乃心，無有纖毫安康逸豫之念，乃可乂民。陳氏經曰：“不必求之天，求之民可也。不必求之民，求之心可也。"可謂善説此經者矣。《傳》以"民情大可見"起下句,似猶未得。"惠不惠,懋不懋",《傳》謂"順不順勉不勉者",蓋人所不惠不懋之地,怨往往于是而起。今能惠人之所不惠,則無不惠矣;能懋人之所不懋,則無不懋矣,而怨于何生哉?林氏之奇曰:"致怨無小無大,皆足以召亂。當順而不順,當勉而不勉,皆致怨之道也。"亦通。

"已!汝惟小子,乃服惟弘王應保殷民,亦惟助王宅天命,作新民。"

應,《傳》訓"和",甚捷。林氏之奇曰:"應保者,徇民之情而安之也。晁錯曰:人情莫不欲壽,三王生而不傷;人情莫不欲富,三王厚而不困;人情莫不欲安,三王扶而不危,如此之類皆所以應保之也。"亦通。

王曰:"嗚呼!封,敬明乃罰。人有小罪,非眚,乃惟終自作不典,式爾;有厥罪小,乃不可不殺。乃有大罪,非終,乃惟眚災,適爾,既道極厥辜,時乃不可殺。"

林氏之奇曰:"天下之罪戾,別白而不可掩,暴露而不可解,大罪則加之以大刑,小罪則加之以小罰,如權衡焉,不可以毫釐差。惟疑獄之難決者,則不可以不加意也。"

王曰:"嗚呼!封,有敘,時乃大明服,惟民其敕懋和。若有疾,惟民其畢棄咎。若保赤子,惟民其康乂。

"時乃大明服",《傳》以服爲"服其民",似割"服"字另句,且占下文"民敕懋和"地矣。竊謂服即"五刑有服""下服上服"之服,義猶等也。詳見《疑纂》"五刑有服"。"有敘時乃大明服"者,言用刑之道必有次序,乃能大明其等也。平日講求刑典,了然於心,謂之有敘。臨時矜慎判決,各當其罪,謂之明服,"若有疾","若保赤子",推言用刑之心也。

“非汝封刑人殺人，無或刑人殺人。非汝封又曰劓刵人，無或劓刵人。”

《傳》移“又曰”于“非汝封”之上，其意本之王氏安石，以下文“王曰”“又曰”推之，固爲通達。第經文四語一氣相承，似不得以“又曰”橫中隔斷。若如《傳》義，當移“又曰”於此節之首，乃合。今聊依經解之。朱子曰：“此言用刑之權正在康叔，不可不謹之意耳。非汝封刑人殺人，則無或刑人殺人矣。非汝封又曰劓刵人，則無或劓刵人矣，言其責之在己也。”先儒作四句讀，故不得其説。今由朱子之意推之，又讀曰“有”，“又”、“有”古一字，詳見《大誥》。刑之輕重大小，莫不主持于一身，非汝封刑人殺人則無或敢刑人殺人者，不獨刑殺人也，即一輕小之刑亦必出于汝口。非汝封有曰劓刵人，則無或敢劓刵人也。汝之一言，民之生死因之，可不慎哉！孔氏穎達以“又曰”爲周公述康叔之自言，蘇氏軾以“非汝封”爲絶句，言刑人殺人者法也，非汝意也。雖非汝意，然生殺必聽汝，不可使在人也。至于劓刵人，則曰非汝獨生殺也，劓刵亦如之，皆曲而未安。近趙氏佑以“又曰”爲承上詞，謂“劓刵輕于刑殺，刑殺固不可專，劓刵亦不可縱，蓋曰非汝封單不得刑人殺人，又可曰劓刵人也”，亦不如朱子之合。劓刵，《傳》謂：“刵爲《周官》五刑所無。”王氏引之謂：“古人唯軍戰有斬馘斷耳之事，於刑法無之。”通考諸書，訂“刵”爲“刖”之譌，是或然也。

王曰：“外事，汝陳時臬司，師茲殷罰有倫。”

外事，金氏履祥曰：“獄之未成，在有司而未達于康叔者也。”吳氏澄曰：野之獄訟各有大夫，士自治其事，不屬國中，故曰外事。如魯之費郈、楚之申息、齊之平陸靈邱也。考《周官》“鄉遂之外，縣野有縣士，都家有方士，掌王城二百里以外至五百里之獄訟，各辨其罪而要之，或二旬，或三旬，或三月，而上其獄于國，司寇聽之”，與此相似。“臬司”當連讀，猶言法守也。《傳》以“司師”連讀，解爲“使有司師此殷罰之有倫者”，增字成義，非也。此言獄在有司,汝當先陳是法守,令其師此殷罰之有倫理者。至獄成,上之大司寇,則又當如下文所云也。

又曰:"要囚,服念五、六日至于旬時,丕蔽要囚。"

要囚,陳氏大猷曰:"要者結罪之辭,與《周禮》'卿士異其死刑之罪而要之'之'要'同,要囚謂結定其囚之罪也。蔽要囚,謂斷其所結定之囚,猶今世引斷也。今世大辟囚已結罪後,猶有審覆經年者。"案:陳説是也。服念,《傳》謂"服膺思念",嫌迂。服古通伏,《易·繫詞》包義氏,《釋文》引孟京云:"伏,服也。"《文選·陸士衡詩》"誰謂伏事淺",注:"服與伏,古字通。"伏念,猶俯思也。林氏之奇曰:"唐太宗謂群臣曰:'死者不可復生,決囚須三覆奏,頃刻之閒,何暇思慮? 自今宜五覆奏。'正得《康誥》要囚之意。"吾友方宗誠曰:"陳時臬司,既已師茲殷罰有倫,則無不中之法矣。及要囚之時,又服念五六日至于旬時,丕蔽要囚,則更無不中之刑矣。"

王曰:"汝陳時臬事,罰蔽殷彝,用其義刑義殺,勿庸以次汝封。乃汝盡遜,曰時敘,惟曰未有遜事。"

罰,折也。《廣雅·釋詁》。彝與罰必言殷者,孔氏穎達曰:"衛居殷墟,又周承殷後,刑書相因也。""罰蔽殷彝"三句連讀,言殷家固有常典,汝陳是法事,當折斷於殷彝,用其宜刑宜殺者,勿用以就汝封之心也。義,古通"宜",見《大誥》。次,就也。《孔傳》如此。《家語》引作"勿庸以即汝心",意甚明,即亦就也。乃,猶若也。見《盤庚》。遜,順理也。《考工記》"輈人凡揉輈,欲其遜而無弧深",注:"遜,順理也。"曰,心口相問之詞。敘,順也。"惟曰"猶常曰也。經凡"惟曰"皆同。言若汝用刑,雖盡順理,每自問曰是其順乎,常曰未有順理事也。陳氏櫟曰:"心常不自是,則虛明公正之體不失,而審慎矜恤之念常存,刑罰之不中者鮮矣。曾子所謂如得其情,則哀矜而勿喜也。"

“已！汝惟小子，未其有若汝封之心。朕心朕德，惟乃知。凡民自得罪，寇攘姦宄，殺越人于貨，暋不畏死，罔弗憝。”

此節《傳》及諸家向分二節，使“凡民自得罪”五句，與上文毫不相屬。說者或謂“凡民自得罪”以下，乃更端之辭，與下“元惡大憝”、“不率大戛”諸節詞義相屬。論非不善，第經文下節始有“王曰”，則不得如此立言。胡氏士行曰：“以汝之心知朕之心，尚德不尚刑而已。民自有得罪，而人無不惡，以至不得不刑焉，此豈朕心也哉？”案：胡說近是，第解“凡民自得罪”，語意猶未親切。竊謂“凡民自得罪”云者，言凡民之得罪，非我罪之，乃民之自取之也，“寇攘姦宄”，特舉一端以爲驗耳。上文歷言用罰，至此嘆言汝乃小子，其心之仁慈愷惻，未有能及汝者。我之教汝用罰，其心德亦惟汝知，非得已也。凡民之得罪，非我罪之，皆民之自取之。彼寇攘姦宄，殺人顛越人以取貨財，而強惡不畏死，此天下人之所共惡，安得不以刑加之？是其刑也，彼人之自刑之，亦天下人之公刑之，而豈得已而不已者哉？此汝小子與朕所心心相印者也。下文遂更推言自得罪之事。

王曰：“封，元惡大憝，矧惟不孝不友，子弗祗服厥父事，大傷厥考心；于父不能字厥子，乃疾厥子；于弟弗念天顯，乃弗克恭厥兄；兄亦不念鞠子哀，大不友于弟。惟弔茲，不于我政人得罪，天惟與我民彝大泯亂。曰：乃其速由文王作罰，刑茲無赦。

大，衆也。《管子·法法》“故仁者、知者、有道者不與大慮始”，注：“大，衆也。”又《禮記·郊特牲》“大報天而主日”，注：“大猶徧也。”徧與衆同義。大憝者，衆所惡也。矧，詞也，義猶則。見《大誥》。“于父于弟”之于，讀猶爲。見《盤庚》。“速由文王作罰”，先儒多疑先王敬慎用刑，不宜如此

峻急,故《傳》釋以《周禮》"刑亂國用重典"云云,蘇氏軾、林氏之奇且
於此處迂文曲説,意恐後世好殺者以此藉口,非不善也,然終不免於
委曲以爲之解。竊謂速讀曰"肅",敬也。《爾雅》肅、速同訓"疾",又訓肅
爲"速",古肅、速字通用也。《儀禮·特牲饋食禮》"乃宿尸",注云:"宿讀爲肅,
凡宿或作速。《記》作肅。"《疏》云:"凡宿或作速者,若《公食大夫禮》'速賓'之
類是也。"《記》作肅者,《曲禮》"主人肅客而入"是也。此速、肅通用之確證。
速,籀文作"逮"。《漢書》凡速多作逮,《禮·玉藻》"見所尊者,齊逮",逮即敬
也。刑兼五刑而言,非謂殺也。曰"由文王作罰",文王之罰當無不當
于罪者,且其作罰也,于不孝、不慈、不友之人亦必有輕重次第之節,
教康叔敬由之者,乃正使慎刑之意也。

　"不率大戛,矧惟外庶子、訓人惟厥正人越小臣諸節,乃
別播敷,造民大譽,弗念弗庸,瘝厥君。時乃引惡,惟朕憝。
已!汝乃其速由兹義率殺。

　　此節舊説多不可通,《傳》義稍順,然有可疑者數事。訓"大戛"
爲"大置之法",不惟"戛"無法訓,增"置"成義,亦迂矣;謂庶子以下
爲臣之不忠,則宜統言遠近大小之臣,不應獨言外庶子、訓人之官與
小臣諸節;謂"別播敷"爲別布條教,經文凡言"播敷",類皆布施德
教,此獨何以知爲播敷別教?且臣罪可誅者衆,又何獨執此以定典
刑?所以然者,由昧於"矧"、"別"二字之義,故駢支如此。竊考
"矧",詞也,義若則。見《大誥》。庶子,《周禮》謂之諸子,其職掌國子
之倅,使之學德學道而考其藝以進退者。訓人,師長之官,《疏》引鄭注
如是。若師氏、保氏之屬。惟,猶與也。王氏引之曰:《詩·無羊》曰"旐惟
旟矣",《鄭箋》"夢見旐與旟",《靈臺》曰"賁鼓惟鏞",《禹貢》曰"齒革羽毛惟
木",惟皆與也。正人,蓋黨正、縣正之類。越,及也。別讀曰徧。見前。
造,成也。《君奭》"耇造德不降",鄭注:"造,成也。"《詩》"閔予小子,遭家不
造",箋同。大,衆也。見上。譽,善也。《淮南·本經》"經誹譽",注:"譽,

善也。”引，長遠之意。《禮·檀弓》“車曰引”，《疏》曰：“引者，長遠之意。”速讀曰肅，敬也。見上。率，用也。見《盤庚》。言泯亂民彝者，既由文王作罰，刑不容赦已。其餘不率大常者，則惟外庶子、師長與其正人之官及小臣諸受符節者，乃偏布德教，成民衆善，若終弗念弗庸，病其君畏，是乃引長其惡，惟朕所大惡，汝其敬由兹義用殺之。此仍指民言，非謂戮庶子等官之不善者，下文乃言君長百官之刑也。林氏之奇以“不率大夏”屬上節讀。呂氏祖謙謂夏爲難，言叔不以身率之，則亦大夏夏乎其難哉。或又謂夏爲擊，承上文而言，猶不率從，乃大夏擊以痛懲之，皆不得其解而强爲之説者也。殷紂無道，教化不行，民之干犯倫紀及不由常道者衆矣，不孝、不慈、不友，不由常道之最甚者也，故特先提出言之，所以正綱常也。次及不由常道之人，教之不改而後誅，則知不孝、不慈、不友者，亦非不教而誅也。古人文簡而意相足。

“亦惟君惟長，不能厥家人越厥小臣外正，惟威惟虐，大放王命，乃非德用乂。

君長，《傳》指康叔言。玩本文無“汝”、“爾小子封”等字，非戒康叔之言，康叔亦不至是。江氏聲曰：“君長謂他國諸侯，康叔爲牧伯，得征諸侯之有罪者，故及之。”案：江説是也，本經有“孟侯”之文可證。上言民之元惡及不率夏者皆有常刑，此則專指諸侯、卿大夫、士而言，亦承上詞。君，國君也。長，百官之長，卿大夫也。下言小臣、外正，則此長爲卿大夫矣。能，善也。《漢書·百官公卿表》“柔遠能邇”，注：“能，善也。”《左氏傳》曰：“不能其大夫，至于君祖母以及國人。”越，與也。惟，讀曰爲。王氏引之曰：《玉篇》“惟，爲也。”《皋陶謨》曰“萬邦黎獻，共惟帝臣”，《酒誥》曰“亦罔非酒惟行，亦罔非酒惟辜”，《孔傳》皆訓作“爲”。“惟威惟虐”，爲威爲虐也。“非德用乂”，見此亦必征討之、刑罰之也。

“汝亦罔不克敬典，乃由裕民。惟文王之敬忌乃裕民曰：

‘我惟有及。’則予一人以懌。”

此勉康叔敬刑以總結上文也。“乃由裕民”，《傳》謂“由是而求裕民之道”，似迂。竊謂由，用也，語詞。《尚書》“率”字、“式”字、“由”字，多作用，皆語詞。裕，容也。惟，思也。敬忌，敬戒也。《禮·表記》引《甫刑》，鄭注：“忌之言戒。”乃，猶而也。《儀禮·燕禮》“大夫不拜乃飲”，注：“猶，而也。”《堯典》“試可乃已”，《史記》作“試不可用而已。”《史記·淮陰侯傳》“相君之背，貴乃不可言”，《蒯通傳》乃作“而”。“惟文王之敬忌乃裕民曰我惟有及”作一句讀，及字乃有根。朱子謂：“《康誥》多長句，今人碎讀了。”誠然。承上文言庶民君長不率法者，汝皆得刑殺征討之，汝亦必無不克敬典，乃用容保民。敬典如何，亦法文王而已。汝思文王之敬戒用刑而保民曰：“我思有及于文王。”則予一人以悦矣。

王曰：“封，爽惟民迪吉康，我時其惟殷先哲王德用康乂民作求。矧今民罔迪，不適不迪，則罔政在厥邦。”

此下數節義不相承，大約因言用刑而教之宜以德化民也。爽惟，《傳》訓“明思”，固可通，其實非也。王氏引之曰：“爽，發聲也。‘爽惟民迪吉康’、‘爽惟天其罰殛我’，皆是。凡《書》言爽惟、丕惟、洪惟、誕惟、迪惟，率皆詞也。”陳氏櫟曰：“爽惟，蓋當時語也。”“迪吉康”者，真氏德秀曰：“導之以仁義，而民趨於仁義，導之以孝弟，而民趨於孝弟，此則所謂迪吉康也。”作求，《傳》謂“爲等匹於商先王”，蓋讀求如“君子好逑”之逑。林氏之奇曰：“先儒以求爲求而等之，王氏以爲作而求我所爲，蘇氏以爲民所求，皆非本義。蓋求與‘好古敏以求之’之求同。作，起也。起而求商先王所以康乂民者而行之也。”案：此讀“我惟時”云云十五字句，真氏德秀、陳氏櫟皆同，其説亦通。矧，詞也。義，猶則。

王曰：“封，予惟不可不監，告汝德之説于罰之行。今惟民不静，未戾厥心，迪屢未同。爽惟天其罰殛我，我其不怨。惟厥罪，無在大亦無在多，矧曰其尚顯聞于天？”

監，察也，《方言二》：“監，察也。”《國語·周語》“使監謗者”，注：“監，察也。”自省之意。下文“我其不怨”，正自省也。“告汝德之説于罰之行”，前儒多以爲寓德于罰，嫌曲。王氏引之曰：“于，猶越也，與也，連及之詞。言告汝德之説與罰之行也。”《多方》“不克敬于和”，于亦與也。戾，《傳》訓止，增“很疾”爲義，不如孔訓“定”爲捷。《國語·晉語》“可以戾也”，注：“戾，定也。”此古訓。“爽惟”，詞也。見上。“天其罰殛我”者，自傷之詞。其，猶若也。王氏引之曰：“《詩·小閔》曰‘謀之其臧’，《禮·文王世子》‘公族其有死罪’，《左傳》‘其濟君之靈也’，又‘其輸之，則君之府實也’，其皆猶若。”言今民猶未安，其心未定，屢導之而猶未同，上天若以此罰殛我，我其不敢怨，何也？凡人之罪不在大也，亦不在多，雖隱微纖小，天猶且鑒之，況民心之不安、天之所昭昭聞者！而敢謂民之梗頑難化，我可自謝其罪乎？《傳》以惟厥罪爲民之罪云云，似亦未合。

王曰：“嗚呼！封，敬哉！無作怨，勿用非謀非彝。蔽時忱，丕則敏德，用康乃心，顧乃德，遠乃猷。裕乃以民寧，不汝瑕殄。”

陳氏鵬飛曰：“毋作致怨之事，用敗事之謀，變常之法，皆起怨之道也。惟斷以至誠，則能不惑于非謀非彝矣。心之不安，則必喜異而厭常；德之不顧，則無内省之實；謀之不遠，則貪目前之利，忘他日之患。凡此皆基於不誠也。”案：陳説足以補《傳》義之未備。“裕乃以民寧”，《傳》云“寬裕不迫，以待民之自安”，於“以”字失解。竊謂以，猶使也。《國策·秦策》“向欲以齊事王”，注：“以，猶使也。”《君奭》“我不以後人迷”，《多方》“克以爾多方簡”，《顧命》“爾無以釗冒貢于非幾”，皆當訓使。“裕乃以民寧”，謂寬裕乃使民安也。瑕殄，猶《詩》云“遐棄”，瑕、遐古字通。《詩‧隰桑》"遐不謂矣",《禮‧表記》引作"瑕"。又《泉水》"不瑕有害",《釋文》"瑕,遠也",亦其證。《傳》訓"瑕疵棄絶",似拘。

王曰:"嗚呼! 肆汝小子封,惟命不于常,汝念哉! 無我殄享,明乃服命,高乃聽,用康乂民。"

此及下節誥以天命之無常,宜時念國之不易享也。"無我殄享",《傳》曰:"殄絶所享之國。"享,受也,必增"國"而後成義。若云無我殄受,則不詞矣。《蔡傳》下節云"世享"對上文"殄享"而言,此不然。世享上有"殷民"字,此則無也。江氏聲曰:"享,祭祀也。凡封諸侯,必命之祭其封內山川社稷,所謂命祀。國亡則絶其祀。"此言得之。

王若曰:"往哉! 封,勿替敬,典聽朕誥,汝乃以殷民世享。"

以,猶使也。見上。

《書傳補商》卷之八

酒　誥

王若曰：“明大命于妹邦。

王，成王也。《釋文》云：“‘王若曰’，馬本作‘成王若曰’。”《正義》亦云：“馬、鄭、王本以文涉三家而有‘成’字，據此是漢時《尚書》皆有‘成’字。”趙氏佑曰：“《康誥》《酒誥》皆有‘王若曰’，無以別異，故特加‘成’以別前誥之爲武王也。”《蔡傳》于《康誥》既正爲武王，而于《酒誥》《梓材》概謂武王所作，矯枉過正。至云“妹土商之都邑，武王以其地封康叔”，則似更忘商都爲武庚之封者，宜其後來人之攻詰也。妹邦即沬土。薛氏季宣曰：“妹，古沬字。”“明大命于沬邦”者，王教康叔申明其命于沬土也。

“乃穆考文王，肇國在西土。厥誥毖庶邦庶士越少正御事朝夕曰：‘祀兹酒。’惟天降命，肇我民，惟元祀。天降威，我民用大亂喪德，亦罔非酒惟行；越小大邦用喪，亦罔非酒惟辜。

毖亦告也。見《大誥》。“誥毖”者，猶《多方》言“誥告”，下文言“誥教”、“誥庶邦”者，文王時爲方伯故也。“惟天降命”緊連下讀。呂氏祖謙曰：“天下之物，無一不本于天，以酒論之，麴蘗水火之劑皆天所爲,天之降命所以使民置此酒者,以祭祀無酒,無以薦馨香,非以資人之酣飲也。後人失其本意,乃以此得禍而亦曰天降者,天理不在人心外,民爲酒所困,即天之降威也。"陳氏櫟曰:"天降命與天降威當對觀,設酒之初意,本爲祭祀,乃天之降命也。酒之流生禍,亦天之降威也。酒一而已,用以祀者此酒也,喪德喪邦者亦此酒也。天理人欲,同行異情,人之于酒,知其祭祀而本于降命之天,又能于燕飲而凛然知有降威之天,則天理行而人欲室,方無酒禍矣。"案:吕、陳二説最善。《傳》割"天降威"以下另爲節,而以"惟天降命"十字爲申"祀兹酒"之義,失語妙矣。"惟行"、"惟辜",惟當訓是。《文選·甘泉賦》注。言民之喪德亦罔非酒是行,君之喪邦亦罔非酒是罪也。

"文王誥教小子有正有事:無彝酒。越庶國,飲惟祀,德將無醉。

誥教百姓而必舉小子爲言者,林氏之奇曰:"禁于未發之謂豫,發然後禁,則扞格而難勝,故湯訓蒙士、文王教小子、穆王告幼子童孫,與《易》養蒙,一也。""有正有事",《傳》云"有官守有職業"者,主群吏而言。竊謂上既誥毖庶邦庶士少正御事,此下二節乃告民也,故特加"文王誥教"四字。若如舊解,"有正有事"於"小子"既不相連屬,亦與上文"少正御事"犯複,且"庶國飲惟祀",又同"祀兹酒"之文矣。蘇氏軾曰:"有正,有所治也。有事,有所作也。"此言得之。正,猶職也。正、政古一字。《國語·晉語》"政而役",注:"政猶職也。"又《漢書·梅福傳》云:"不在其位,不謀其政。"政者,職也。越,于也。見《大誥》。將,持也。言文王又誥教小子各有職業各有司事,無常飲酒,于庶國飲,惟祭祀時乃可,然必以德持之,毋至醉也。孫氏繼有曰:"德將者,獻酬升降雍容有禮之謂。""越庶國"緊承誥説下。

"惟曰我民迪小子,惟土物愛,厥心臧。聰聽祖考之彝

訓，越小大德，小子惟一。

惟曰，猶常曰也。上節文王親自誥教小子，此又教百姓各訓迪其子孫，恐一人之教有不能遍也。呂氏祖謙曰：“大抵縱酒者多不事稼穡，勤稼心臧者必不暇縱酒。聽貴聰，不聰則誨諄諄、聽藐藐矣。當時飲酒者必以爲小德無害于事，殊不知正病之根源也。以爲小而不戒，必至縱而不已，故不可分彼爲大德，此爲小德，當以一體觀之也。”

“妹土，嗣爾股肱，純其藝黍稷，奔走事厥考厥長。肇牽車牛，遠服賈，用孝養厥父母。厥父母慶，自洗腆，致用酒。

“嗣爾股肱”，《傳》云“嗣續汝四肢之力”，義緒未明。孫氏星衍曰：“嗣者，韋昭注《魯語》云‘世也’。言妹土之人世爲爾股肱也。”此言近是。蓋將命康叔，明大命，而先告以妹土世爲爾之股肱，其責在於爾也。“純其藝黍稷”以下，乃誥妹土民之詞，首篇所謂大命而使康叔往申明之者也。純，專也，專教之以此也。“奔走”者，即服勞左右無方之義。洗腆，《傳》訓“絜厚”，義未明。竊謂腆，美也。《爾雅·釋詁》文。“洗腆”者，絜美之謂。致，誠也。《老子》“其致之”，注：“致，誠也。”言力農服賈之人，有貲財以孝養父母，其父母慶喜，子乃可自具潔美之食，誠敬用酒，若非孝養，無彝酒也。呂氏祖謙曰：“前禁酒如此之嚴，至此復教之使用者，聖人之教，至于斷絕人情則不行，所以閉其飲酒之門者多矣，故開其一而使之有節，但不可踰此節耳。”

“庶士有正越庶伯君子，其爾典聽朕教！爾大克羞耇，惟君，爾乃飲食醉飽。丕惟曰：爾克永觀省，作稽中德。爾尚克羞饋祀，爾乃自介用逸。茲乃允惟王正事之臣，茲亦惟天若元德，永不忘在王家。”

上告妹土之民，此告妹土之士大夫，皆使康叔明于妹邦之大命也，先民後臣者，由卑及尊之意。“爾大克羞耇惟君”最爲難解，自

《傳》以爲未詳，後儒多强説，其冗曲者弗録，惟金氏履祥、方氏苞、江氏聲之解爲捷。金氏曰："爾大克羞耇惟君，惟猶與也，猶'羽毛惟木'之惟，謂養老與羞于君所也。"方氏曰："《商書》'自周有終'，《酒誥》'爾大克羞耇惟君'，解者支離牽合。若周與君互易，則其義不詁自明矣。蓋篆體二字本形似也。"江氏曰："耇，老成有德者。言爾大能進耇老于君，助君養老，爾乃得飲食醉飽。"今細推之，金氏謂羞于君所，所謂君者，蓋指康叔。成王方教康叔明大命于妹土之臣，使其禁飲，豈有在君所而縱以醉飽者乎？方氏以君周互誤，既嫌改字，又懸揣之詞。江氏言進耇老于君，"惟"未可訓于，養老亦是常典，非必群臣進老于君而養之也。竊意君讀曰群，古者君與群同聲。《韓詩外傳》曰："君者，群也。"古"群臣"字通作"君臣"。《管子・大匡篇》"桓公使鮑叔識君臣之有善者"、"問君臣有位而未有田者幾何人"，皆群臣之假借也。《爾雅》："林、烝，君也。"林、烝訓群，非君上之君。王氏引之《經義述聞》考之甚悉。"爾大克羞耇"句，"惟君"句。告衆臣衆士，言爾大能養老，惟此群處之時，爾乃可飲食醉飽也。丕惟，語詞。作，使也。《周禮・象胥》"凡作事"，注："作，使也。"《儀禮・鄉飲酒禮》"作相爲司正燕禮小臣"、"作小大夫二人媵爵"，注皆訓爲使。稽，合也。《周禮・小宰》"聽師田以簡稽"，注："稽，合也。"德即"德將無醉"之德，言養老固可飲食醉飽，又戒之曰爾宜能長自觀省，使合中正之德，毋或過度也。《傳》以"爾克永觀省作稽中德"屬下"饙祀"讀，非是。尚，上也。饙祀，熟食之祭也。《儀禮》有特牲饙食禮，《周禮》饙祀之籩是也。"自介用逸"，《傳》謂"自副而用宴樂"，自副之義未安。錢氏時曰："介者，介于石之介，介然自守，不爲外物遷動也。"陳氏櫟曰："以介然自守之節操，用于歡然自逸之宴樂，以介用逸，非以逸爲逸，雖逸而不過矣。"案：錢、陳二説，義亦近强，然較《傳》爲精切，姑從之。"兹乃"之乃與"爾乃"之乃緊相銜接，言必如此，乃信爲王治事之臣，而天亦順其大德，長不忘于王家矣。誥衛臣稱王家者，凡衛之臣子莫非王家之臣子也。夫養老始可飲酒，非養老則不得言飲矣，而養老時猶必曰"克永觀省"；饋祀始可飲酒，非饋祀則不得言飲矣，而饋祀時猶必曰"自介用逸"。呂氏謂聖人教人，不肯斷絕人情；蒙則謂聖人教人，真不肯稍縱其情也。

王曰："封，我西土棐徂邦君御事小子，尚克用文王教，不腆于酒，故我至于今，克受殷之命。"

此下專戒康叔之詞。陳氏櫟曰："此篇初以酗酒戒沬土之人，不專爲康叔言，但責之康叔使明戒酒之命于國人，後方呼康叔名以丁寧之，至末云'矧汝剛制于酒'，則專戒康叔之身，欲其以身率國人也。"棐徂，《傳》以"輔佐往日"爲訓，義冗而迂。金氏履祥曰："棐徂，非遠也。謂我西土非已往遠事也。"案：金義較捷。然邦君御事小子在下，謂我西土非已往，語意無著，加"遠事"字則嫌增曲。竊由其義推之，"棐徂"者，非復往日也。徂爲往日，互見《梓材》"肆往姦宄殺人"、《立政》"惟乃弗作往任"。腆讀曰殄，《儀禮·燕禮》鄭注："古文腆皆作殄。"又《詩·新臺》鄭箋："殄當爲腆，二字通。"病也。《周禮》稻人"夏以水殄草而芟夷之"，注："殄，病也。"舊訓厚，失之。我，我周也，經中此類甚多，宋吳棫執此謂《酒誥》亦武王誥康叔之書，不足據也。言我西土非復往日之西土，其邦君御事小子尚能用我文王之教，不病于酒，此正與前"誥毖庶邦御事"、"誥教小子"相應，蓋當日紂之酗酒，天下化之，雖西土亦有不免。自文王誥教之後，邦君御事小子始皆不病于酒。故我周至于今克受殷之命也。"至于今"者，對上"棐徂"而言，非必成王作誥時也。真氏德秀曰："有司之不腆酒，于天命何預？乃以克受殷命爲職此之由，何也？但觀幽、厲、陳、隋之朝，上下沈酣，以致墜失天命，則謹酒而受天命，復何疑哉？"

王曰："封，我聞惟曰：'在昔殷先哲王迪畏天顯小民，經德秉哲。自成湯咸至于帝乙，成王畏相。惟御事厥棐有恭，不敢自暇自逸，矧曰其敢崇飲？越在外服，侯、甸、男、衛、邦伯；越在內服，百僚、庶尹、惟亞、惟服、宗工，越百姓、里居，罔敢湎于酒。不惟不敢，亦不暇，惟助成王德顯，越尹人祗辟。

　　上言周受殷命以不腆酒之故，以下復舉殷代之以酒興亡者爲戒。此先言殷之所以興也。“我聞惟曰”，我聞常曰也。迪，助詞。《傳》以“迪畏”爲“畏見于行”，非也，畏天顯小民者。林氏之奇曰：“天有顯道，吉凶善惡各以類應，不可不畏也。小民難保，愚夫愚婦一能勝予，亦不可不畏也。”“經德秉哲”者，陳氏經曰：“德者得此理，經德，常其德而不失也；哲者明此理，秉哲，持其明而不昏也。”二家之義足以發明《傳》恉。有讀曰又。見《大誥》。言殷自成湯以下，帝乙以上，其賢君咸能成就王道，敬畏輔相，而當時治事之臣，其輔佐又能恭也。崇，《傳》訓“尚”，常訓也。《孔傳》訓“聚”。考《左傳》崇多訓“聚”，《漢書·五行志》注及《廣雅》皆同，乃知“聚”爲古訓。言君臣交相敬畏，不敢稍自暇逸，況曰其敢聚飲乎？越在外服以下，言不止殷王與公卿不敢崇飲，外而邦國諸侯，內而都鄙群臣，下而閭里百姓，皆無敢湎于酒者。非惟畏法，亦各勤其業，而無暇于飲，惟相與助成王德之顯及治人敬法而已。治人承群臣言，敬法承百姓言。越，及也。見上。尹，治也。本《說文》。《傳》引呂義，似失之。

　　“我聞亦惟曰：‘在今後嗣王酗身，厥命罔顯于民，祗保越怨不易。誕惟厥縱淫泆于非彞，用燕喪威儀，民罔不盡傷心。惟荒腆于酒，不惟自息乃逸。厥心疾很，不克畏死。辜在商邑，越殷國滅無罹。弗惟德馨香祀，登聞于天；誕惟民怨，庶群自酒，腥聞在上，故天降喪于殷，罔愛于殷，惟逸。天非虐，惟民自速辜。’”

　　此言殷之所以亡也。“辜在商邑”以下，舊說俱屬紂言，以今推之,“殷國”與“商邑”複,“滅無罪”與“不克畏死”複,“誕惟民怨”與“祗保越怨”、“民罔不盡傷心”複,“庶群自酒”與“醉身”、“燕喪威儀”、“荒腆于酒”複,且誦之文義不順。竊謂“惟殷國”以下,指言當時黨惡之諸侯殷衆也。上文言先王不敢崇飲,必及外服內服;此言後王荒酒,故亦必及衆侯也。庶群,衆黨也。自從孔訓用“惟民速辜”之民讀曰人。阮氏元曰:《孔傳》“天非虐民,惟民行罪,自召罪”,古本兩“民”字俱作“人”,則孔亦訓民爲人。王言:我聞又常曰,在今後嗣王紂醺醉于身,政教廢弛,其命令不顯著于民,但安于作怨而不知改,惟恣縱淫邪蕩泆于非常,用燕樂而喪失于威儀,民聞之無不盡然傷心,爲之悼痛。而紂乃荒病于酒,不思自止其逸樂。其心日加疾很,死將及而不畏。當是時罪固在于商邑,惟黨惡之衆國亦滅亡而不以爲憂。弗思明德馨香以交神明,使升聞于天,但大爲民怨,日與衆黨用酒,致腥穢上聞于天,故天降喪于殷,不復愛殷矣,所以然者,惟其君臣過樂之故也。天非暴虐不仁,乃人之自召其罪耳。

王曰:“封,予不惟若茲多誥。古人有言曰:‘人無于水監,當于民監。’今惟殷墜厥命,我其可不大監撫于時!

“予不惟若茲多誥”,《傳》義迂曲。《多方》曰“我不惟多誥”,與此正同,言予誥汝,不爲此多言,但引古人之言以爲戒爾。其,讀曰豈。王氏念孫曰:《禮記·曾子問》:‘召公言于周公,周公豈不可。’豈不可,《國語·吳語》曰“天王豈辱裁”之豈,皆當作‘其’。此其、豈通用之證。《盤庚》‘其猶可撲滅’、《大誥》‘厥考翼其肯曰’、《多士》‘我其敢求位’,與此皆讀爲豈。“監撫”二字連讀,撫,覽也。《文選·神女賦序》“于是撫心定氣”,注:“撫,覽也。”言惟殷既墜命,我豈可不大監覽于是乎?《傳》訓“撫安”,非是。

“予惟曰汝劼毖殷獻臣,侯、甸、男、衛;矧太史友、內史友

越獻臣百宗工；矧惟爾事，服休、服采；矧惟若疇，圻父薄違、農父若保、宏父定辟；矧汝剛制于酒！

此節義緒最爲難解，《傳》謂一節重于一節。考經所言，諸官初無分別次第，且非增語不能成文。此外諸家大同小異，亦皆不免傅會，絕無詞義稍明捷者。蒙讀《説文》，“矧”有語詞之訓，見《大誥》。又推《大誥》《康誥》知“矧”義若則，而後于此節玩味再三，雜取諸家之言，略以鄙見釋之。劼，勤也。《廣雅》文。毖，誥也。見《大誥》。殷獻臣，謂賢臣嘗仕商而今里居者。侯、甸、男、衛，謂四方諸侯接于衛者。王安石説。賢臣似無待于劼毖，然殷俗染溺已深，恐賢者有所不免，故教衆人，自賢者始，王樵説。康叔爲方伯，故所劼毖者，及于侯、甸、男、衛也。林之奇説。太史、內史者，《禮記・玉藻》“動則左史書之，言則右史書之”，《疏》引康成《酒誥》注云：“太史、內史，掌記言記行，是即左史、右史之官也。”友讀曰“右”，江氏聲、孫氏星衍俱讀友爲右。勸也。《詩・彤弓》“一朝右之”，傳：“右，勸也。”《周禮・太祝》“以享右祭祀”，《釋文》：“右，勸也。”案：古右通侑。《儀禮》“有司徹右几”，注：“古文右作侑，侑訓勸，故右亦可訓勸也。”友亦通侑，《釋名》：“友，有也，相保有也。”案：保有即保侑。古友、有、右、侑、佑、宥、又，經傳彼此多互通。越，若也。越、若一聲之轉，《召誥》曰“若翼日乙卯”，又曰“越翼日戊午”，二字同義通用。事，使也。《國語・魯語》“備承事也”，注：“事，使也。”《荀子・正名》“不事而自然謂之性”，注：“事，使也。”服休、服采者，《疏》引康成曰：“服休，燕息之近臣；服采，朝祭之近臣。”王氏安石曰：“服休者，以德爲事，在位者也；服采者，以事爲事，在職者也。”二説不同，大抵皆卑于三卿者也。《傳》本王義，訓服休爲坐而論道，服采爲起而作事。坐而論道，三公之職，惟天子得以有之，非康叔之所有也。若，爾也。疇讀曰酬，《文選・西征賦》“疇匹夫其已泰”，注：“疇，猶酬也。”《晉書音義》：“疇，一作酬。古酬、詶、譸、儔、籌字皆通用。”勸也。《詩・彤弓》箋、《國語・周語》注皆同。“圻父”三句，《傳》從王氏安石讀句，較孔爲優矣。《孔傳》讀若疇圻父、薄違農父、若保宏父，皆以父字絕句，據《詩·圻父》疏引此經鄭康成注亦然，是漢儒讀皆如此。朱子曰：“荆公從違、保、辟絕句，復出諸儒之表。”第訓“若疇”爲汝匹，則似王朝之司馬、司徒、司空，非康叔之三卿也。且此經凡四“矧”字，以末句“矧汝剛制于酒”推之，似一矧字爲一層，皆責重康叔之義，訓爲“況”萬不可通，今悉讀“若則”，言汝將勤告殷之舊臣及侯、甸、男、衛以戒飲，則惟太史、内史右勸之。右勸獨言太史、内史者，《周禮》太史之職掌邦之典法則，大會同朝覲，讀禮書而協事。内史之職掌爵禄廢置、殺生予奪之法，讀四方之事書，又掌書王命。則二史乃主朝廷一切法令之出入，故誥戒殷賢臣、侯、甸、男、衛，必賴二史爲之勸道。諸侯無内史，據鄭康成以爲即左史、右史，然其所掌之事大約同也。若國中之獻臣、百宗工，則惟爾自使之；服休、服采之諸臣，則惟爾自勸之；圻父、農父、宏父國之大臣，更惟汝是視。欲其各盡厥職，則惟汝剛制于酒以率之。“剛制于酒”雖特見三卿之下，其實總承通節。“劼毖”者，勤告之，以剛制于酒。“惟爾事”者，惟爾使之剛制于酒也。“惟若疇”者，惟爾勸之剛制于酒也。而以汝自剛制于酒終之，教化之事，未有己不正而能正人者也。

“厥或誥曰：‘群飲。’汝勿佚，盡執拘以歸于周，予其殺。

群飲非元惡大憝之比，遽加以殺，似失之過。《傳》謂“群飲爲姦惡”，引蘇氏夜聚曉散等語以證之，可謂善體經義者矣。金氏履祥曰：“此防殷民之亂也。古者群飲，惟蜡、惟鄉飲射聚衆而飲，皆有司治之。無故而忽群飲，非姦宄即叛亂可知。”案，此亦申明《蔡傳》之義。以蒙觀之，經義實不如此。考《周禮·地官》，胥師、司虣禁屬遊飲食于市者，若不可，則搏而戮之；又《漢律》三人以上無故群飲，罰金四兩。是古者群飲，明有刑罰，況紂時朝廷酗酒，群下化之，沈湎荒淫，積重難返，非處以重刑，怵以嚴法，必不能驟挽而使之轉。嘗見近世酒徒職業荒廢，心志昏憒，大則尋仇報怨，小則呼市眠塗，不顧父母之飢寒，妻孥之凍餒，典衣鬻物，日夜圖酣，一似得之則生，弗得則死者。噫！酒之溺人，何其奪情喪性，雖嚴父師保，不能絕其嗜好也！當紂之時，舉國蓋若是也。王者于此少事寬容，是依然陷民于死地，孰若先示以不可犯之禁，使畏而不敢入乎？且其執拘歸周之義，大可思也。使命康叔曰"遇群飲者殺無赦"，康叔行之，則多殘民；康叔而不行，則爲廢命，且使民知王法有所不能盡誅，則愈以肆其僥倖苟安之志。惟嚴其刑曰"殺"，民即好飲，未有不愛其生者。分其權曰歸周，周之民皆守文王之誥教不腆于酒者也。商民之酗酒者，苟來周而見周民絕無腆酒之事，又畏王法之將及于死，未有不愧悔而痛改者，是《孟子》引置莊嶽之意也。其不改者殺之，王殺之也，非康叔虐其民也；其改者赦之，王赦之也，康叔之威不損也。一拘執之間，寬以時日，俾民自新，而民于其時感悟涕泣者，已不知其凡幾矣。此王者仁至義盡之心也，先儒之說，猶淺之乎測經矣。林氏之奇、史氏漸謂此群飲爲周人之已被文王教而不改者，而以下文諸臣惟工爲商民，于商人則待之以教而使悛，于周人則嚴之以殺而使懼。劉氏敞又謂，群飲爲百官有司之自周而往者，非小民群飲。此皆因一殺字過重，彌縫經義而不知其不可通也。余友方氏宗誠韙余說，而又廣其義曰："微子傷紂之亂，首曰'我用沈酗于酒'，父師之答亦首曰'方興沈酗于酒'，《太誓》數紂之惡，亦首曰'沈湎'，曰'淫酗'，蓋其亂德暴虐之根，皆酒之爲禍也。其下化之，作惡不一端而酒爲甚，諸惡亦皆原酒而起。故王命康叔三篇，首言明德慎罰乃爲國之大要，既又特以酒抽出言之。蓋能使民不腆于酒，而後可以革風移俗，化民致治。方淫酗成俗之時，欲除其風俗，非嚴禁不能，故恃重其法，曰予其殺。且後儒不見紂時酒之爲禍，以爲群飲之罪小，不當曰殺，不知于今時立法于群飲者，即曰其殺，誠過也。于紂之時立法以禁民，不曰其殺，不足以禁民也。蔡氏亦不悟此，因以群飲爲姦惡，是于經文之外添出閒文。不知群飲乃姦惡之根，先王之所以嚴者，除其根也，而以爲即姦惡，悮矣。"

"又惟殷之迪諸臣惟工，乃湎于酒，勿庸殺之，姑惟教之。有斯明享，乃不用我教辭，惟我一人弗恤弗蠲，乃事時同于殺。”

迪，句中語助。見《盤庚》。惟，與也。“有斯明享”，《傳》謂“不忘教辭者我則明享之”，文既迂冗，“明享”二字亦憑空拉入。夏氏僎曰：“有此酒者，將以明潔爲享祀之用，非爲群飲設也，此如文王庶邦庶士謂‘祀兹酒’之意。”案：此義勝《傳》，錢氏時亦同此義，細推之，猶未能與上文一氣相貫。竊謂享、饗古一字，明享者，顯明宴飲而無所顧忌者也。《詩·彤弓》“一朝饗之”，鄭箋：“大飲賓曰饗。”《易·大有》“公用享于天子”，《釋文》于注：“享，享宴也。”《國語·周語》“王乃淳濯饗醴”，注：“饗，飲也。”乃，猶而也。見《康誥》。恤，顧也。《國策·秦策》“不恤楚交”，注：“恤，顧也。”蠲，貸也。《吕刑》“上帝不蠲”，《蔡傳》訓貸。考經文蠲多訓除，除亦有貸意。事，使也。見上。又《廣韻》：“事，使也。”言民之群飲者，汝盡執拘以歸于周矣。又若殷之諸臣與百工其湎于酒者，勿用遽殺之，姑惟教之，教而改，毋事殺也。如有此顯明宴飲而不用我教辭者，惟我一人其弗能顧之，其弗能貸之矣，乃使是同于殺也。“弗恤弗蠲”句，“乃事時同于殺”句，向來解者俱以“弗蠲乃事”爲句，故曲説難通。

王曰：“封，汝典聽朕毖，勿辯乃司民湎于酒。”

毖，告也。“勿辯乃司民湎于酒”，當依孔作一句讀。王氏引之曰：“《孔傳》辯訓‘使’，辯之言俾也。《書序》‘王俾榮伯作賄肅慎之命’，馬融本‘俾’作‘辯’，辯、俾聲近而義同，俾亦使也。《廣雅·釋詁》‘辯，使也’，《小爾雅》同。後人不知辯聲義與俾字同，于是古義失而句讀亦舛矣。”案：王説是也。《傳》訓辯爲“治”，訓司爲“有司”，讀“勿辯乃司”句，言不治諸臣百工之湎酒，則民之湎酒者不可禁。義亦可通，不如《孔傳》之捷。此外王氏安石謂：“汝司民有湎于酒，則以正治之，勿爲之辯，以爲無罪。”蘇氏軾謂：“當專一司以察沈湎，若以泛責群吏而不辯其司，禁必不行。”吕氏祖謙讀“勿辯”爲句，謂：

"復有循舊習者,汝不可辯説,諉之舊習,實乃所司牧之民湎于酒,是誰之過歟?"王氏充耘以司猶"羲和遐棄厥司"之司,謂:"康叔而沈湎乎酒,不治其職,則何以禁民之湎酒哉?"此皆不得《孔傳》訓辯爲使之義,而强爲之説者。甚哉故訓之學之不可不通也!

附録諸家論説

林氏之奇曰:"《史記》曰:'紂好色淫樂,以酒爲池,以肉爲林,使男女裸,相逐于其閒,爲長夜飲,百姓怨望而諸侯畔。'《列女傳》曰:'紂好酒淫樂,不離妲己,爲長夜飲,百姓怨望而諸侯有畔者。妲己曰:罰輕誅薄,威不立耳。紂乃重刑辟,爲炮烙之法。'則知紂所以肆志于民上而恣其淫欲,百姓離散,諸侯攜貳者,惟其爲長夜之飲也。紂既沈湎于酒,其臣其民皆翕然化之,君臣上下無非沈湎之人也。紂既以是覆宗絶祀,而其餘習猶存。成王既以殷之餘民封康叔,將使敷仁義之教,以革貪頑之俗,殷之俗其所以不美者,以酒爲之禍耳。將遏其禍源以反正,此《酒誥》之所以作也。"

朱子曰:"南軒解《酒誥》天降威處,誠千百年儒者所不及,今備載其説曰:酒之爲物,本以供祭祀,奉賓客,此即天之降命也。而人以酒之故,至于失德喪身,即天之降威也。釋氏本惡天之降威者,乃並與天之降命者去之,吾儒則不然。去其降威者而已降威者去,而降命者自在。如飲食而至于暴殄天物,釋氏惡之,必欲茹蔬果,吾儒則不至于暴殄而已;衣服而至于窮極奢侈,釋氏惡之,必欲衣壞色之衣,吾儒則去其奢侈而已;至于惡淫慝而絶夫婦,吾儒則去其淫慝而已;釋氏本惡人欲,並與天理之公者去之,吾儒去人欲,所謂天理者昭然矣。譬如水焉,釋氏惡其泥沙之濁而窒之以土,不知土既窒,則無水可飲矣。吾儒不然,澄其泥沙而水之清者可酌,此儒、釋之分也。"

史氏漸曰:"吾竊喜衛人何?其服《酒誥》之訓,世守于無窮也。始也商俗淫湎,武王以《酒誥》戒之。逮幽王之世,上下沈湎,衛武公作《賓之初筵》,以見衞人非特一時聞訓不敢自越于禁防,又能以其所以爲禁防者傳爲子孫法焉。”

董氏鼎曰:“古之爲酒,本以供祭祀,灌地降神,取其馨香下達求諸陰之義也。後以其能養陽也,故用之以奉親養老。又以其能合歡也,故用之冠昏賓客。然曰賓主百拜而酒三行,又曰終日飲酒而不得醉焉,未嘗過也。自禹飲儀狄之酒而疏之,寧不謂其太甚已!而亡國之君、敗家之子接踵于後世,何莫由斯?然則文王之教,不惟當明于妹邦,家寫一通,猶恐覆車之不戒也。”

張氏英曰:“人主嗜欲多端,必欲禁止痛絶之,逆而不順,反致橫流。《酒誥》之言曰‘我民迪小子,惟土物愛,厥心臧’,此于其知識未開,即謹以父兄之教,《易》所謂‘童牛之牿’也。若既長矣,先王又必有法以防範之,告之以孝,告之以忠,告之以悌。天下有爲忠臣孝子悌弟之人,而猶沈湎于酒,以喪身敗德者乎?且曰不敢自暇自逸,人能終日奮勉,謹于職業,則皇皇孜孜之不給,而尚有沈湎于酒者乎?此絶之以其道,《易》所謂‘豶豕之牙’是也。聖人教人之法,大約不出此兩端而已。又曰:懲忿窒慾之事,柔弱者不能勝,惟剛德足以制之。故《酒誥》之終篇,告以禁止之法曰‘矧汝剛制于酒’。蓋剛明之氣足以懾服群私,如一將當關而賊自退避,稍一寬假,則向時熟徑又不覺失足于其閒矣。天下凡事有明知其非而樂于因循、憚于改作者,皆坐此失也,獨戒飲云爾乎?”

《書傳補商》卷之九

梓　材

　　《梓材》一篇，《序》以爲與《康誥》《酒誥》同爲成王誥叔之書。《史記·衛世家》言周公懼康叔齒少，爲《梓材》，示可法則。言成王、周公不同，其言誥叔則一。伏生《大傳》乃謂周公命伯禽之書，載康叔、伯禽見商子事。今推經文，絶無周公命伯禽之義，此謬説不足信也。所以然者，由此篇後半先王今王之文，解爲成王誥叔，語氣萬不可通。故《史記》《大傳》揣意爲説，自後强詞以解者甚多。王氏安石謂："成王自言必稱王者，以覲禮考之，天子以正遏諸侯，則稱王。然諦審經文，不似以君告臣口氣。"林氏之奇謂："周公當攝政之日，雖稱王命以告，其實皆周公之辭，故有'今王惟曰'、'先王既勤用明德'、'惟王子子孫孫'之文，然究無以解於篇首'王曰'二字。"吴氏棫謂："'王啓監'以下，乃臣告君之詞，非康叔之誥，疑《洛誥》中脱簡。"朱子是之，蔡氏遂本以作《集傳》，而又斷自"今王惟曰"以下始爲人臣進戒之詞，本吴氏而小異其説，後之儒者多宗之。而金氏履祥復以《康誥》篇首"惟三月"四十八字當在此篇之首，謂周公當作洛時道王德意以告諸侯，篇首"王曰封"當爲"周公曰"之誤。前半篇即"周公咸勤"之事，後半篇即"洪大誥治"之文；集庶邦一節，則營東都，爲四方朝貢道里之均；"先後迷民"一節，乃毖殷遷洛，密邇王室之化。其説詳載《通鑑前編》，以今推之，多不可通。且欲順《梓材》原文而已，割《康誥》四十八字入此，又必改去“王曰封”三字，乃可以逞其私説，意在尊經，實亂經也。吳氏澄又割“王曰封”至“戕敗人宥”，屬入《康誥》“朕心朕德惟乃知”之下，“凡民自得罪”之前；而以《康誥》首四十八字冠于此篇之首，直接以“王啓監”云云；又於“惟曰若稽田”以下，前後任意改置，輕妄可笑。國朝説經者又各異其辭，以余所見，其悖戾者弗録，今採其稍可通者數家。有謂“今王惟曰”以下，當在《洛誥》“其事惟爽侮”後，“乃惟孺子”之前，此宗吳、蔡之言，而實其説者錢氏彝也。夫《蔡傳》但云進戒斷簡，未明言當入何篇；即才老疑爲《洛誥》之文，亦未斷當入何所，善疑而又闕疑，今乃概指其實，未敢信也。有謂“王曰封”至“監罔攸辟”，爲周公誥康叔；“今王惟曰”以下，乃周公因誥叔而並誥成王者，王氏鳴盛也。夫篇首有“王曰封”三字，明是成王誥叔，即謂周公代作，亦公述王意，不得謂前半爲公誥康叔，後半因誥王也。有謂“王曰封”以下，周公述王命之詞；“王啓監”以下，周公自申誥康叔之詞者，趙氏佑也。夫述王則述王，自誥則自誥，何以一篇之中，前後迥若二人？況後半文義，全不似誥叔語氣邪？有謂“王曰封”以下，成王誥康叔；“王啓監”以下，康叔復成王者，姚氏鼐也。有同姚説而謂“厥亂爲民”以上爲成王告叔，曰“無胥戕”“無胥虐之”，曰即康叔答戒成王之發語者，孔氏廣森也。有同姚説而謂康叔答成王之文，當斷自“今王惟曰”始者，江氏聲也。案：“王啓監”至“監罔攸辟”，衡厥語義，曰啓監，曰爲民，曰邦君御事，曰監罔攸辟，皆責重臣下之詞。其言王，皆泛指王者，不似下文稱王，直若與王面語者，然則此仍作誥叔爲得。“毋胥戕虐”之文，與“厥亂爲民”緊接，不得割“厥亂爲民”上屬，則姚氏、孔氏言猶未當也。江氏似爲得之，細推稽田、作室、梓材之喻，與下文“先王受命”、今王當“和懌先後迷民”者，義緒脗合。朱子亦嘗曰：“稽田垣墉之喻，與無胥戕，無胥虐之類不似。”蒙昔嘗取姚氏、孔氏、江氏之言，斷以朱子之意，分“惟曰若稽田”以下爲康叔誥王之詞，以爲與其謂爲誤簡，使學者之心無所定止，不如謂爲康叔因王之誥，遂復進戒于王，似非穿鑿傅會者。比近讀姜氏兆錫《尚書參義》，而知前説之誤，並知姜説之猶未全合也。姜之言曰：“篇中本自脈絡貫通，讀者誤分章段，遂覺不類，而疑篇簡之錯。竊謂‘自古王若兹監’、‘罔攸辟’二句，當緊冠於‘惟曰若稽田’之上。下文所謂今王者，對古王而言，上下文意相足，初無自稱之嫌。其曰敷菑、垣墉、樸斲，喻王之倡於上；疆畎、墍茨、丹艧，喻邦君之率於下。自‘先王’至‘丕享’，言啓監之義，而治民在其中。自‘皇天’至‘受命’，言治民之意，而命監亦在其中，末節總承其意結言之。已，語詞。若兹句，監惟曰句，承上言王法祖爲民之意如此，則今爲監將何如哉？亦惟曰欲至於萬年，惟王子子孫孫永保民可也。‘監’即上文‘王啓監’、‘監罔攸辟’之監。”案：姜意既不改易經文，又不使篇中前後異説，誠爲至善。第反復“今王惟曰”至“用懌先王受命”云云，終不似成王自言語氣。若稽田之喻，既未親切，亦與“今王惟曰”以下毫不相生，且通篇尚似零散。竊謂“惟曰稽田”以下，成王教康叔宜常進戒於王而代述其詞也。“自古王若兹監罔攸辟”，乃承上起下，一篇關鎖，以上言王命監以保民，以下言監亦當時以保民，進規於王也。“已若兹監”云云，乃歎監能若此，則可常有國家，與王之子孫同常有此民也。通篇大意，祇是以德保民，首曰“以厥庶民達大家達王惟邦君”，見庶民之情惟恃邦君之德，有以通之於上下也。“汝若恒越曰”以下，見達民之情惟在慎刑，慎刑之道惟在敬德也。“王啓監”以下，教邦君以德保民也；“惟曰若稽田”以下，教邦君亦必時告王以德保民也；至末復以保民總結之。如此則通篇氣脈融洽分明，而古人文法之空遠高妙，愈讀而愈出矣。若夫篇中艱奥之語，解者私意各出，異説紛紛，今則抉善而從，補以管見，其不合者雖有可取，概不援入，庶使意義歸一，讀者了然于心焉。

王曰："封，以厥庶民暨厥臣達大家，以厥臣達王，惟邦君。

林氏之奇曰："自古天下之患，常起於上下之情不通，上之情莫不願通於下，下之情莫不願通於上，然而常蔽塞不通者，無以達之也。故誥康叔如此，則自天子至于庶民，其好惡喜怒莫不曉然，而可知上下交通而無間，此則邦君之任也。"

陳氏大猷曰："大家之情與國之臣民常親，蓋臣民素服屬於大家。國君能施仁政，撫其臣民，由臣民以達其情於大家，則巨室之所慕，一國慕之。又由臣以達其情於天子，而邦君之責盡矣。"王氏樵曰："以某達某者，謂先得乎此之心，而後可以通乎彼也。魯君失民，故不能制三家。故達乎大家有道，臣民愛戴，政自行於大家矣。不能其大夫國人，何以事上？故達乎天子有道，一國順治，情自孚于天子矣。"案：三家之説足以輔《傳》，録之。

"汝若恒。越曰我有師師：司徒、司馬、司空、尹、旅。曰：'予罔厲殺人。'亦厥君先敬勞，肆徂厥敬勞。肆往姦宄殺人，歷人宥；肆亦見厥君事，戕敗人，宥。

《傳》於此節甚略，以爲文多未詳。此外解説繆戾者多，其稍可通者，又或通於此不通於彼。間嘗反復推之，而得其大恉。越，讀如《國語》"越於諸侯"之越，謂揚言也。《晉語》"使越於諸侯"，注："越，發聞也。"《爾雅·釋言》："越，揚也。"《淮南·俶真》"暴行越智於天下"，注："越，揚也。"皆播揚之意。師師，管氏同曰："師者衆也。師師蓋衆多之貌。《皋陶謨》曰'百僚師師'，《微子》曰'卿士師師非度'，《梓材》曰'我有師師、司徒、司馬、司空、尹旅'，其解皆如是。訓者或謂轉相師法，或謂有典常之師可師法，或謂以官師爲師，胥失之矣。"案：管説是也，蓋猶濟濟之意。尹旅，江氏聲曰："尹，正也，正大夫也。旅，衆也，謂衆士也。""厲殺人"者，林氏之奇曰："以《論語》所謂厲己、《孟子》所謂厲民觀之，則厲殺人者，不以其罪殺之也。"勞，憂也。《淮南·精神篇》"竭力而勞其民"，注："勞，憂也。"又《氾論篇》"以勞天下之民"，注："勞，憂也。""敬勞"者，敬慎憂憫之意。徂，始也。《詩·四月》"六月徂暑"，鄭箋："徂，始也。""徂厥"之厥，句中助詞，《多士》"誕淫厥泆"，誕淫泆也。《召誥》"徂厥亡"，徂亡也。《立政》曰"文王惟克厥宅心"，文王惟克宅心也。皆與此"厥"字同。往，往日，《酒誥》"我西土棐徂邦君御事小子"，《孔傳》訓徂爲往日，徂邦君御事小子，猶此往姦宄殺人。又《立政》"桀德惟乃弗作往任"，往亦往日也。謂紂時也。歷讀曰律。《爾雅·釋言》："辟，歷也。"郭注未詳。邵氏晉涵曰：《釋詁》云"辟，律法也。"律與歷聲相近。《漢書·律歷志》云"以律起歷"，又律法也，莫不取法焉。律、歷古通用，故《爾雅》辟訓法，又訓歷也。律人，主律法之人也。"肆往姦宄殺人"句，"歷人宥"句。上"肆"，故也。下"肆"，助詞。《書》多肆字，有訓今者，有訓故者，有訓助詞不爲意者，未可一例。厥君，指紂而言。《微子》曰："殷罔不小大，好草竊姦宄，卿士師師非度。凡有辜罪，乃罔恒獲。"又曰："今殷民乃攘竊神祇之犧牷牲用以容，將食無災。"則紂時之刑罰顛倒，不當誅而誅、當誅而不誅者多矣，所謂姦宄殺人，律人宥也；所謂厥君戕敗人，宥也。上言邦君貴能達上下之情，夫上下之情所以達者，在於用德而去刑，則慎刑其最務也。然慎刑不在於空言，必己身實有敬慎憂憫之意，而後臣下凜之，言汝若常時揚言，呼衆多之卿大夫士告以我不虐殺人，非徒告之已也，亦其君先能敬慎憂憫，而後臣始敬慎憂憫，非以身率，不可也。不觀往者商紂之時乎？故往者姦宄殺人，主律之人每宥縱之。其所以敢於宥縱者，亦見其君上行事，凡戕敗人者皆宥不問故也。紂宥罪人，其臣亦宥，上行下效之不爽如此，然則汝可不敬勞以率臣哉？兩"曰"字屬康叔言，"亦厥君先敬勞，肆徂厥敬勞"，仍王誥叔之詞，不承上"曰"字貫下讀。"肆往姦宄殺人"云云，舉紂時臣子效君之縱宥罪人，反言以明君先敬勞臣乃敬勞之意，兩"厥君"字緊相呼應。下文"王啓監"云云，又申言不可不敬勞之義也。如此則上下文脈莫不貫通，而各虛字之精神亦出，沈誦久之，有順逆回環、抑揚開合之妙。

　　“王啓監，厥亂爲民。曰：‘無胥戕，無胥虐，至于敬寡，至于屬婦，合由以容。’王其效邦君越御事，厥命曷以？引養引恬。

　　啓監，猶建侯也。林氏之奇曰：“《周官·太宰》曰：‘乃施典於邦國，而建其牧，立其監。’注：‘監謂公、侯、伯、子、男各監一國。’”然則監者蓋指諸侯而言。啓監者，猶曰立其監也。《傳》謂“如三監之監”，似誤。“厥亂爲民”者，王氏引之曰：“厥亂爲民，《論衡·効力篇》引作‘厥率化民’，爲者化之借字，亂者率之借字也。亂字古音在元部，率字古音在術部。古元、術二部音讀相通，若今文《尚書·吕刑》“其罰百率”，古文作鍰，是其例也。《君奭》曰‘厥亂明我新造邦’，厥率明我新造邦也。《洛誥》曰‘亂爲四輔’，率爲四輔也。‘亂爲四方新辟’，率爲四方新辟也。亂與率同，皆語詞而無意義。解者訓爲治，失之。”案：王説近是。古文亂字有作𤲶者，《康誥》“天惟與我民彝大泯亂”，薛季宣《書古文》亂作𤲶，是孔壁中古字也。與率相似，或彼此傳寫誤耳。“敬寡”、“屬婦”，《傳》謂“人之寡弱者，則哀敬之，使不失所；婦之窮獨者，則聯屬之，使有所歸”，增文成義。考敬通矜，矜、鰥古一字。《吕刑》“哀敬折獄”，《尚書大傳》作“哀矜”，《漢書·于定國傳》作“哀鰥”，是敬、矜、鰥三字通用之證。《孟子》“老而無妻曰鰥”，《王制》作“矜”。矜、鰥經傳通用者多。敬寡即鰥寡，《大傳》釋《梓材》曰：“老而無妻謂之鰥，老而無夫謂之寡，皆天下之悲哀而無告者。”蓋即説此二字。屬婦，《釋文》云：“妾之事妻也。”又《小爾雅·廣義》曰：“妾婦之賤者，謂之屬婦。”屬婦與鰥寡對文，此極言民之可哀惜者，故曰至於“合由以容”，言皆當用以寬容待之也。《傳》解“合由以容”，似冗。“王其效邦君越御事”，《傳》訓責效，與下“厥命曷以”不能一綫銜續。竊謂效，授也，即授命也。《左氏·昭二十六年傳》：“宣王有志，而後效官。”注：“效，授也。”《文八年傳》：“效府于節人。”注：“效，猶致也。致亦授義。”其，猶之也。見《盤庚》。引，長也。《孔傳》如此。《傳》訓引掖，嫌曲。言王者所以建立諸侯，大率爲民，常告之曰：毋相與爲戕殺暴虐之事，國之窮民至于鰥寡、屬婦之類，皆當用以容保之，然則王之授邦君與御事者，其命曷以哉？亦惟長養民、長安民而已。

"自古王若茲監，罔攸辟！惟曰：若稽田，既勤敷菑，惟其陳修，爲厥疆畎。若作室家，既勤垣墉，惟其塗曁茨。若作梓材，既勤樸斲，惟其塗丹雘。今王惟曰：先王既勤用明德，懷爲夾。庶邦享作，兄弟方來，亦既用明德。后式典集，庶邦丕享。皇天既付中國民越厥疆土于先王，肆王惟德，用和懌先後迷民，用懌先王受命。

稽田三事，即下文先王勤德、肆王惟德之喻也。"王既勤"與"先王既勤"相應。夾，近。《孔傳》、《釋文》皆同。爲，於。王念孫曰：莊二十二年《左傳》"竝於正卿"，《釋文》："於，本或作爲。"《國策·西周策》曰："君不如合敝邑，陰合爲秦。"《史記·孟嘗君傳》作"於"。僖二十二年《穀梁傳》曰："謂之新宮，則近爲禰宮，言近于禰宮也。"古"爲"、"於"字通互，詳《盤庚》。言懷于近也。作，使也。見《酒誥》。方，竝也。本鄭注《儀禮·鄉射禮》文。亦，承上詞。既，盡也。后，群后也。《虞書》曰："群后四朝。"式，用也。典，常。集，會也。《爾雅·釋言》文，又《詩》"予又集于蓼"箋同。丕，大也。"庶邦享"，指近服之諸侯言，蓋文王一二邦以修我西土，惟時怙之事也。"庶邦丕享"則合遠近而言，蓋武王大會孟津，有天下朝諸侯之事也，故下文緊接"皇天既付"云云。《傳》訓"兄弟"爲友愛，"方來"爲方方而來，"后"爲後王，"典"爲舊典，皆曲。此只專就先王以明德受命言，與下皇天肆王之文緊相遞接。"肆王惟德用"，《傳》讀非是，"用"宜連下讀。越，及也。肆，今也。先後，《傳》云"勞來"，大約開導扶持之意，承上文。言自古王者欲監之保民，固諄諄告之若此矣。爲監者亦罔敢放辟，惟教戒其王曰：若治田疇，既勤勞廣去草棘矣，惟其陳列修治，而爲之疆畔水道也。若作室家，既勤勞築垣墉矣，惟其泥飾而覆蓋之也。若作梓材，既勤勞樸治斲削矣，惟其飾以朱漆與采色也。今王其常自念曰：先王既勤用明德，懷於近服，近服之庶國來享，使其兄弟之國並來，亦皆盡明其德。由是群后用常集會，遠近之庶邦皆大來朝享，而有天命。皇天既付中國民及其疆土於先王矣，今王亦惟修德，用和悅開導愚迷之民，用安先王所受之命而已。若非德，則民不可安，先王之天命不可恃也。成王教監之宜常進戒於王者若此。其意若爲叔言，又若不專爲叔言。古人文法高遠，空廓一氣，讀之自見。

"已！若兹監，惟曰欲至于萬年，惟王子子孫孫永保民。"

已，歎詞。"若兹監"者，謂爲監能若此也，蓋指上文進戒於王而言。欲，猶期也。至萬年，指監之有國而言。"惟王"之惟，與也。經中"惟"多，若與《禹貢》"齒革羽毛惟木"，《酒誥》"惟亞惟旅"，《詩·靈台》"虡業惟樅，賁鼓惟鏞"，皆是也。成王歎言，爲監而能若此，惟曰其國家可期至於萬年，而與王子子孫孫永遠保有此民矣。蓋國之立監，所以代王保民者也，不能保民，則國不可以久。國之立監，又所以輔王保民者也，不能時戒王以保民，則王之天下亦不可以久。君臣交儆，子孫世守，而後天下國家可萬年如一日也。此邦君所以貴能敬勞，明德慎刑，上使天子忘其尊而情與小民相洽，下使小民忘其賤而情與天子相通，上下之情無一日不相通，則天下安得而不久安長治邪？通篇大指，蓋若此。

附錄諸家論說

蘇氏軾曰："詳考《大誥》《康誥》《酒誥》《梓材》四篇，反復丁寧，以殺爲戒，以不殺爲德，此《易》所謂'聰明睿智神武而不殺者'，故周有天下八百餘年。後之王者，以不殺享國，以好殺殃其身及其子孫者多矣。而世主不以爲監，小人又或附會六經以勸之殺，悲夫殆哉！唐末五代之亂,殺人如飲食。周太祖叛漢,漢帝使開封尹劉銖屠其家百口。太祖既克京師,夜召其故人知星者趙延義問漢祚所以短促,延義答曰:'漢本未亡,以刑殺冤濫,故不及期而滅。'時太祖方以兵圍劉銖及蘇逢吉第,期滅其族。聞延義言,蹙然貸之,誅止其身。予讀至此,未常不流涕太息,故表其義以救世云。"

　　林氏之奇曰:"蘇氏誠仁人之言也。自古小人將借邪説以逞其志者,未有不以前世聖君賢相之事跡以爲口實也。故有蓄異志而伐其君者,則必以湯、武爲口實;逞私臆以廢其君者,則必以伊、霍爲口實。不獨此也,言用兵者,不言秦始皇而言高宗之伐鬼方;言田獵者,不言太康而言宣王之會東都。蓋以始皇、太康之事而説其君,其君必不聽也,始皇、太康,後世之所惡聞而羞稱也;以高宗、宣王而説人主,人主必將甘心焉,此小人託六經以文奸言之常態也。如使此四篇之文以殺罰爲先,則後之欲嚴刑峻罰以持天下者,必將以此藉口,則此四篇毋乃始作俑者乎? 蘇氏之言,其有功於教化者,此類也。"

　　陳氏櫟曰:"康叔以衛侯爲司寇,故武王命之多及於刑。康叔反覆於明德慎罰悉矣,不得已,而及於'速由文王罰刑','速由兹義率殺'。《酒誥》又以懲群飲爲務,而曰'予其殺'、'時同于殺',皆非得已也。逮至《梓材》,誥誡於此終矣,慮康叔因前二篇屢及於殺而意或偏倚於刑,故此篇惟以尚寬宥無刑辟爲言,仁哉帝王之心也!"

《書傳補商》卷之十

召　誥

惟二月既望，越六日乙未，王朝步自周，則至于豐。

二月，孔謂周公攝政七年，與《史》《漢》《竹書紀年》皆合。鄭本伏生，謂攝政五年，改二月爲一月，非是。步，行也，非必徒步之謂。《禮·少儀》曰："以散綏升，執轡然後步。"鄭注："步，行也。是車行正謂之步。"孔氏穎達曰："文王居豐，武王未遷之時於豐立廟，遷都而廟不毀，故成王居鎬而至豐，以遷都之事告也。不言告武王廟者，省文也。"

惟大保先周公相宅。越若來三月，惟丙午朏。越三日戊申，大保朝至于洛，卜宅。厥既得卜，則經營。

"越若來"，《傳》訓"於豐地邐而來"，虛揣增文。竊謂越，于是也。王引之曰："《夏小正傳》'越有小旱'，《傳》：'越，于也。'于，猶今人言于是也。又張衡《思玄賦》注曰：'爰，于是也。'爰、越古通用，同義。"若而一聲之轉，言于是而來也。《朱子集解》采劉一止之言曰："越若，發語聲。來三月，猶言明三月也。"是讀"越若來三月"爲句。考《漢書·律志》引《武成篇》"粵若來三月"，《逸周書·世俘篇》文同，似漢人讀五字爲句。今以文義衡之，未必然也。召公至洛在戊申，其發行未知何時,孔氏穎達謂即以乙未發豐,事或然也。

越三日庚戌,大保乃以庶殷攻位于洛汭。越五日甲寅,
位成。

上言經營,初度地;此言攻位,初興役也。葉氏少蘊曰:"攻位者,間
荆棘,平高下,以定所經營之位也。"衆民稱庶殷者,以皆殷之舊民也,此即
洛民。《傳》謂所遷殷地頑民,非是,遷殷實在營洛後也。説詳後《多
士》篇。

若冀日乙卯,周公朝至于洛,則達觀于新邑營。越三日
丁巳,用牲于郊,牛二。越翼日戊午,乃社于新邑,牛一,羊
一,豕一。

若,及也。《漢書·高帝紀》"若一郡降者封萬户",注:"若,及也。"《後
漢·陳忠傳》注同。若、越同義,故皆訓及。"用牲于郊,牛二",《傳》謂
"祭天地故二牛",與孔以后稷配天故二牛之説異。今考《逸周書·
作雒解》曰:"乃設丘兆于南郊,以祀上帝,配以后稷。"此《孔傳》所
本。又自古禮家皆謂南郊祭天,北郊祭地,故有圜丘方澤、泰壇泰坼
之殊,陽祀陰祀、夏至冬至之異。是祭天祭地,別地別時,二牛之説,
似宜從孔爲是。《公羊·宣三年傳》云:"養牲養二卜。帝牲不吉,則扳稷牲而
卜之。"《郊特牲》亦云:"帝牛不吉,以爲稷牛。"此皆孔證。然祭天祭地,平時
固有夏至冬至之分,而此當位之初成,乃特行此典以告天地,非常祀
可比,或同日而並舉,亦未可知。且《傳》言祭天地,亦未言合祭,則於
郊者,蓋兼南郊北郊而言,不得謂其説之謬也。"用社于新邑",社即
左祖右社之社,不言稷者,孔謂省文,是也。或以爲用社即祭地,
非是。

越七日甲子,周公乃朝用書,命庶殷侯、甸、男、邦伯。厥
既命殷庶,庶殷丕作。

“庶殷”者，眾殷民也。先言民而後言邦伯者，功役之事，一切皆民之所爲，特命侯、甸、男之邦伯以統率之耳，故下文只言庶殷。《逸周書·作雒解》云：“乃作成周大邑于土中，城方千七百二十丈，郛方七十里，南繫于洛水北，因于郟山，以爲天下之大湊。”又云：“乃位五宫，大廟、宗宫、考宫、路寢、明堂。”凡此皆庶殷之所丕作也。

大保乃以庶邦冢君出取幣，乃復入錫周公。曰：“拜手稽首，旅王若公。誥告庶殷，越自乃御事。

“旅王若公”，舊解多悖義，孔謂諸侯公卿並覲於王，召與周公俱至，文不見王，無事，是言成王此時亦在洛。考《疏》前後所引鄭康成之説亦同，其解“取幣錫周公”，又皆以爲召公入稱王命以賜，而鄭且以爲戒成王立於位云云。案：經文詳紀召公、周公來洛及營洛日月，初無成王來洛之文。《史記·周本紀》《魯世家》《書序》及《大傳》亦皆言周公、召公，絕無言及成王之語。今乃謂經不書成王爲無事，王無事，何取此來？王既來，不得云無事，其不通一也。周公以乙卯至洛，《洛誥》紀其獻卜於王，使命來往，明白詳細，此王在鎬未至洛，無可疑者。祖鄭者知其意難通，乃謂當在獻卜之後始來，此近日漢學家之言，考宋林氏之奇於《洛誥》“使來告卜”，謂：“當周公之至洛，王尚在塗，故遣使而來，以所得卜告。”錢氏時謂：“洛之近地必別有次舍，爲王留行之所，而使者以地圖並卜來獻。”皆不得經恉而曲説如是。無論經文毫無影響，即諸家史傳亦未有言及者，何據而爲此言乎？其不通二也。謂與諸侯出取幣，使戒成王立於位，以其命賜周公。無論憑空撰造，即以情事衡之，錫爲王錫，何以王不自錫而必命召公錫之？既以王命錫公，則必有錫公之語，何以其下即戒成王？且幣既錫公，命爲王命，下文接以“旅王若公”，又何説也？況篇末有“惟恭奉幣”之言，固明明獻王，非賜周公也，其不通三也。鄭又以幣爲璋，以皮與寶玉、大弓，謂他日魯之所有，即此時所賜，則尤盲瞽之談，不足詳辨者。故朱子謂：“此蓋召公因周公以告於王者。"呂氏祖謙謂:"洛邑事畢,周公將歸宗周,召公因陳戒成王,取諸侯幣物,因周公以達之鎬邑。"《蔡傳》引之,此精確不磨之説也。惟謂洛邑事畢,則非此章,緊接"庶殷丕作"之下。蓋周公既定役書,民咸趨事,公即謀歸周也。以,與也。見《盤庚》。錫,呂訓"與"最當。《堯典》"師錫帝",《傳》訓錫爲"與"。古者上賜下謂之錫,下奉上亦謂之錫。錫訓"與",猶貢之言賜也。貢賜,《爾雅》文。拜手稽首,盡禮致敬以入辭也。旅者,蘇氏軾曰讀如"庭實旅百"之旅。若,及也。"誥告庶殷越自乃御事",《傳》謂御事猶今稱執事。竊謂古人質樸,君臣告戒,悉爾我直言,不似後世迂曲,且與全經御事之義不合。此外惟錢氏時之説較勝,其言曰:"誥告庶殷越自乃御事,與《盤庚》'敷於民由乃在位'同。詳觀此書始終,無非警戒成王,而云'誥告庶殷越自乃御事',何邪?召公當庶殷丕作之後,歷陳商興亡之故,正將開釋群疑,慰答衆望,雖主爲成王而發,亦因以普告庶殷,使之莫不曉然,明白洞達。乃者指殷而言,由殷御事以達殷民也。殷民難化,御事實倡之,故後又有王先服殷御事之言。"案:此較《傳》義優矣。細審之,卒與上下文義不相通貫。反復沈誦,久之而豁然悟也。"誥告庶殷越自乃御事"者,庶殷即上文丕作之庶殷;越,助詞。自,從也。乃,猶其也。見《盤庚》。言營洛之事,庶殷既經用書誥告之後,皆從其御事黽勉效功,見公可以歸,且以告王不必以此爲慮也。當時周公用書之後,庶邦家君與召公蓋皆入在公所,故召公因周公將歸,乃與庶國長君出取贄幣,乃復入奉周公曰:"拜手稽首,陳王及公,所誥告之庶殷皆已各從其御事勉力興作,王不必以此爲慮也。王之所當慮者,皇天之付命耳。"故下遂歷陳進戒之詞。

　　"嗚呼!皇天上帝改厥元子兹大國殷之命,惟王受命,無疆惟休,亦無疆惟恤。嗚呼!曷其奈何弗敬?

　　"改厥元子兹大國殷之命"十字作一句讀,"元子"只泛言天子,張子《西銘》所謂"宗子也",以下文"元子哉"證之,可見不必主紂爲天之元子説。或又以紂爲殷王元子,則更拘矣。"曷其奈何",古人自有重文如是。趙氏佑曰:"丹陽姜氏姜名上均,著有《尚書參義》。分'嗚呼曷其'四字爲句,其音基,先詰之而後責之之辭也。《微子》'若之何其',《詩》'子曰何其'、'夜如何其'正同一例。"案:姜讀雖巧,恐非經義。

　　"天既遐終大邦殷之命,兹殷多先哲王在天,越厥後王,後民兹服厥命。厥終,智藏瘝在。夫知保抱攜持厥婦子,以哀籲天,徂厥亡,出執。嗚呼! 天亦哀于四方民,其眷命用懋。王其疾敬德!

　　此節義緒本明,惟《傳》解"在天"二字太拘,又以"後王後民"連讀,故謂語多難解。竊意"越厥後王"句,"後民兹服厥命"句。"後民兹服厥命"與下"夫知保抱"句緊相呼應,《傳》謂"後王後民皆指受",後民何得解爲受乎? 後王指紂,言紂初即位,民亦皆服從其命,以先哲王之德澤在人也。厥終,言其後也。夫,丈夫也。《禮·曲記》"若夫坐如尸",《釋文》:"夫,丈夫也。"《檀弓》"夫由賜也見我",《釋文》同。按古多以夫爲丈夫,故此經《釋文》云:"夫如字。"《禮》疏云:"夫猶人人,言天下盡然。"引王肅曰:"匹夫欲知安其室,抱其子,攜其妻,以悲呼天也。"又元胡一桂曰:"當如《傳》所謂'故夫致死焉'之夫,皆丈夫也。""徂厥亡"之厥,句中語助,見《梓材》。即。徂,亡也。言天今者既永絶大邦殷之命矣,此殷邦也固多先哲王在天德澤遺留者,遠及其後王嗣位,後民亦皆服從其教命。迨其既也,賢智者退藏,病民者在位,向之服厥命之民,咸知保抱攜持其婦子以哀呼天,將欲徂亡,出見拘執,無地可容。天於是哀此下民,遂顧命用勉德者以代商,謂文武也。夫殷多哲王,德澤甚遠,紂一無道,民即叛之。民叛之,天即絶之。然則天之遐終殷之命也,非天有憎於殷,惟哀民之故,不得已耳。民之哀籲天也,非民之不肯服命,惟哀其婦子,不得已耳。民叛天怒，雖有祖宗之德澤，不能救孫子之危亡，然則王今者其可不速敬德乎？善哉陳氏櫟之言，曰："祖宗之不可憑藉如此，言外之意，謂成王今日不可盡恃大王、王季、文、武，惟敬德，庶可凝固天命，而迓續祖德爾。"

"相古先民有夏，天迪從子保，面稽天若，今時既墜厥命。今相有殷，天迪格保，面稽天若，今時既墜厥命。

"天迪從子保"，《傳》云"從其子而保之"，似迂。王氏引之曰："迪，用也。《牧誓》"昏棄厥遺王父母弟不迪"，《史記·周本紀》作"不用"。子讀爲"慈"，古字子與慈同。《墨子·非儒篇》"不可使慈民"，《晏子·外篇》慈作"子"。《文王世子》"教之以孝弟睦友子愛"，《緇衣》"故君民者子以愛之"，皆慈愛也。又曰："章志貞教，尊仁以子愛百姓"，謂慈愛百姓也。'天迪從子保'者，言天用順從而慈保之也。《周語》曰：'慈保庶民，親也。'"案：王讀子爲"慈"，較順，第訓從爲"順從"，義猶未捷。從，猶就也。《禮·曲禮》"必操几杖以從之"，《檀弓》"從而謝焉"，注皆訓就。《廣雅·釋詁》曰："從，就也。"言天用就而慈保之也。面，鄭氏康成注《儀禮》"面鎩"云："面，猶尚也。"《鄉射禮》《大射儀》凡兩見。"天若"者，即天理，言天心之所順也。"天迪格保"者，格，猶懷也，《爾雅·釋詁》格、懷同訓"至"，《小爾雅》格、懷同訓"止"。古字同訓者多可互訓。言天用懷保也。"天迪從子保"、"天迪格保"俱緊連"面稽天若"讀，謂先民有夏，天用就而慈保者，以其能尚稽天若也。今相有殷，天用懷保者，亦以其尚稽天若也。其後世不能面稽天若，故皆墜厥命矣。

"今沖子嗣，則無遺壽耇，曰其稽我古人之德，矧曰其有能稽謀自天？

"稽古人德"二句，推所以"無遺壽耇"之故也。兩"其"字，即指壽耇言之。有讀曰又。見《大誥》。陳氏櫟曰："老成知古，又能知天，如太公、周、畢諸公，不可遺也。稽考古德，非壽耇聞見之遠，無所質；稽考天意，以定謀慮，非壽耇德盛智明，則不能決也。”

“嗚呼！有王雖小，元子哉。其丕能諴于小民，今休，王不敢後，用顧畏于民嵒。

《傳》讀“王不敢後”句，較孔讀“用”上屬者爲勝矣。然以“今休”屬上“諴小民”爲說，而謂王“當不敢緩於敬德”，增“敬德”成句，亦未合。竊謂今，即也。孫炎注《爾雅》：“即，猶今也。”王引之曰：“今亦可訓即。”“今休王不敢後”者，言即今當圖休美，王不敢後也，“後”與“今”緊相呼應。蓋當時作洛，將以遷殷，殷民方未和懌，故告以諴小民，宜即今圖之，不敢後也。“用顧畏于民嵒”，正申言所以不敢後之意。嵒，《傳》訓“險”，蓋本蘇氏。蘇氏軾曰：“嵒，險也。民猶水也，水能載舟，亦能覆舟，物無險於民者矣。”今案《書序》云：“高宗夢得說，使百官夐求，得諸傅巖。”《史記·殷本紀》作“得說于傅險”，是巖可訓險之證，嵒、巖古一字也。

“王來紹上帝，自服于土中。旦曰：‘其作大邑，其自時配皇天，毖祀于上下，其自時中乂，王厥有成命治民，今休。’

“王來”者，言王他日來也。“其”者，先期之辭。錢氏時曰：“其作大邑下三其字，當是將營洛時有此議，是周公定論如此也。”紹，承也。見《大誥》。自，用也。《疏》引鄭、王，皆訓“用”。服同反，《說文》云：“治也。”“旦曰”者，王氏肅曰：“禮，君前臣名，故稱周公之言爲旦曰也。”中，猶成也。《禮·禮器》“名山升中於天”，注：“中，猶成也。”中乂，成治也。《傳》云“宅中圖治”，嫌冗。言王他日來承上帝，用治于土中，則旦嘗言曰：“其作大邑，其自是可以配天，可以慎祀神祇，其自是可以成治，王其有成命治民，而即於休美矣。”今，猶即也。見上。陳氏櫟曰：“作洛之事，召公任之而未嘗明言之，至此方言服於土中，而舉周公之言，以見作洛所以配上帝、奉祭祀、成治功、凝天命，其重如此。蓋下文將自進其敬德祈天之忠言，所以先引周公期望之語以開其端也。”

“王先服殷御事，比介于我有周御事，節性惟日其邁。王敬作所不可不敬德。

此召公告成王以用治土中之要務也。“服殷御事”云者，營洛遷殷，將使殷之臣民與周之臣民雜處，欲服殷民必先服殷臣，欲服殷臣，必使之與我周御事同心而後爲誠服。其所以服之之道無他，亦惟節其性，使日進於善而已。而欲節其性，使日進於善，則惟在王之自敬其德也。“王敬作所不可不敬德”，孔讀九字句，《傳》讀“王敬作所”句，“不可不敬德”句，蓋以敬即德，德無不當敬，曰敬德可也，曰敬作所不可不敬德，似未合。然以經文推之，曰“敬作所”，又曰“不可不敬德”，語義嫌複。朱子亦嘗曰：“王敬作所不可不敬德只是一句，則古說亦未可廢也。”陳氏櫟曰：“殷人漸於舊染而其性流，今欲節之而使其性復，亦惟化之以敬德耳。敬者一身之主宰，性即心所具之理也，敬則此心收斂於天理之中，而性可節；不敬則此心放縱於人欲之僞，而性日流。日其邁，即上達夫天理而日進乎高明之意也。然王豈爲化商而始勉强於敬哉？特自敬爲我所不可不敬之德而已。謂之不可不敬，蓋敬者人心所當然而不可不然者，非有所勉强而然，如飢食渴飲之常無所爲而爲者也。能如此，則敬盡於此，而人化於彼矣。”

“我不可不監于有夏，亦不可不監于有殷。我不敢知曰：有夏服天命，惟有歷年；我不敢知曰：不其延。惟不敬厥德，乃早墜厥命。我不敢知曰：有殷受天命，惟有歷年；我不敢知曰：不其延。惟不敬厥德，乃早墜厥命。

我，猶《春秋》“我師”之我。自召公言之，謂我周也。下“不敢知"之"我",則召公自謂。"不其延",兩"其"字讀若"之"。見《盤庚》。林氏之奇曰:"古人之於天命,不以爲必有,不以爲必無,而每致於不可測知之域。惟人事之修於昭昭赫赫之閒者,則未嘗不盡言之也。故召公於夏、殷之有歷年及不其延,皆曰我不敢知者,疑之之詞也。至於敬德則有歷年,不敬德則墜厥命,蓋無可疑者。"

"今王嗣受厥命,我亦惟兹二國命,嗣若功。

我,我周也。惟,思也。若,猶其也。見《盤庚》。言今王繼二國而受命,則我周亦思此二國命之所以長短,而嗣其功也。國功曰功。

"王乃初服。嗚呼! 若生子,罔不在厥初生,自貽哲命。今天其命哲? 命吉凶? 命歷年? 知今我初服,宅新邑,肆惟王其疾敬德! 王其德之用,祈天永命。

"王乃初服"《傳》割屬上節,增"況乎"爲説,非是。王充《論衡·率性篇》引此經,亦以"王乃初服"連"於戲若生子"讀,朱子《書説》亦然,則此仍當依孔爲是。"初服"亦依孔氏,作"新即政"説。《傳》牽涉新邑,非是,觀下文"初服"、"新邑"並言可知。貽,孔讀爲"遺",《疏》曰:"命由己來,是自遺也。"吕氏祖謙曰:"哲命者,人心所有之明哲,非自外來也。罔不在厥初生自貽哲命作一句讀,猶言自貽哲命罔不在厥初生也。知今我初服,謂天道昭昭不可隱也。"朱子云:"天無一物之不體,已知我初服宅洛是也。"《傳》謂:"今天命王以哲,命以吉凶,命以歷年,皆不可知。所可知者,今我初服如何爾。"義似圓通,實則增文衍説,且斷"知今我初服"爲節,割"宅新邑"下又爲一節,亦非。召公蓋謂今者王乃服政之初,歎言若人之生子,罔不在厥初生之時自遺哲命,不可不慎也。今天其命以哲乎? 命以吉凶乎? 命以歷年乎? 昭昭在上,實知我之初服,宅兹新邑也。肆惟王其疾敬德以應天,王其惟德是用,以祈天永命而已。陳氏櫟曰:"今日作邑而自服土中,是中天下、定四海之一初也。天之命吉凶判於此,王之能敬德祈永命與不能亦判於此,召公所以欲王乘此初機而疾敬德也。疾云者,欲其乘此機而速勉之,有今罔後之謂也。"

"其惟王勿以小民淫用非彝,亦敢殄戮用乂。民若有功,其惟王位在德元,小民乃惟刑用于天下,越王顯。

亦,大也。《詩·豐年》"亦有高廩",《鄭箋》:"亦,大也。"又《噫嘻》"亦服爾耕",《鄭箋》:"亦,大也。""用乂"之用,以也。"民若有功"與下三句緊相連續。蘇氏曰:"民之有過,罪實在我。及其有功,則王亦有德,何也?王之位,民德之先倡也。蓋謂若欲民有功,其惟王位在德元,小民乃刑用於天下也。"其義亦通,不如訓"民若"爲"民順",則有功與上下文尤爲銜接。刑,儀刑也。言王勿以小民過用非法,大敢殄戮以治之。民順則有功,其惟王位在德元,小民乃儀刑用德於天下,於王之德亦顯矣。若第殄戮,難望有功也。殄戮與德元緊相呼應。所謂"小民淫用非彝"者,蓋指殷民而言,若周之民,固不至於此也。前言服殷御事在節性,此言待殷頑民在慎刑,皆告王他日來新邑撫御臣民之道也,而一皆歸重於王之自修其德,古君臣之相勵如此。下文統言君臣皆當各盡其道云。

"上下勤恤,其曰我受天命,丕若有夏歷年,式勿替有殷歷年。欲王以小民受天永命。"

我,我周也。丕,語詞。若,如也。"丕若有夏歷年,式勿替有殷歷年",猶云丕若有夏歷年、有殷歷年,式勿替也。古人錯綜成文,往往如此。

拜手稽首,曰:"予小臣敢以王之讎民百君子越友民,保受王威命明德,王末有成命,王亦顯。我非敢勤,惟恭奉幣用供王,能祈天永命。"

"拜手稽首"與前同,皆召公自言致敬以陳辭,非親行此禮於王前也。《洛誥》"拜手稽首誨言",《立政》"拜手稽首告嗣天子王矣",皆同。讎民,孔訓"匹民",言治民者非一人,民在下,自上匹之,君子不可以匹民稱也。《傳》訓"殷之頑民",與友民爲對。錢氏大昕曰:"聖人以天下一家,豈有彼此之別?周之伐殷,誅無道,非讎其君也。殷命既黜而讎其民,何以服天下?"今案,錢説近理。不獨此也,新王革命,民思故主,不即向化,自周視之曰"頑民",自殷視之曰"義民",謂之"頑民"猶可,謂之讎民則不可。謂之爲讎,其王讎民乎?亦民讎王乎?且讎民之下、友民之上繫以百君子,亦覺不相倫類。而以友民訓周之友順之民,二字於他經絶無所見,宋儒説讎民、友民雖大抵同此,蒙意不敢謂然也。遍考宋後説經諸家,又多牽强,無足采。竊謂讎,讀曰籌,《荀子·正論》"至賢疇四海",注:"疇與籌同,謂計度也。"古讎、疇、籌、酬字皆通用,故此經《釋文》曰:"讎一作酬,互詳《酒誥篇》。"籌民猶謀民也,籌民百君子五字連讀。以,與也。見《盤庚》。越,惟也。召公於篇終復拜手稽首以陳詞曰:予小臣敢與王之謀民百君子惟友愛民,以安受王威命明德,則王終有天之成命,王之德命亦以顯矣。亦者,承上威命明德而言。勤,勞也。用,以也。我非敢自謂勤勞,惟敬奉幣帛以供王,讀句絶。能祈天永命而已。

附録諸家論説

王氏安石曰:"洛者天下之中,以天事言,則日東景朝多陽,日西景夕多陰,日南景短多暑,日北景長多寒。洛天地之中,風雨之所會,陰陽之所和也。以人事言,四方朝聘貢賦,道里均焉。非特如此而已,懲三監之難,愍殷頑民,遷以自近。洛距妹邦爲近,則易使之遷;作王都焉,則易以鎮服也。雖然鎬京宗廟社稷、官府宮室具在,不可遷也,故於洛邑會諸侯而已。"

陳氏大猷曰:"成王實都鎬京,特往來朝諸侯、祀清廟於洛,故鎬京謂之宗周,以其爲天下所宗也;洛邑謂之東都,又謂成周,以周道成於此也。洛邑天下之至中,豐鎬天下之至險,成王於洛邑定鼎,以朝諸侯,所以承天地沖和之氣,宅土中以莅四海,其示天下也公。於鎬京定都,以壯基本,所以據天下形勝,處上游以制六合,其慮天下也遠。漢、唐並建兩京,亦深識形勢之所在,而有得於周公、成王之遺意歟!"案:三代時,鮮有以地勢之險阻爲重者,成王不遷洛邑,止以先王宗廟社稷之所在不肯遷耳。形勢之説,《春秋》以後始有之。

林氏之奇曰:"召公之卜也,其至誠之所感召,可以通天地神明,故其應也如響。《洪範》曰:'謀及乃心,謀及卿士,謀及庶人,謀及卜筮。'營洛之謀,成王君臣既有定議矣,於是謀及卜筮也。太王之遷岐,'聿來胥宇',而後'爰契我龜';文公之遷楚丘,'望楚與堂',而後'卜云其吉',皆此類也。"

又曰:"'無疆惟休,亦無疆惟恤',猶所謂一則以喜、一則以懼也。唐太宗時突厥請入朝,帝謂侍臣曰:'向日突厥之强,憑陵中夏,用是驕恣,以失其民。今自請入朝,非困窮,肯如是乎?朕聞之且喜且懼,何則?突厥衰則邊境安,故喜;然朕或失道,他日亦將如突厥,能無懼乎?'又嘗謂侍臣曰:'朕有二喜一懼:比年豐稔,長安斗粟直三四錢,一喜也;北虜久服,邊鄙無虞,二喜也;治安則驕佚易生,驕佚則危亡立至,此一懼也。'召公所謂惟休惟恤者,太宗其深知之矣。"

又曰:"殷多先哲王在天者,朱子發云'人之死,各反其根'。體魄陰也,故降而在下;魂氣陽也,故升而在上,升則無不之矣。聖人死曰神,賢人死曰鬼,衆人死曰物。聖人清明在躬,志氣如神,故五帝配上帝,傅説上比列星,賢人得其所歸。衆人則知富貴生死而已,其思慮不出於心腹之閒,袵席之上,夸張于世,自以爲利焉,物欲蔽之,不能自反其初,故謂之物。以此觀之,則精神之在天,必哲王也。"

又曰:"此篇大意,在于祈天永命。而其所以祈天永命者,敬德而已。蓋敬德在人而永命在天,修其在人者而在天者自至,如炊之必熟,耕之必穫也。苟其德之不建,而晏然自以爲天命之在我,此則紂之謂己之有天命也，其亡不旋踵矣。魯哀公問孔子曰：‘國家存亡，信有天命，惟非人也。’孔子曰：‘存亡禍福，皆己而已，天災地殃不能加也。’唐德宗謂：‘自古興衰皆有天命，今之厄運，恐不在人。’陸贄曰：‘天所視聽，皆因於人，非人事之外自有天命。人事治而天降亂，未之有也。人事亂而天降康，亦未之有也。大抵臨亂之君，莫不自以爲有天命，令皆覺悟，天下安得危亡之事乎？’故召公於成王初服，以此告之，賢者之愛君，必止亂于未形，而閑邪于未然。若其已然而後救之，則衆人之所皆能也。成王之成厥德，蓋有自來也。”

真氏德秀曰：“一篇之中，言敬者凡七八，曰曷其奈何弗敬，曰王敬作所，曰不可不敬德，曰王其疾敬德，兩言惟不敬厥德乃早墜厥命，曰肆惟王其疾敬德。言之諄，望之切，老臣事少主惓惓之心也。異時成王爲守文令主，而周家卜世卜年過于夏、商，且過其歷，然後知召公之言，真人主之藥石，國家之蓍龜也。”

《書傳補商》卷之十一

洛　誥

　　周誥諸篇，惟《洛誥》最難解。《傳》外言人人殊，一二達儒釋其可知者，闕其所不可知。其所不可知者，不委之脫簡，則歸之誤文，而傅會穿鑿之士，遂欲塗改經文，移易前後，又或雜取他篇之文屬入强解，爲説逾多，亂經益甚。竊謂《尚書》當秦火後，伏生口傳，昏眊記誦，不能無譌。孔壁古文類多奇字，安國讀以今文，舛戾或有。又復竹簡叢冗，稍亂即乖，加以易篆爲隸，輾轉沿失，先儒所謂脫簡誤文，誠哉不免。今欲一一疏暢昭朗，勢必不能然。而稽古求通，即經索解，必將擇長撫善，俾大恉開明，人可誦説；又必準理揆義，掇除謬悠，雖吾之所言，非必古人之言也，而逆之以心，通之以義，苟不謬於古人，則古人之所許也。是篇宋儒闢漢儒者二事，一曰“復子明辟”，一曰“命公後”、“惟告周公其後”。漢儒重師承，宋儒主義理，偏守師承，多乖大義；空疏義理，恒病無徵。二者擇善而從，勿有拘執。復政成王，秦漢以來師承舊説也，不容概乙。惟復子明辟，實非復政之詞；而踐位攝王，尤齊東安處謬誣之論，不可不辨。周公留後治洛，《傳》無明文，而留洛七年，尤爲影撰。解爲册封伯禽，雖若近鑿，而於《傳》有徵，於經不悖，固可從也。若夫篇中次第，孔氏不明無論已，《傳》亦明而未當。“王肇稱殷禮”以下，周公自洛還鎬告王之辭也。太保取幣,作誥致王,正由周公歸鎬以奉王,此即其證。《傳》第言告王,而不辨是時周公在洛在鎬。"予小子其退,即辟於周,命公後",成王許公往洛之詞也。《傳》謂王將歸鎬,留公治洛,不知其意謂王與公何時至洛?將所謂"王肇稱殷禮"下至"罔不若時"云云,爲王與公已在洛相告答乎?抑猶在鎬相告答乎?以爲在洛,則往新邑,"汝往敬哉"之文萬不可通;以爲在鎬,則經不應於至洛絕無一語一事,而忽記王將歸鎬留公治洛之言。且下文"王在新邑烝祭歲",如《傳》說則是歸鎬復來。夫前果至洛,以後此至洛證之,不應無事;有事不應不書,無事不應至洛,王之至洛經無明文,公之留洛《傳》無別據,而謂王一歲兩至洛、公留洛凡七年,其可信乎?孔氏穎達謂周公既營洛,歸向西都,是知"王肇稱殷禮"以下爲公歸鎬之言,而謂"戊辰"以上皆西都所誥,則無以解周公"王命予來"、"孺子來相宅"、"伻來毖殷"之文。孔於"王命予來",謂來居臣位爲太師。於"孺子來相宅",謂少子呼成王之辭,言我今所以來相宅於洛邑云云。於"伻來毖殷"連上"文祖德"讀,謂文武使己來居土中,慎教殷民,皆拘于西都誥王,而爲之曲解如是也。陳氏櫟謂"王肇稱殷禮"至"無遠用戾",爲周公在鎬告王之詞,是已。而謂"王若曰"以上,當必有公從王至新邑舉祀發命之事,闕不可考。又謂"戊辰在新邑"以下,當在成王至洛與公別而歸鎬之前,疑爲錯簡顛倒,皆不免任意揣説。此外遍考諸家更無合者,雖朱子采衆家作《書説》,亦多牽强。嘗反覆沈誦,覺大恉尚自可尋,"朕復子明辟"至"拜手稽首誨言",周公在洛、成王在鎬往返告答之詞也。"王肇稱殷禮"以下,周公還鎬告王也。"公明保予沖子"以下,王答周公也。"王命予來"以下,周公從王同至洛而公告王之詞也。"戊辰"以下,史記王在洛所行事也。篇中雖未明紀公還鎬及王來洛日月,而推玩告答之詞,有以知其不爽也。

周公拜手稽首曰:"朕復子明辟。

　　"復子明辟",孔氏謂周公復政成王,《傳》闢其非,遂成千古聚訟。考《傳》義，本王氏安石。王氏之言曰："先儒謂成王幼，周公代王爲辟，至是乃反政於成王。以《書》考之，周公位冢宰、正百工而已，未嘗代王爲辟，則何君臣易位、復辟之有哉？復如復逆之復，成王命周公往營成周，周公得卜，復命於成王。謂成王爲子者，親之也。謂成王爲明辟者，尊之也。"程子、葉氏夢得、吕氏祖謙皆取王氏之言，程子曰："復子明辟，猶言告嗣天子王也。"葉氏曰："復如《孟子》'有復於王'之復。孔氏以復子明辟爲周公攝而歸政之詞。考周公踐天子位以治天下，初無經見，獨《明堂位》云爾，《明堂位》非出吾夫子也。武王崩，周公以冢宰攝政，此禮之常攝者，攝其事，非攝其位也。"吕氏曰："前乎此者，封康叔、伐三監，莫不繫之於成王，則昔固爲辟自若也。使如世儒之說，則天下事豈有大於此者？何爲下文無一語及之，而專論營洛獻卜之故邪？"今案：王氏、葉氏、吕氏所辨，理正義精，足以洗聖人之誣，定君臣之分，釋萬世之猜，可謂善於説經、有功名教者也。第攝政復政不得謂無其事，亦正不必爲周公辨也。武王新崩，天下未定，成王弱小，周公爲冢宰，壹是主之。成王長，然後致政，此正曾子所謂"託孤寄命大節不奪者"，何嫌何疑而必爲周公辨乎？惟以復子明辟爲即復政之證則不可，何也？經言復子明辟，明辟爲明君，別無他解，謂還子明君，非攝位僭王，何還明君之有？謂"還明君之政于子"，則必增"王政"二字成義，且以下文"伻獻圖卜"及"王伻來，來視余"推之，此爲成王在鎬、周公在洛復命之詞，斷斷無疑。往復致書，不應開口便言歸政，蒙意此實是復命于王之語。下文"王如弗敢及天"云云，及"誕保文武受命惟七年"之語，乃周公攝政歸政之確證。漢儒知周公實有攝政復政之事，遂誤以此"復"字爲"復政"，又以經無政字，遂解"復明辟"爲還明君，而撰爲踐祚攝王之語，而不知其誣妄悖戾也。蘇軾、林之奇謂"復子"爲還政于成王，"明辟"爲君道自此明于天下，是知復政之實有其事，又知復明辟之不可訓爲復政，兩取其說而曲解之。割"明辟"二字另釋，進退無據，不可從也。考以"復子明辟"爲還子明君,始見於王莽時經生之言。《莽傳》元始五年十二月,群臣奏太后:"周公始攝,則居天子之位,成王加元服,則致政。《書》曰:'朕復子明辟。'周公常稱王命,專行不報,故言我復子明君也。"莽賊居攝,假託元公,當時小人傅會其事,故其奏太后,引《書》此語而解之云云。《王莽傳》云:"莽色厲而言方,欲有所爲,微見風采,黨與承其意旨而顯奏之。"又國師劉歆典文章,顛倒五經,毀師法,令學士疑惑。蓋莽之篡竊,無不託周公以文之,則還子明君之言出于歆輩之妄説,何疑?推求其原,誣亂此經自《莽傳》始,而誣周公以踐位,則猶不始于此也。以蒙所稽,見于經者,則《禮·文王世子》、《明堂位》;見于史者,則《史記·魯世家》、《燕世家》;見于諸子百家者,則《荀子·儒效》《淮南·齊俗訓》《韓詩外傳》。嘗試論之,漢當秦火之後,詔求遺書,《禮記》前後奏上,半出漢人撰造,最爲亂雜,難以盡信;《史記》雜取諸家,亦多不經之説;《韓非》《淮南子》《韓詩外傳》蓋皆傳聞謬悠之論,無足深辨。獨荀子大儒,不應信口臆撰如是。吾鄉方侍郎謂劉歆校書時所竄入者,以成莽惡,此又影響之言,未足爲據。蒙意荀卿亦誤解"復子明辟"之文,而信口著之於書,後之作《文王世子》《明堂位》者,悉本爲説,司馬遷、劉安之徒,蓋皆誤於荀卿之説者也。今以《詩》《書》所載推之,《蔡仲之命》言周公"位冢宰正百工",明白無可疑矣,説者猶或斥爲僞篇;《金縢》《大誥》《酒誥》《梓材》《召誥》固今文、古文皆有者也,《金縢》曰:"王與大夫盡弁。"又曰:"王得書以泣。"又曰:"王出郊。"《大誥》《酒誥》《梓材》誥天下,誥康叔,一皆書以"王曰"。《召誥》曰:"王朝步自周。"又曰:"旅王若公。"此皆未復政時事也。成王何嘗一日不在天子位?典禮號令之所出,公卿百寮之所奉,何嘗一事不由于成王邪?《閔予小子》,成王初立廟祭詩也,其言曰:"遭家不造,煢煢在疚。"《訪洛》,成王與群臣謀事於廟詩也,其言曰:"惟予小子,未堪家多難。"玩二詩之意,必作于武王新崩,管、蔡流言,武庚叛逆之際。是成王踐阼主祭明矣,安有周公踐阼之事乎?是以《竹書紀年》云:"成王元年丁酉春正月，王即位，命冢宰周文公總百官，七年，周公復政于王。"《逸周書・作雒篇》于武王崩後，即書成王元年、二年。可本此以斷諸家之妄説。而鄭康成注《尚書》，乃謂《大誥》之王即周公，《多士》之三月爲復政後成王元年之三月，是宗《莽傳》所云"居天子位，常稱王命，專行不報"之言，而爲之實其説者，悖謬極矣。《漢書・律歷志》于周公攝政七年後，大書成王元年，此鄭氏之所本。考《漢志》本劉歆《三統歷》改元在復政後之説，蓋歆附會以諂事莽者，則居天子位稱王命專行不報之言，亦必出于歆輩無疑也。《孟子》曰："盡信《書》則不如無《書》，吾於《武成》，取二三策而已。"夫《武成》經聖人删定之書，孟子猶謂不可盡信，況《明堂位》《文王世子》等書，不經聖人論定，所言悖義滅理，而可舉以亂經邪？

"王如弗敢及天，基命定命，予乃胤保。大相東土，其基作民明辟。

如，若也。及，繼也。《荀子・儒效》"周公屏成王而及武王"，注："及，繼也。"《管子・輕重戊》"魯梁之民餓餒相及"，注："相及，猶相繼也。"及天，繼天也，繼天出治，常語也。《君奭》曰："有殷嗣天滅威。"《傳》訓"及知"，增"知"成義，非是。基，始也，有開立之義。定，猶成也。《吕覽・仲冬》"以待陰陽之所定"，注："定，成也。""王如弗敢及天"句，"基命定命"句。"予乃胤保"，從《孔傳》讀，絶句。保，輔也。保之恒見經典者，訓安、訓定、訓養。以愚考之，當有輔訓。《文王世子》："保也者，慎其身以輔翼之，而歸諸道者也。"是保有輔義，保又訓副、訓附，副、附義皆近輔。下文"公明保予沖子"、"承保乃文祖受命民"、"誕保文武受命"，保亦輔也。舊俱訓安，失之。言王若弗敢繼天，以基國家之命，以定國家之命，予乃繼而輔之。今既大相東土，其當親自統政，始爲民明辟矣。將告卜，而先言復政以勉之。《傳》義專主營洛説，亦可通。第君前臣名，以《召誥》"旦曰"推之，應言奭不言保。且以基命定命屬營洛説，營洛之事，成王親至豐告廟，何弗敢及知之有乎？余讀此，又知周公所以攝政七年者，其前爲成王之幼小不堪任事，其後則王堅委任於公而不得辭者也。觀《金縢》執書之泣及《逸周書》《成開》、《作雒》、《皇門》三篇王與周公問答之言，成王非童穉不識事者。此經曰"王如弗敢及天基命定命"，乃成王謙退委任之實言，先儒多謂不欲斥言王幼不能，非也。且觀下文公欲告退明農而王堅留之懃懃懇懇，此可以知當日之情事矣。古者天子崩，百官總己以聽於冢宰三年，周公獨攝政至七年者，非公之所得已也。七年之內，公不敢一事稍委諸王，蓋亦未嘗一事不稟諸王。於以知《大誥》《酒誥》《梓材》之稱王，斷斷爲成王而非周公也。説者乃搆爲踐阼復王之説，不有宋儒出聖人之誣，何日洗哉？

　"予惟乙卯，朝至于洛師，我卜河朔黎水。我乃卜澗水東、瀍水西，惟洛食；我又卜瀍水東，亦惟洛食。伻來以圖及獻卜。"

　孔氏穎達曰："此言所卜三處，皆一時事也。黎水之下不言吉凶者，我乃是改卜之詞，明其不吉乃改也。武王定鼎于郟鄏，已有遷都之意，而先卜黎水上者，以夏殷皆在河北，所以博求吉地。"顧氏云："先卜河北黎水者，近於紂都，爲其懷土重遷，故先卜近，義或然也。"呂氏祖謙曰："卜都之意主于商民，先卜河朔黎水者，因其所安也。意在近地者商民之心，意在地中者周公之心，並列二卜，以聽于天而已。卜黎于先者，先人後己之心也。黎既不吉，改卜洛邑，龜乃協從，蓋周公之心，即天心也。"史氏漸曰："世或謂周公三卜而後洛，初黎水，再澗東瀍西，又瀍東，皆不若洛之吉，豈知澗、瀍之東西，即洛之中也？瀍水之東，即洛之偏也，同名爲洛，而王城頑民之居，不同洛邑居天下之中，伊、洛、瀍、澗實周流於其閒。天子南向，則澗水在洛之右，瀍水在洛之左。周公於澗瀍之中營王城，以建王宫，定郊社宗廟，是郟鄏之地，今河南是也。又循左越瀍水東，營下都，名成周，以居殷民，今洛陽是也。二城相距十有八里。"案：黎水、澗、瀍之卜，《傳》本明晰，補以孔、吕、史三家之義，更詳二卜皆召公、周公以爲己事者。王氏充耘曰："周、召奉王命以作洛，二人同功一體，不容分彼此於其間。以事實言之，則召公得吉卜而經營；自周公遣使言之，則爲周公卜宅而營洛也。"此論最通。"伻來以圖及獻卜"，猶云使來以圖及卜獻，倒文也。

王拜手稽首曰："公不敢不敬天之休，來相宅，其作周匹休。公既定宅，伻來，來視予卜休恒吉，我二人共貞。公其以予萬億年敬天之休，拜手稽首誨言。"

此時成王在鎬，周公在洛，王得公所獻圖卜而復公之語也。"來相宅"者，順公所在而言，猶上文"伻來"，順使者所至而言也。"作周匹休"，孔謂"配天之休"，《傳》謂"配周命於無窮"，以後文兩"作周"與上下文兩"敬天之休"例之，孔説爲是。吕氏祖謙曰："營洛實配宗周，其作我周匹休之地，匹者對宗周之辭。"案：此讀匹，與《詩》"作豐伊匹"之匹同，其義亦通。以，與也。見《盤庚》。《大雅·下武》箋曰："《書》曰'公其以予萬億年'，亦君臣同福禄也。"此"以"當訓"與"之證。言公既定宅，發使來示，予以卜既休且常吉，則我二人共當此美，公其與我萬億年敬天之休矣！"拜手稽首誨言"者，盡敬以謝誨言也。誨言，蓋即上文"作民明辟"之語。

周公曰："王肇稱殷禮，祀于新邑，咸秩無文。

此下至"無遠用戾"，周公既定洛邑，復還西都，告成王之詞也，玩"予齊百工，伻從王于周往新邑，汝往敬哉"之文自見。殷禮，《傳》訓"盛禮"，即下文所云將禮、宗禮也。"咸秩無文"，王氏引之曰："咸秩無文，《傳》云不在禮文，則是祀典所無矣，何以異於淫祀乎？文當讀爲紊，亂也。咸秩無紊者，謂自上帝以至群神，循其尊卑大小之次而祀之，無有骰亂也。《漢書·翟方進傳》：'正天地之位，昭郊祀之禮，定五疇廟祧，咸秩無文。'《風俗通·山澤篇》曰：'五嶽視三公，四瀆視諸侯，其餘或伯或子男，大小爲差。'《尚書》'咸秩無文'，王者報功以次，秩之無有文也。玩其語義，皆讀文爲紊。"今案：王説精確不易，宜從之。若夫定都之初，所以先舉祀典之故，《傳》引吕氏論之詳矣，學者其潛心玩之。

"予齊百工，伻從王于周，予惟曰：'庶有事。'

　　齊讀如"齊小大者存乎卦"之齊，辨别也。古者天子將有大祀，必先習射于澤宫，以選助祭之臣。此時王往成周舉行祀典，百官不能皆從，故周公必辨别其能駿奔走者，使從王往。庶，衆也。國之大事，在祀與戎，古人于祭祀皆曰有事。言予將辨别百官，使從王于成周，予惟告之曰：爾衆皆有事於新邑者。若夫祀典之設，勉勵百工之言，則教王親自命之，如下文所云也。《傳》云"庶幾其有事"，謂"公但微示其意"，夫王往新邑舉行祀典，何不可爲百工言而必謂公微示其意？不亦曲乎！

"今王即命曰：'記功宗，以功作元祀。'惟命曰：'汝受命篤弼，丕視功①載，乃汝其悉自教工。'

　　《傳》義以"功作元祀"即指見在之臣言，於義未安。分"丕視功載"另節，解以公私云云，下"汝"字仍指成王，亦覺蔓衍。陳氏櫟曰："作元祀者，所以報功臣于既往。丕視功載者，所以勵功臣于方來。"此意是也。閒嘗由其説推之，兩"命"字承上百工言。記，紀也，追述之意。作，造立之言。《詩·天作》疏："作，造立之言。"弼，重也。《爾雅·釋詁》文。又《説文》："弼，輔也，重也。"丕，語詞。教，效也。《一切經音義》

────────────

①"功"《書傳補商》原作"工"，據阮元校刻《十三經注疏·尚書正義》改。

引三蒼云："效也。"考伏生《大傳》云："《書》曰'乃汝其悉自學工'，悉，盡也。
學，效也。"《傳》曰："當其效功也，于卜洛邑、營成周、改朝朔、立宗廟、敘祭祀、易
犧牲、制禮作樂，一統天下，合和四海而致諸侯，莫不依紳端冕以奉祭祀者，其上
莫不自悉以奉其上者，莫不自悉以奉其祭祀者，此之謂也。盡其天下諸侯之志
而效天下諸侯之功也。"據《大傳》，是今文《尚書》"教"作"學"，古教、學字蓋通
用。故《廣雅》云："學，教，效也。"工讀曰功，言新邑舉祀，予既辨別百工，
使從王往。今王當就命之曰："紀先臣之功可宗者，以其功造立元祀，
惟命之曰：汝諸臣受命篤厚，重申視此功臣載書，乃汝其當盡自效功
矣。"能效功他日，亦得與於功載也。當時所謂功宗者，蓋虢叔、閎夭、
散宜生、泰顛、南宮括、榮公、太公諸人也。此三節周公教成王修祀新
邑，當以先王功臣從祀，定爲祭典，即因以勉百工之詞。

"孺子其朋，孺子其朋，其往！無若火始燄燄，厥攸灼，敘弗其絕。

孺子，舊皆以爲幼少之稱。朱氏彬曰："古人親愛之詞，多以幼小
稱之。《檀弓》舅犯曰'孺子其辭焉'，秦穆公弔公子重耳曰'孺子其
圖之'，《左傳》欒盈將叛，曰'今也得欒孺子何如'，皆親愛之詞，非專
斥其幼小也。""孺子其朋"宜依孔氏，作慎其朋黨説。《後漢書》爰延
上封事曰："周公戒成王曰其朋其朋，言慎所與也。"是漢以來相承古
説，《傳》承上作論功行賞，不可私，文外增義，非是。"始燄燄"云云
者，言小人初近，若火初微，其所灼爍，將次第而不可撲滅也。

"厥若彝及撫事如予，惟以在周工往新邑。伻嚮即有僚，明作有功，惇大成裕，汝永有辭。"

"厥若彝及撫事如予"，《傳》謂公戒王順國事，常如我爲政之時。
蒙意周公不應自誇如是，且與上文不接。竊謂"若彝"、"撫事"仍屬
百工説，上文戒王慎所與，謂小人不可近，此則言賢臣當用。惟，猶乃
也。見《盤庚》。以，使也。見《康誥》。嚮本作向。僚，官也。有僚，猶

有虞、有夏之有，助詞也。"伻嚮即有僚"，依孔讀五字句，《傳》割"伻嚮"二字句，訓"使百工知上意嚮"，非也。"明作有功"，王氏念孫曰："明，勉也。明與孟，古同聲通用。"《大戴禮·誥志篇》曰："明，孟也。"《禹貢》"孟豬"，《史記·夏本紀》作"明都"。《爾雅》："孟，勉也。勉謂之孟，亦謂之明。"明作有功，言勉作事也。下文曰"公明保予沖子"，言公當勉保予沖子也。《顧命》曰"爾尚明時朕言"，言當勉承朕言也。言小人不可近，其能順常道及撫安政事如我者，乃使在周爲官，往此洛邑，使各向就其位，明作其事以期有功，厚大其心以成寬德，則汝其長有休稱矣。此二節因勉百工而告以遠小人、用賢能之詞。

公曰："已！汝惟沖子，惟終。

此一節更端之語，公欲退老，將告王以御諸侯，輔民彝，法先德，先呼而責難之詞也。

"汝其敬識百辟享，亦識其有不享。享多儀，儀不及物，惟曰不享。惟不役志于享，凡民惟曰不享，惟事其爽侮。

蘇氏軾曰："小人賄以悅人，必簡於禮，公戒王責諸侯以禮不以幣，恐其役志乎物而不役志乎禮，則諸侯慢而王室輕矣。此治亂之本，故公特言之。"《春秋傳》曰："晉趙文子爲政，薄諸侯之幣而重其禮，晉穆叔曰：'自今以往，兵其少弭矣。'"夫以列國之卿，輕幣重禮，猶足以弭兵。王而賄，其致寇也必矣。唐之衰，君相皆可以貨取方鎮，爭貢羨餘，行苞苴而天子始失其政，以至于亡。周公之戒至矣！

"乃惟孺子，頒朕不暇，聽朕教汝于棐民彝，汝乃是不蘉，乃時惟不永哉！篤敘乃正父罔不若予，不敢廢乃命。汝往敬哉！茲予其明農哉！彼裕我民，無遠用戾。"

"頒朕不暇"，呂氏祖謙曰："周公之於民至矣，然治道先後之序，蓋亦有不暇爲者，故屬成王頒布我所不暇爲者于天下也。"于，往也。

"乃是"之乃,訓猶若。見《盤庚》。"乃時"之乃,訓猶則。王引之曰:"乃與則同,《盤庚》'我乃劓殄滅之,無遺育',《左傳》引作'則'。《左傳》'則可以威民而懼戎',《晉語》則作'乃'。"篤,誠也。篤敘者,誠信敘次之意。武王稱正父者,蓋以撥亂反正,故名之,猶寧考也。明農,《孔疏》引《大傳》以證退老之義,甚確。伏生《大傳》曰:"大夫七十致仕,退老歸其鄉里,大夫爲父師,士爲少師,新穀已入,餘子皆入學,距冬至四十五日始出學。傳農事,上老平明坐于右塾,庶老坐于左塾,餘子畢出,然後歸。夕亦如之,餘子皆入。"鄭注:"上老、父師、庶老,少師也。周公致仕當爲上老,故曰明農。"下文"公無困我",觀《漢書》所引,皆主王留公不許退老言,則此爲公告退明矣。"彼"指新邑言,緊承"汝往"說。下周公言汝惟沖子當頒布朕所不暇行者,聽我之教,往輔民彝,汝若是不勉,則是不能久長哉。果誠信次敘乃正父之道無不如我,則人無敢廢汝之命。汝往新邑其敬哉! 兹予其退老以明農哉! 往彼新邑能裕我民,則民無遠皆用來矣。

王若曰:"公! 明保予沖子。公稱丕顯德,以予小子揚文武烈,奉答天命,和恒四方民,居師。

此下至"四方其世享",成王答周公之詞,是時王與公同在鎬也。明,勉。保,輔。俱見上。稱,舉行也。《逸周書·祭公》"公稱丕顯之德",注:"稱,舉行也。"恰是此經之訓。以,使。見《康誥》。揚,續。《爾雅·釋詁》:"廞,揚,續也。"恒,遍也。《詩·生民》《毛傳》。居師,安處其眾也。王言公勉輔我沖子,惟公舉行大明之德,故予小子續文武之功烈,上以奉答天命,下以和遍萬方之民,安處其眾也。《傳》多未合。

"惇宗將禮,稱秩元祀,咸秩無文。惟公德明光于上下,勤施于四方,旁作穆穆,迓衡不迷,文武勤教,予沖子夙夜毖祀。"

宗讀曰崇,《書·牧誓》"是崇是長",《漢書·谷永傳》作"是宗是長"。

無文，無紊也。見上。“旁作穆穆迓衡不迷”，江氏聲曰：“旁，溥也。《説文》文。穆穆，美也。《爾雅·釋詁》文。‘旁作穆穆’當絶句。《大傳》云：孔子曰：“吾于《洛誥》也，見周公之德光明于上下，勤施上下，旁作穆穆，至于海表。”稱上曰衡，《文選·六代論》注引鄭注《尚書》云：“稱上曰衡。”衡所以取平也，法度之器，以喻政柄云。迓，《釋文》云‘馬、鄭、王皆音魚據反’，則馬、鄭、王本作‘御’。漢獻帝禪位詔引作‘御衡不迷’，則作‘御’爲是。‘御衡不迷’四字句，言公之德光于天地，施于四方，溥爲穆穆之美化，操御平天下之衡，不有迷錯也。”案：江説近是。考揚雄《劇秦美新》亦有“旁作穆穆”之文，又《大傳略説》載迎日之辭曰：“維某年某月上日，明光于上下，勤施于四方，旁作穆穆，惟予一人某敬拜迎日于郊。”是“旁作穆穆”，漢儒舊讀，不獨江所引也。迓本作“御”，經傳“御”、“訝”多通用，“迓”又“訝”之俗體。經蓋本作“御衡”，《孔傳》讀“訝”，遂改耳。江取漢詔，讀“御衡不迷”句，是也。《傳》讀“迓衡”句，訓迎太平，以衡作太平，不免牽拉。“文武勤教”，謂公常以文武之道勤教我也。王言今將惇崇大禮，舉秩元祀，咸以秩序，無有紊亂，非予沖子所能也。惟公德明光于上下，勤施于四方，溥成穆穆之美，操御天下之權衡而不迷惑，又以文武之道勤教我，故我沖子得爲社稷宗廟主，夙夜慎所祀也。向非公德如是，予亦安能惷祀乎？此蓋因公告以肇稱殷禮云云，故言所以能舉斯祀者，皆公之德也。《傳》分“惟公德”以下別爲節，使“惇宗”三句上下無屬，而“夙夜惷祀”之言亦若無著矣。

王曰：“公功棐迪篤，罔不若時。”

朱子曰：“公之功輔道我已厚矣，無不若是以上所稱也。”案：《傳》言“公之功輔我啓我者厚矣，常當如是，未可以去”，義甚明晰。今取朱子之説，作王咏歎公之功德以了上二節之意。下文乃王將往洛，命公同往，堅留不許退老之詞。

王曰："公！予小子其退即辟于周，命公後。

《傳》以周爲鎬京，以命公後爲留公治洛，考是説始于史丞相浩，朱子嘗稱之。然周公留洛，經史百家俱無明文，信如是言，則是時王與公均已在洛。上文無一至洛之語及居洛之事，不應此忽記王將歸鎬之言；況後文王在新邑烝祭歲，是王初至洛行祭確證，不得云此時王已至洛，旋歸鎬又來洛也。當以《孔傳》，周訓洛邑爲是。上文"伻從王于周"之周與此同。第訓退爲退坐，謂退坐之後便就君于周，穿鑿可笑。竊謂退，去也，《禮·檀弓》"君退"，注："退，去也。"《儀禮·鄉飲酒禮》"主人退"，注："退猶去也。"又《玉篇》云："退，去也。"猶言往也。"予小子其退即辟于周"九字句。"命公後"，漢唐諸儒均以爲立公後伯禽，蓋因篇末作册逸誥之文。以蒙推之，此不與後同，蓋讀若"命彼後車"之後，言予小子其去就君位于洛邑，命公隨我同往也。上文公告王往新邑，有曰予其明農，將退老也，故王告之如此。其所以必須公往者，如下文所云四方迪亂及宗禮士師工，皆賴公撫定監率之也。

"四方迪亂未定，于宗禮亦未克敉，公功迪將其後，監我士師工，誕保文武受民，亂爲四輔。"

王氏引之曰："四方迪亂未定句，于宗禮亦未克敉句，公功迪將其後句。《方言》云：'迪，正也。'四方迪亂，猶云亂正四方也。于，越也。言四方正治未定，越宗禮亦未克安也。公功迪將其後者，上文云公功棐迪篤，下文云公功肅將祗歡，與此並以公功發句，此文之相符者也。上文公功言棐迪，下文公功言肅將，此公功言迪將，此義之相合者也，舊讀失之。"案：王説是也。迪只作助詞。敉，撫定也。將，扶助也。《詩·樛木》"福履將之"，箋："將，扶助也。"《烈祖》"我受命溥將"，箋同。又經傳訓扶、訓持、訓助、訓奉，不一。監，領也。《韓詩》云："監，領也。"《傳》訓監視，義未切。保，安也。亂讀曰率，詞之用也。見《梓材》。惟讀曰爲，見《康誥》。言予至洛所以必命公同往者，以四方治尚未定，于宗禮亦未能敉，賴公之功扶助其後，監領我士師工，以保安文武所受之民，用爲我之四輔，予小子其有所取法矣。四輔承上士師工言，謂皆可爲我輔、弼、疑、丞也。《傳》云"爲宗周之輔"，非是。

王曰："公定，予往已。公功肅將祗歡，公無困哉！我惟無斁，其康事公，勿替刑，四方其世享。"

公定，《傳》主留公治洛説，今不從。定，即公既定宅之定。已，助詞。公功，即指定洛之功。"肅將祗歡"，敬承欽悦也。"公無困哉"，《傳》引吳氏據《漢書》"哉"當作"我"，是也。公無困我，見《漢書·元后傳》及《杜欽傳》，考《後漢書·郊祀志》劉昭注引東觀書，亦有"公無困我"之語。又《逸周書·祭公解》有"公無困我哉"之文，則"哉"當作"我"，無疑矣。困我者，猶累我一人之意。"我惟無斁"句，"其康事公"句，"勿替刑"句。斁，懈也。本《説文》。康，尊也。《易》晉康侯《釋文》引鄭注："康，尊也。"又《禮記》"崇坫康圭"，康訓高，亦即尊義。替，廢刑法也。言今者洛邑公實定之，而予往居焉。公之功誠當敬奉欽悦，公無求去以困我，我惟無敢懈倦，其尊事我公，勿廢公法，則四方其可世享矣。王在鎬答周公之言止此。

周公拜手稽首曰："王命予來，承保乃文祖受命民，越乃光烈考武王，弘朕恭。

此下至"朕子懷德"，王與周公同至洛邑，而周公告王之詞也，玩"王命予來"、"孺子來相宅"、"其自時中乂"等語可見。《傳》謂周公許王留洛，上文"予小子其退"云云，《傳》謂王在洛將歸鎬，而命公留洛。則是公本在洛，而此云"王命予來"，何説也？義自矛盾，不可通矣。反覆推之，自此至篇終，乃王與公至洛後之言之事。保，輔也。見上。受命民，統文祖武王而言，錯綜其文以見義。猶《召誥》"丕若有夏歷年，式勿替有殷歷年"之文，古人立言多如是。越，與也。見《大誥》。周公既許王留，隨王至洛，拜手稽首言于王曰：王命予來，承輔乃文祖所受天命與民，與乃光烈考武王，其道無他，惟大我之恭敬而已。

“孺子來相宅，其大惇典殷獻民，亂爲四方新辟，作周恭先。曰：‘其自時中乂，萬邦咸休，惟王有成績。’

“孺子來相宅”，爲王初至洛之確證。惇典，《傳》謂“厚其典章”，似迂。惇，勉也。《爾雅·釋詁》文。典，法也。《詩·維清》“文王之典”，《傳》：“典，法也。”又《周禮·大宰》“掌建邦之六典”，注亦云：“法也。”典訓法則，亦訓效法，猶迪訓開道，亦訓道德，彝訓典常，亦訓常時之類，古訓此種甚多。亂讀曰率，詞之用也。見《梓材》。作周，猶《詩·文王》序所云“受命作周。”恭先，以敬爲先也。中乂，成治也。見《召誥》。言今孺子來相宅，其大勉法殷之賢人，以爲四方之新君，作立周邦，以恭敬爲先。能以恭敬爲先，乃可曰：其自是成治萬邦，咸被休美，惟王其有成功矣。公誥王宅洛，首以法殷賢及恭敬爲先。賢人者，治道之所由出；恭敬者，治道之所以行，王者之要，莫重於此。然既曰“弘朕恭”，乃曰“作周恭先”，則又聖人本躬行自盡之道，以責其君，宜其言無不入也。舊解“作周恭先”爲“以恭敬倡率後王”，曲矣。

“‘予旦以多子越御事篤前人成烈，答其師，作周孚先。’

《公羊·宣六年傳》云：“子，大夫也。”注：“古者士大夫通曰子。”此《傳》訓多子爲“衆卿大夫”之證。“作周孚先”與“作周恭先”一例，言予旦與衆卿大夫及御事之臣篤厚前人已成之功烈，對答天下之衆，所以作周者無他，亦惟以信爲先而已。公既告王以恭，復言自輔以信，一人恭于上而萬方黎庶罔敢不恭，一人信于朝而百爾同僚罔敢不信，此中乂、咸休之所由來，而烈之所以能篤、師之所以能答也。

“考朕昭子刑，乃單文祖德。

昭子指成王，《傳》謂猶明辟，是也。此承上文篤成烈而言，余之得成我昭子之法度者,乃盡文祖之德,非予之能制作也,蓋善則歸親之意。文祖即文王,近漢學家引鄭康成之説以文祖爲明堂,博考詳引而不可通。

"伻來毖殷,乃命寧,予以秬鬯二卣,曰:'明禋,拜手稽首休享。'予不敢宿則禋于文王、武王。

此數語疑有闕文誤字,《傳》謂王使人來毖殷,遂以秬鬯寧問周公。考《傳》義本蘇氏軾,夫上文明曰孺子來相宅,則王已至洛,不得謂王使人來;稱之曰使人,則必非貴臣卿相,毖殷非其所任;王賜周公秬鬯,周公自述,宜言錫言貺,不得云來寧問我;且以秬鬯賜周公,何得曰明禋?蘇氏乃謂以事神者事公,迂謬可笑。説者又或謂王以秬鬯賜公,使得祭于文、武,其説似近。然下文十二月王始于新邑烝祭,周公安得先祭文、武?竊謂此乃公以王將舉祭,獻秬鬯以供祭之詞。伻來者,即王命予來之謂。"乃命寧"從孔讀,三字句。命,告也。見《金縢》。寧,安也。禋,潔也。《國語·楚語》"禋其酒醴",注:"禋,潔也。"《説文》:"禋,潔祀也。"休,慶也。《爾雅·釋詁》文。享,獻也。宿,進爵也。《顧命》"王三宿",《孔傳》:"宿,進爵。"則,猶而也。王引之曰:則有而義,文二年《左傳》曰:"勇則害上,不登于明堂。"言勇而害上者,不登于明堂也。《逸周書·大匡篇》作"勇如害上",如即而字。《莊子》"其視下也,亦若是則已矣。"則已矣者,而已矣也。"予不敢宿則禋于文王、武王",十一字句,言王使予來戒飭殷民,乃遂告安于祖考,予因以秬鬯二卣曰:此明潔可以供祭祀,敢拜手稽首,慶獻于王。王當舉祀,予不敢進爵而禋于文王、武王也。

"'惠篤敘,無有遘自疾,萬年厭于乃德,殷乃引考。王伻殷乃承敘,萬年其永觀朕子懷德。'"

"惠篤敘",《傳》云"順篤敘文、武之道",增文、武,嫌湊。竊意惠，仁也。《廣雅·釋詁》文。篤，厚也。敘，順也。三字平列。有，古通或。見《盤庚》。遘，遇也。疾，惡也。"遘自疾"，猶言自遘疾，倒文也。殷，衆也，《詩·溱洧》"殷其盈矣"，《傳》："殷，衆也。"《周禮·大宰》"陳其殷"，注："殷，衆也。"兼臣民言，舊訓"殷人"，不可通。引，長。考，壽也。"王伻殷乃承敘"句，殷亦衆也。乃，助詞。子，子孫也。《荀子·正論》"聖人之子也"，注："子，子孫也。"《孔傳》得之。"萬年其永觀朕子懷德"與"萬年厭于乃德"正對，"萬年厭于乃德"者，言王德之遠可以及于萬年也；"萬年其永觀朕子懷德"者，言能使臣民萬年永觀于其子孫而懷其德也。此二句《孔傳》大指不誤，《傳》于上"萬年"訓"子孫萬年"，于"朕子"訓"我孺子"，失經恉矣。此節蓋周公因告王舉祭而戒勉頌禱之詞，言王能仁厚而順，無或自遘疾惡，則萬年之後人猶飽于乃德，而衆臣民乃亦長壽考矣。不特此也，王能使衆臣民順承其敘，則萬年之後人其永觀法我周之子孫而懷其德也。《傳》分"王伻殷"下另節，非是。

戊辰，王在新邑烝祭歲，文王騂牛一，武王騂牛一。王命作册逸祝册，惟告周公其後。

此下史述成王行祭、告廟、封侯等事也。"戊辰"依孔《疏》當爲十二月晦日，烝祭歲、祝册、立後皆一日事。鄭氏康成讀"戊辰王在新邑烝祭"爲句，以"歲"下屬，訓爲明年歲首，謂烝祭與告文武非一時。案：下文"十有二月"乃總結"戊辰"以下之詞，不應于此中插入來年正月朔日云云，鄭説非也。孔謂戊辰爲王到日期，亦非經言。王在非王至，烝祭歲之文與戊辰緊接，則此時王早至洛，但行烝祭、告文武、封伯禽以戊辰日，故特書戊辰耳。周公時有歸老之志，成王欲堅留公，故册封其子伯禽爲侯。伯禽先時之國，乃代父就封，至是成王始錫册命，定爲侯耳。據《左傳》定四年祝鮀之語，則誥康叔、封唐叔皆在此時。經不見者，成王尊禮周公意，惟重在封伯禽，故曰惟告周公其後。其，猶之也。見《盤庚》。言告立周公之後也。《傳》謂"告周公留守"，不如舊説之長。

王賓殺禋，咸格，王入太室，祼。

江氏聲曰："王賓，諸侯助祭者，《易》曰'利用賓于王'。禋之言煙，《周禮》"以禋祀祀昊天上帝"，鄭注："禋之言煙，周人尚臭，煙氣之臭聞者。"周人尚臭，殺牲取肺脊，合蕭與黍稷燔之煙，臭旁達，故曰殺禋。"王賓于殺禋之時，皆至于廟矣。祼，謂用圭瓚酌鬱鬯以獻尸。考祼有二節，《郊特牲》云："既灌然後迎牲。"此是灌地降神之祼，所謂灌用鬯臭鬱合，鬯臭陰達于淵泉，所謂先求諸陰也；此經之祼乃祼尸耳，《禮‧祭統》所云"君執圭瓚祼尸"是也。若以此爲灌地降神，則時未迎牲，何殺之有？蓋此祭之始，自有灌地降神之祼，文不具爾。又《祭統》云："祭之日，一獻，君降立于阼階之南，南鄉。所命北面，史由君右執策命之。"鄭注："一獻，一酌尸也。"此經祼下即言王命周公後、作册逸誥，與《祭統》所言節次正同。蓋足證此祼之爲祼尸矣。

王命周公後，作册逸誥。

上文王命作册逸祝者，告文、武之册也。此云作册逸誥者，誥伯禽之册也。《左傳》云"命以伯禽"，當即此册，今不可考矣。

在十有二月。惟周公誕保文武受命，惟七年。

此總結"戊辰"以下之詞。陳氏櫟曰："前言戊辰而結以在十有二月，明戊辰爲十二月之戊辰；言十二月而繼以'惟周公誕保文武受命，惟七年'，明此十二月爲此七年之十二月也。此乃古史紀載倒文法也。古無年號，只得表之曰'周公誕保文武受命之七年'，亦如《左氏》所謂'會于沙隨之歲'、'溴梁明年'之類耳。攝政七年見于史傳諸子者甚多，葉、吳留洛七年後薨之言，毫無依據，不敢以爲然也。"周公薨年史傳無考，惟《竹書紀年》載公以成王七年復政，十年出居于豐，二十一年薨于豐。是復政之後凡十四年而薨，不得云留洛七年也。故蒙於“命周公後”及“誕保文武受命七年”之文一主舊説，非私意敢有去取於其間，亦推之經文、證之載籍而無不合耳。陳氏櫟不取《傳》從留洛七年之説，而於“告周公其後”、“王命周公後”皆仍以留洛爲言。吾友方宗誠以其意爲然，謂留洛雖無明據，下文《多士》《多方》皆公留洛之事，《畢命》亦言公治洛，不得謂留洛爲非。予反復推之，其義亦通，而終從古説者，以成王命公留洛，命之可也，何必作册以告于文、武乎？不如册立伯禽爲合命諸侯于廟之禮，且以堅周公留王室之志也。“誕保文武受命”云者，保，輔也。見上。成王之命即文、武所受之命，公相成王攝政七年，故曰“輔文、武受命也”。夫説經有可以意斷者，有不可以意斷者，名分所關，義理所係，時勢情事所必有與所必無，此可以意斷之，然亦不能爲毫無憑藉之言。若夫朝廷非常之典，國家稀有之舉，賢君聖相籌畫安危，則當時事實不見于經，必見于史；不見于經史，必見于諸子百家之傳聞。苟其絕無據依，而但就經文一二字之可通，遂欲徑創數千年未經人道之新語，恐不足以啓學者之信，而轉以亂經義之真也。

《書傳補商》卷之十二

多 士

惟三月，周公初于新邑洛，用告商王士。王若曰：“爾殷遺多士！弗弔旻天大降喪于殷，我有周佑命，將天明威，致王罰勑殷，命終于帝。

弗弔，見《大誥》。“我有周佑命”，《傳》謂“我周受眷佑之命”，增“受”成義。竊謂佑命，助天命也，天命喪殷，我周致罰，是佑命也。“終于帝”，《傳》謂“以終上帝之事”，帝下增“事”，嫌冗。竊謂“致王罰勑殷”句，“命終于帝”句，言我周佑助天命，奉天明威，致王者之罰以勑正殷，而殷命遂終于上帝也。呂氏祖謙曰：“喪殷實周也，而辭若無與者，何哉？殷得罪於天，周奉天討而未嘗有心於其閒也，討之者無心，故言之者亦若無與。以天言之，則曰明威；以人言之，則曰王罰，非有二也。”

“肆爾多士！非我小國敢弋殷命，惟天不畀允罔固亂，弼我，我其敢求位？

肆，語詞，呼多士而告之也。“允罔固亂”，《傳》義迂曲。王氏鳴盛曰：“固，薛氏《書古文訓》作‘㤴’，即怙字也。《左傳》僖十五年及宣十二年，皆有毋怙亂之語，猶怙惡不悛也。允罔怙亂，謂信誣罔而怙亂也。‘惟天不畀允罔固亂’八字句，謂天不與信誣罔而怙亂者。”案：王説較順，下文“惟天不畀不明厥德”八字句，與此正同，即不易固爲怙，亦可通。罔亂者，無道之行；允固者，誠信堅固而不可諫救者也。弻我，猶相我也。天不與允罔固亂之殷，故一意相我，我豈敢求天子位乎？其讀曰豈。見《酒誥》“我其可不大監撫于時”。

“惟帝不畀，惟我下民秉爲，惟天明畏。

此緊承上文，“惟帝不畀”而申言其故也。王氏充耘曰：“惟帝不畀，惟我下民秉爲，即‘天視自我民視，天聽自我民聽’之義。蓋上文言不畀殷而畀我，恐殷民不信，以爲周公托天以自神耳，天豈諄諄然命之乎？但民心之所向背，即天意之所予奪也。”

“我聞曰：‘上帝引逸。’有夏不適逸，則惟帝降格，嚮于時夏，弗克庸帝，大淫泆有辭。惟時天罔念聞，厥惟廢元命，降致罰。乃命爾先祖成湯革夏，俊民甸四方。

此推言夏之失天下，商之得天下，皆天之畀與不畀也。“上帝引逸”，陳氏大猷曰：“爲善最樂，作德日休，即帝之引逸也。降，下。格，來也，降觀之謂。《傳》訓降災，亦降格中應有之義，但不得直以降災爲訓。嚮于時夏者，不忍棄之之意。”林氏之奇曰：“董子云：‘天人相與之際，甚可畏也。國家將有失道之敗，天乃先出災害以譴告之；不知自省，又出怪異以警懼之；尚不知變，而傷敗乃至。以此見天心之仁愛。’人君欲正其亂也，自非大無道之世，天盡欲扶持而安全之，事在勉强而已。此上帝降格、嚮于時夏之意也。”《傳》云“示意嚮于桀”，增字曲説。庸，法也。揚子《太玄》中“首尾信，可以爲庸”，注：“庸，法也。”“大淫泆有辭”，孫氏星衍曰：“有辭，言有罪狀。《吕刑》‘鰥寡有辭于苗’，《春秋左氏·襄二十二年傳》云‘臧孫曰無辭，言己罪無可指斥也’，此言桀大游蕩，有罪狀聞於天也。”案：孫説甚捷。下文“罔非有辭于罰”，亦謂有罪狀。《傳》云“雖有矯誣之辭”，迂矣。“上帝引逸”，蓋古人成言而周公述之，故曰我聞言：天之於人，每欲導之以安。夏桀不肯適於安，惟天猶時時降觀，出災異以譴告之意向于夏，而夏弗能法天，大淫蕩而有罪狀。於是天意不復向夏，罔念罔聞，遂廢大命，降致之罰。乃命爾殷先祖成湯革正夏命，用賢人治四方也。則惟、厥惟，俱助詞。吳氏澄曰：“我聞上帝於人君好逸樂者，引而去之。有夏之君若禹、若啟、若少康，皆以憂勤合天意而不適于逸，則上帝降格眷佑之，嚮于是夏。至桀不能庸上帝之意，大淫溺于逸樂，而有可罪之辭，惟是天無復愛念聽聞，遂廢絕其大命，降致以罰，謂夏亡而桀放也。”案：此謂有夏興亡以逸不逸之故，釋逸字同泆，與全經之例爲合。訓引爲“引而去之”，蓋本《禮·玉藻》“則必引而去君之黨”，注云“引，卻也”，上帝卻逸亦可通。胡氏《尚書詳解》、朱氏《尚書句解》皆同吳義，以傳可通，不復易其説也，附錄之。

“自成湯至于帝乙，罔不明德恤祀。亦惟天丕建，保乂有殷。殷王亦罔敢失帝，罔不配天其澤。

此推言殷先王所以爲天所畀者，由明德恤祀、敬天澤民也。王氏念孫曰：“恤，慎也。恤祀，即《召誥》《洛誥》所謂毖祀也。”“配天其澤”，《傳》云“配天以澤民”，於“其”字不合。其，猶之也。見《盤庚》“不其或稽”。天之德澤無不覆被，殷王仁民如天，故曰配天之澤。恤祀，敬祖宗也；罔敢失帝，敬天也；配天之澤，敬民也。與下文正相反。

“在今後嗣王，誕罔顯于天，矧曰其有聽念于先王勤家？誕淫厥泆，罔顧于天顯民祗，惟時上帝不保，降若茲大喪。

此申言殷後王所以不爲天所畀者，以其不知法天、敬祖、畏民也。“誕罔顯于天”，《傳》訓“大不明於天道”，增“道”成義。竊謂誕，助詞。顯讀曰憲，《詩·嘉樂》“顯顯令德”，《中庸》引作“憲憲”。法也。有讀曰又。見《大誥》。"誕淫厥泆"之厥，語助。見《梓材》"肆徂厥敬勞"。即上文大淫泆也。"天顯民祗"，四字對文。林氏之奇曰："天有顯道，天顯也。下民祗若，民祗也。不顧于天顯民祗，上不畏天，下不敬民也。承上文而言，殷先王敬天敬祖宗敬民如此，乃在今後嗣王罔知憲法於天，況曰其又能聽念于先王所以勤勞國家者乎？但見其大爲淫泆，罔顧念于天道之明顯與民事之當敬者，是以上帝不保，降如此亡國殺身之大禍也。"呂氏祖謙曰："天也，祖宗也；民也，自古帝王之所共畏也。紂不聽念于先王勤家，則不畏祖宗矣；罔顧于天顯，則不畏天矣。罔顧于民祗，則不畏民矣。"

"惟天不畀不明厥德，凡四方小大邦喪，罔非有辭于罰。"

此因論殷之喪亡，而推廣天道，並及當時喪亡之國也。言不明厥德者，皆天之所棄，不獨後嗣王也。凡四方小大諸侯之國其喪亡者，莫非有罪狀于刑罰者，《逸周書·世俘解》云："武王遂征四方，凡憝國九十有九。"《孟子》亦曰："滅國五十。"《傳》以"惟天不畀不明厥德"仍屬紂説，詞重義復，與下句亦不相生。金氏履祥曰："天之亡人國，未有無其故者。由此推之，今古皆然，又不獨伐紂一時然也。"

王若曰："爾殷多士，今惟我周王丕靈承帝事。有命曰'割殷'，告勑于帝。惟我事不貳適，惟爾王家我適。

"惟我事不貳適"二句，《傳》義牽强，此外解者甚多，均未得其真。惟蘇氏軾以"貳適"爲再往，言我有事于四方，不再舉而定，惟于爾殷則觀兵而歸，已而再往，較《傳》語似順。然既于"王家我適"句，增文曲説；且觀兵之事經無明文，先儒曾辨其誣，不應舉是立説。竊謂事，征伐之事也。《禮·王制》"天子無事，與諸侯相見曰朝"，鄭注："事，謂征伐。"又《樂記》"恐不逮事也"，注："事，戎事也。"古征伐之事多單言事。貳，再也。適，往也。不貳適，即壹戎衣之謂。我適之適,歸也。《左氏·昭十五年傳》"民知所適",注:"適,歸也。"言天命割殷,告敕之後,惟我征伐,不煩再往,爾王家已我歸矣。此不可以知天意乎?

"予其曰惟爾洪無度,我不爾動,自乃邑。予亦念天即于殷大戾,肆不正。"

即,今也。本《爾雅》。正,殺也。《周禮》曰:"賊殺其親則正之。"《傳》謂殷地"邪慝不正",非也。周公之意,蓋謂爾王家既我適,則爾多士宜承天意歸順我矣,而乃從武庚叛,予其曰:惟爾大無法度,我之伐殷非好爾動,由乃邑叛故也。乃邑叛,宜加誅殺之罪,予又矜念天今於殷既大降罪戾,故不復正爾等,而但謀遷也。大降罪戾,謂武庚死也。趙氏佑曰:"動如盤庚震動以遷之動,言以爾之大無法度,我於誅紂時,本當即夷其社,徙其人。而我不爲此以震動爾,仍使爾得從故居,安然商邑,蓋予亦矜念天之降戾於殷大矣,故不即有以正爾庶,幸爾自知感悔也。言此以起下章,見今之遷,實懲其從武庚再叛之惡,非得已云。"案:此推原伐紂時不遷立説,亦通。

王曰:"猷!告爾多士,予惟時其遷居西爾。非我一人奉德不康寧,時惟天命,無違。朕不敢有後,無我怨。

"遷居西"者,孔氏穎達曰:"從殷適洛,南行而西迴,故爲居西。"王氏鳴盛曰:"洛邑在殷朝歌西南,由朝歌至洛,濟河而西,故曰:遷居西爾。"有後,《傳》謂"有後命",增"命"曲説。竊謂有讀曰或,見《盤庚》"不其或稽"。後,遲也。本《説文》。呼多士而言,予今者遷汝于洛,非我一人奉行德意不欲安静也,是乃天命不可違,故我之謀遷不敢或遲,爾多士毋我怨也。

"惟爾知,惟殷先人有册有典,殷革夏命。今爾又曰:'夏迪簡在王庭,有服在百僚。'予一人惟聽用德,肆予敢求爾于

天邑商，予惟率肆矜爾。非予罪，時惟天命。"

　　又讀曰有，古二字通用，詳見《大誥》。言今爾或有言也。顧炎武曰："又曰，今本或作其曰。"聽，察也。《國策·秦策》"王何不聽乎"，注："聽，察也。""聽用德"，察用德也，舊解作聽聞，非。"肆予敢求爾"，《傳》謂"求爾于天邑商，而遷之於洛"，增"遷洛"云云，嫌曲。竊謂肆，今也。見《爾雅》。求，招徠也。《禮·學記》曰："求善良"，鄭注："求，謂招徠也。""率肆矜爾"，《傳》謂"循商故事，矜恤於爾"，不惟義迂，所謂循商故事者何指？王氏念孫曰："率，用也。肆，緩也。"《左氏·襄公九年傳》"肆眚圍鄭"，杜注："肆，緩也。"《正義》曰："緩縱罪人謂放赦之，予惟率肆矜爾者，言我惟用肆爾之罪、矜爾之愚而已，肆、矜二字連讀，下文'天惟畀矜爾'，畀、矜亦連讀。不復迪簡在王庭也。"王告多士言：殷先王典冊，爾等皆知之矣。爾多士或有言曰：殷之革夏也，其于夏士大則進而簡擇之使在王庭，小則有服治職事在百寮者，今周何于我等不然？不知予一人惟察用德，汝等非予所察用者，今予敢招徠爾于天邑商，予乃用以肆赦爾等，矜恤爾等，不治女罪已爲恕，而尚望迪簡服百寮乎？是非予罪，乃天命也。章德者天之命，討罪者亦天之命，今不汝章，亦不汝討，是善奉天命者也。

**　　王曰："多士，昔朕來自奄，予大降爾四國民命。我乃明致天罰，移爾遐逖，比事臣我宗多遜。"**

　　四國，管、蔡、商、奄也。見《破斧》詩注。伐四國而獨言來自奄者，伐奄在後，誅奄即來也。命，教令也。下文云"予惟時命有申"，即申此命也。《多方》云"我惟大降爾命"，"我惟大降爾四國民命"，皆謂下命令於爾民也。《傳》以降民命爲減其死罪，義牽強矣。"移爾遐逖"，《傳》主遷洛，言洛既不可謂之遐逖，吳氏澄曰："洛非甚遠，而曰遐逖者，以殷民安土之情，則爲遐逖也。"案：此亦曲説。且於"我宗"曲説。趙氏佑曰："《左傳》分魯公以殷民六族，分康叔以殷民七族，當時殷遺大勢積重,故分析以閒之,蓋不止洛邑一處。其遷洛者,《畢命》所謂‘密邇王室’;而分於魯、衛親藩者,則此經所謂‘比事臣我宗多遜’也。"案:趙言近是。既於遐逖之義可通,又魯、衛恰是宗邦,與上下文亦皆脗合。又考《逸周書·作雒解》曰:"三叔反,殷東徐奄及熊盈以略。二年,降辟三叔,王子祿父北奔,管叔經而卒,囚蔡叔于郭凌,凡所征熊盈族十有七國,俘殷獻民,遷于九畢。"乃遷於西,如漢世遷豪傑實關中之類。畢即畢原,在今陝西西安府長安、咸寧二縣西南,此與遷六族於魯、七族於衛是一時事。據此,則移爾遐逖或指遷九畢言,亦未可知。然以我宗推之,則就遷魯、遷衛説爲是。今復即其義而申之,遐逖者遠散之謂,相率而從曰比,《春秋傳》所謂"將其醜類"也。"比事臣我宗"者,言相率而從,職事臣服我宗邦也。多遜,謂多遜順、少違傲者。周公呼多士,言我昔者伐武庚來自奄時,我曾大下命令于女四國民,我乃明行天罰,移爾殷之大族,使之遠散相率而從,職事于我宗邦魯、衛。其時遷者,皆多遜順而無違傲意,謂爾等今日亦當遜順而無違心,如下節所告是也。《傳》執"移爾遐逖"之文,以爲遷殷在營洛先,不知此乃遷魯、遷衛,非遷洛也。且此誥曰"予惟時其遷居西爾",其者始遷之詞。又曰"今朕作大邑于兹洛,亦惟爾多士攸服奔走",言作洛爲爾多士,則先作洛後遷民可知。又曰"今爾惟時宅爾邑"、"爾小子乃興,從爾遷",夫曰惟時,曰後此之興,皆由今日之遷始,則此爲初遷又明矣。況遷民果在誅武庚時,則今作誥屢言遷,贅文也。且既遷居數年矣,而猶一誥、再誥、三誥,若惟恐其不安于遷也,有是理乎? 以此知《書序》云"成周既成,遷殷頑民",信不誤也。

王曰:"告爾殷多士,今予惟不爾殺,予惟時命有申。今朕作大邑于兹洛,予惟四方罔攸賓,亦惟爾多士攸服奔走。

　　經中"王曰"皆史臣所加,此雖更端之詞,實緊承上文而言也。上文所謂降命,類不過勸其洗心向化,故此復告殷多士,言今予不忍爾殺，予惟舉前日之命四國者，重申言之而已。今我之作大邑于洛也，一則以四方諸侯無所賓禮，一則以爾多士服事奔走之故，我之所以爲爾多士者，意亦至矣。"臣我多遜"宜割屬下節讀。

"臣我多遜，爾乃尚有爾土，爾乃尚寧幹止。

《傳》以"臣我多遜"緊屬"攸服奔走"之下，義亦可通。然玩《孔傳》，云"汝多爲順事，乃庶幾有土"云云，似以"爾乃"二句承上"多遜"爲説，反復推之，孔義爲是。此多遜，即從上文多遜生出，言汝等能中心臣服于我，多遜順之事，無違傲之心，爾乃庶幾安爾所事，安爾所居，不然則爾土不可有，幹止不可寧也。于勸之之中寓惕之之意，下文又以克敬教之。

"爾克敬，天惟畀矜爾；爾不克敬，爾不啻不有爾土，予亦致天之罰于爾躬！今爾惟時宅爾邑，繼爾居，爾厥有幹有年于兹洛。爾小子乃興，從爾遷。"

來氏宗道曰："有幹者，身無外患之擾而事得以成也；有年者，身無刑罰之加而壽得以永也。"

王曰："又曰時予，乃或言爾攸居。"

"王曰"、"又曰"，説者不同。孔氏穎達謂史官録王之言，以前事未終，故言"又曰"；蘇氏軾謂非一日之言，故以"又曰"別之；錢氏時謂"王曰"乃史氏所書，以明更端，"又曰"二字是當時啓諭之語，説均牽強。惟陳氏鵬飛以爲"王曰"之下當有文，其簡脱去，證以《多方》"王曰"、"又曰"自明，《傳》用其言，是也。吳氏草廬取《多方》"王曰嗚呼猷"至"凡民惟曰不享"屬入此節之前，删去"王曰"二字，以"又曰"承"凡民惟曰"，作"民又有言"，未免武斷。姜氏兆錫又以《多方》"今我曷敢多誥，我惟大降爾四國民命"二句移此，皆不可從。"又曰"之下，王氏炎以爲仍有脱文。段氏玉裁謂唐石經"或言"之閒多一"誨"字，則經文殘缺與否，誠不可知。今姑就文釋之，或讀曰有。見《盤庚》"不其或稽"。總誥多士，言我不言則已，時我乃有言，皆以爾所居爲念也。《傳》于"或"下加"有"字，不知或、有古通用也。

附録諸家論説

張氏九成曰："商民之不服，在白起處之，坑四十萬可也；在項羽處之，坑二十萬可也。周公肯爲此乎！在晉武帝處之，使在邊鄙，卒有元海之難；在苻堅處之，用爲腹心，卒有慕容垂之亂。周公肯爲此乎！嗚呼！既不可用之，又不可以計處之，遷之洛邑，使日見周之仁政，日聞周之仁聲，日親周之仁人君子，優游涵養，以變易其不服之心。觀周公處商民一事，其巧思深智，非後人所及也。"

林氏之奇曰："當武庚之叛，殷人妄意，以爲殷可以復興，周可以遽滅也。宋襄公有伯諸侯之志，大司馬諫曰：'天之棄商久矣。君將興之，弗可。'周既衰微，萇宏欲遷都以延其祚，晉女叔寬曰：'萇宏違天，天之所壞，不可支也。'夫天之所棄，固不可興；其所壞，固不可支。然自非深知天命者，不能知之也。當武庚之倏起而即敗，則商不可復興也明矣。周公慮殷之餘民知淺識短，竊不自量而有復興之志，儌倖萬一天下有變，以逞其忿怒之心，故于其遷也，諄諄告戒之如此。"

又曰："漢之初，以婁敬之言，遷齊諸田、楚昭屈景、燕、趙、韓、魏後及豪傑名家，以實關中。其後世徙吏二千石、高貲富人及豪傑兼并之家于諸陵，是亦遷殷頑民之遺意。然周公之遷殷民，蓋使之密邇王室，式化厥訓，故雖商之餘民染于惡化，不能自反，而成王、康王建皇極于上，周公、君陳、畢公敷大德于下，歷百年，然後斯民丕變于忠厚。漢之遷豪傑，徒爲强本弱支之術而已，非有化之之道也。故關中以五方雜錯，風俗不純，其世家則好禮文，富人則商賈爲利，豪傑則游俠通姦，其與周之風俗，固萬萬不侔矣。不獨此也，周公之遷之也，則以優游寬大之言，雍容而漸漬之，使之感而歸善；漢則不然，惟命之遷則

遷，未嘗有誥諭之辭。秦少游學士曰：'太上忘言，其次有言，其下不
及言。'漢者，所謂不及言者也。"

董氏鼎曰："《多士》一書中，言興喪則由于天，言天命則繫于德，
言德則本于敬，終之以爾土爾邑，有恒產者有恒心，而非誘之以
利也。"

張氏英曰："革命之際，難言之矣。武庚禄父之叛，類必舉君臣大
義以爲言，故周公之告多士，屢舉成湯爲詞，其言曰乃命爾先祖成湯
革夏，又曰惟爾知殷先人有册有典，殷革夏命。嗚呼！吾恐來世以台
爲口實，其亦深懼於此哉！湯、武革命，順乎天而應乎人，猶不免於
此，况後世之僭竊人國、闇于天命者乎！"

《書傳補商》卷之十三

君 奭

　　《君奭》一篇,自序有"召公不説"之文,後儒多據以爲周、召相猜之證。《史記》且謂周公攝政,當國踐阼,召公疑之,作《君奭》。夫踐阼之誣,蒙既詳論之矣;即謂實有其事,孔子編《書》,次《君奭》于《洛誥》《多士》《無逸》之後,則是篇之作,必在周公已歸政時,安得有當國踐阼之疑? 且果如是,則篇中必有解免之意。今玩全文,毫無影響,是馬遷之説既與經背,亦與《序》乖,不足信也。《逸周書·作雒解》:"武王崩,周公立,相天子,三叔及殷東徐奄及熊盈以略。周公、召公内攝父兄,外撫諸侯。"此周、召同心相成王之確證,何得如《史記》所云? 馬氏融、鄭氏康成、王氏肅,究知遷説之非,遂謂周公既攝王政,不宜復列臣職,故召公不説,以爲周公苟貪寵。《孔傳》蓋亦略有此義。夫周、召何人,其心跡豈不能相知? 當是時天下又何時,周公豈可去者? 而謂召公不説其復列臣職,以爲貪寵,有是理乎? 孔氏穎達又謂:"召公非不知周公之當留,第以留在臣職,當時人皆怪之,故欲開導周公之言,以解世人之惑。"此又以後世委曲之衷上測古大臣賢者,尤蒙所不敢信也。所以然者,皆由誤會《序》中不悦之一言耳。錢氏時曰:"《序》文本自明白,人未深察,觀書中反覆勸勉,無非挽留召公,以二人共相之意,蓋當時召公惟欲周公獨任輔相之責,而己告老歸休,其不悦非有他

也,急于求退而不樂于復爲相故也。"吾友邵懿辰曰:"以孔子不悦于魯衛,
證之極明。"周、召師保有年矣,推原其不悦之由,故《序》述及此,非今
日始爲師保也。程子曰:"師保之任,古人難之,召公不悦者,不敢安
于保也。"姚氏鼐曰:"古者七十人臣致仕,逮其年而弗去,殆無辨于貪
寵位而嗜利禄者。當是時,召公之年固及可以去之年也,然老而致仕
者,士大夫之常節也。社稷之臣,身繫天下之重,不可引常節以自隘
也。召公豈不達斯義哉?意謂國有周公,治天下、安國家、翊成王,周
公當之。而吾以當去之年,復尸此位,殆有謬于義者,是以恨然不悦
于居職也。"是三説者,可謂善讀《書序》者矣。《傳》本程子、朱子、林
氏之奇、吕氏祖謙諸家之説,斷爲召公欲避權位退老厥邑而周公留之
之辭,精確不腐。所謂聖人復起,不易吾言者也。惜其于小序之文,
未詳辨耳。他若王氏安石謂成王非有過人之聰明,出于文、武之後,
人習至治之時爲難繼,故召公于其親政之始有不悦;蘇氏轍謂召公不
悦其歸政,是皆知《史記》、馬、鄭、王氏之説未安,又求小序之義不得,
強爲之辭,而卒無當于經義者也。

**周公若曰:"君奭!弗弔,天降喪于殷,殷既墜厥命,我有
周既受。我不敢知曰厥基永孚于休。若天棐忱,我亦不敢
知曰其終出于不祥。**

錢氏時曰:"召公所以急于求去者,正謂天命在周,事已大定,有
周公在,我不必留。故周公首言天命之不可必以告之。"吕氏祖謙曰:
"《多士》告殷民曰弗弔,則憫勞之詞。今周家大臣自相與語,亦首曰
弗弔,蓋聖賢以天下爲心,不幸而遇喪亂,又不幸而任此責,豈其所樂
哉?人之于天,或恃而不自修,或懼而不自強,謂厥基永孚于休,恃而
不自修者也,意天之必福己也;謂其終出于不祥,懼而不自強者也,意
天之必禍己也。周公謂吾之于天,豈敢計禍福,惟盡在我之誠以順天
而已。"

　　"嗚呼！君已曰時我，我亦不敢寧于上帝命，弗永遠念天威越我民，罔尤違，惟人在。我後嗣子孫，大弗克恭上下，遏佚前人光，在家，不知。

　　"君已曰時我"，公述君奭責重于己之言也，下文"誕無我責收"可證。"我亦"云者，見非奭之責重，我亦如是也。"弗永遠念天威越我民"作一句，越，及也。"念天威及我民"與篇末"閔天越民"相應，下文"克恭上下"即承天與民言之。"罔尤違"句，"惟人在"句，《漢書·王莽傳》引我嗣事子孫云云，不聯引"惟人在"，則漢人于"在"字讀句絕可知，毛氏奇齡、江氏聲、孫氏星衍皆讀"惟人在"句。言天民之無尤怨違背，惟恃有老成人在也。《傳》以"罔尤違"屬"越我民"爲句，三字似贅文；以"惟人"二字另句，則不得不增文衍說矣。我，周也，指受命者。後嗣子孫，指成王也。卿大夫采邑曰家。《周禮·夏官》"序官家司馬"，注："家，卿大夫采地。"《大戴記》"文王官人，使是治國家而長百姓"，注："家，采邑。"在家者，退處私邑之謂。周公歎息言，君嘗曰國家之事是我之任，微君言，我亦不敢安于上天之命，弗永遠念天威及我民也。夫天民所以無尤怨違背，惟恃老成人在。若我受命者之後嗣子孫，大不能敬于上天下民，絕失前人光美，而老成人退處在家，可謂不知乎？言召公不可退，退亦不能恝然于心也。

　　"天命不易，天難諶，乃其墜命，弗克經歷嗣前人恭明德。

　　經，常也。《釋詁》文。歷，久也。孫氏星衍曰：《爾雅》"艾，歷也。歷亦爲艾。"《詩傳》："艾，久也。"恭明，猶《堯典》所云"欽明"也。言此以起下文。

　　"在今予小子旦非克有正，迪惟前人光施于我沖子。又曰：'天不可信。'我道惟寧王德延，天不庸釋于文王受命。"

　　"我道"，《傳》訓"在我之道"，自可通。其實"道"本作"迪"，《釋文》云："馬本作我迪，迪，語助也。"庸，易也。庸釋者，輕易舍棄之意，《多方》"庸釋有夏"，"庸釋有殷"同。承上言天命之墜，必由于弗克嗣前人德，則今予小子所以相君者，亦惟以前人之光美施之，惟于武王之德延之，則天亦不輕舍于文王所受之命矣。"又曰"者，周公言我又嘗思念也。

公曰："君奭！我聞在昔成湯既受命，時則有若伊尹，格于皇天。在太甲，時則有若保衡。在太戊，時則有若伊陟、臣扈，格于上帝；巫咸乂王家。在祖乙，時則有若巫賢。在武丁，時則有若甘盤。率惟茲有陳，保乂有殷，故殷禮陟配天，多歷年所。

此周公歷舉商家賴有賢臣，以喻周之不可無召公也。格皇天、格上帝、乂王家，不過當時立言參差如是，非必定有聖賢淺深之別。《傳》引吕說，似拘。率惟，語詞。茲，此也，指六臣。"禮陟配天"，《傳》謂"殷先王終以德配天"，于"禮陟"二字之義未明。此外有以陟爲登遐，禮陟爲得正而斃。謂有殷之君以禮終而配天者，林氏之奇也。有謂天子祀，以祖配天，殷自湯以諸侯升而用天子之禮者，吕氏祖謙也。有謂即言上文五王配祀于天，而其臣配食于廟者，蘇氏軾也。以今推之，蘇承上文，爲近。禮讀曰祀。《詩・楚茨》箋"以祭禮畢"，《釋文》"禮"本作"祀"。《漢書・郊祀志》"登禮潛之天柱山"，即登祀也。《史記・趙世家》"田不禮"，《吕氏春秋》作"裡"，裡亦祀也。言惟此六臣皆有陳列之功，輔安有殷，故殷之享祀，升五王以配天而多歷年所也。五王以功德廟祀配天，而子孫被其遺澤，享國且及六百年之久，賢臣輔佐之力何如哉？

"天惟純佑命，則商實百姓王人，罔不秉德明恤，小臣屏侯甸，矧咸奔走。惟茲惟德稱，用乂厥辟，故一人有事于四方,若卜筮,罔不是孚。"

　　此推言商六臣之功也。"純佑",李氏光地曰:"猶良佐也。命,天命之也。'天惟純佑命',猶云天惟命純佑,倒文也。"《傳》言"天佑命有商,純一不雜",非也。"則商實百姓王人"作一句讀,《傳》讀"則商實"句,訓"國有人爲實",强詞衍説。實,有也。《詩‧小星》"寔命不同",《釋文》引《韓詩》作"實",注云:"有也。""百姓王人",江氏聲曰:"百姓,異姓之臣;王人,王之族人,同姓之臣也。"屏讀曰並,《周禮‧春官》序官疏引《國語》"屏攝之位",服注:"屏,猶並也。"《山海經》"有獸,左右有首,名曰屏蓬",注:"屏蓬,即並封也。"矧,詞也。見《康誥》。兹,此也,指上六臣言。稱,舉也。《左氏‧宣十六年傳》"禹稱善人,不善人遠",注:"稱,舉也。"乂,古通艾,相也。《釋詁》文。言天惟命此良佐,故商所有異姓同姓之臣,莫不秉持其德,明恤政事,下而小臣,並遠而侯甸,亦皆奔走臣服。所以然者,惟此六臣惟德是舉,用相其君,故天子有征伐會同之事于四方,如卜筮無不是信也。六臣之有功于商者,又如此。

　　公曰:"君奭! 天壽平格,保乂有殷,有殷嗣,天滅威。今汝永念,則有固命,厥亂明我新造邦。"

　　"平格"二字不可解,孔氏謂"天壽平至之君",以"平格"屬君言,與下文"保乂"不合。《傳》取呂氏訓,坦然無私之謂平,通徹三極之謂格,義雖精而傅會。林氏之奇曰:"平格指上六臣也,言其平治天下以格于天,上惟言伊尹、伊陟、臣扈格天,此言平格,蓋舉此三人,後三人亦在其中矣。""有殷嗣天滅威",《傳》謂"殷紂嗣天位,驟罹滅亡之威",增文衍説。竊謂嗣,新君也。《左氏‧昭七年傳》"今又不禮于衛之嗣",注:"嗣,新君也。"依孔讀,"有殷嗣"句。威,惡也。《論衡‧譴告》"威、虐,皆惡也。""天滅威",天滅其惡也。永念,長思也。亂讀曰率,詞之用也。見《梓材》。明,成也。《爾雅‧釋詁》文。告君奭,言此六臣者,皆以太平格天,天特使之壽考,伊尹事湯,自爲諸侯時以至有天下,以及太甲，其壽可知。《書序》有臣扈篇，作于湯伐夏時，至太戊時其人猶存；甘盤，武丁所稱舊學者也，則必爲小乙舊臣，二人之壽又可知。伊陟、咸、賢雖不可考，要亦老成人也，故曰天壽。以保乂有殷，天之于殷厚矣。及其嗣君紂無道，天乃遽滅其惡，何天命之不固哉！今汝能長思天意，則庶幾有固命，其用以成我新造之邦矣，而可輕言去邪？解此節者，須歸重二“天”字，乃于本節文義可通，于上下節義緒亦合。篇内言天與上帝者，凡二十見，此則即殷之興亡以驗天之不可恃，而告召公宜念此義也。于上數節爲結束，于下數節爲啓緒，諸家舊解，未有得其真者。

公曰：“君奭！在昔上帝割申勸寧王之德，其集大命于厥躬。惟文王尚克修和我有夏，亦惟有若虢叔，有若閎夭，有若散宜生，有若泰顛，有若南宫括。又曰：無能往來，兹迪彝教，文王蔑德降于國人。亦惟純佑秉德，迪知天威，乃惟時昭文王，迪見，冒聞于上帝，惟時受有殷命哉。

此言武王之得天下，由文王能用賢臣以格天也。《禮・緇衣》引《君奭》曰：“在昔上帝周田觀文王之德”，鄭注：“古文‘周田觀文王之德’爲‘割申勸寧王之德’，今博士讀爲‘厥亂勸寧王之德’，三者皆異，古文似近之。割之言蓋也，言文王有誠信之德，天蓋申勸之。”案：鄭訓割爲蓋者，《爾雅・釋言》云“蓋，割裂也”，蓋、割同訓，古通用。二字通用，阮氏《揅經堂集》最詳。《禮記》作“周”者，古割、害一字，害與“周”篆體相似，“田觀”與“申勸”亦以形誤。其作“厥亂勸”者，傳本異也，當以“割申勸”爲正。從鄭讀割爲蓋，《傳》云“降割于殷”，讀“割”字句，由不知割、蓋之通用也。申勸者，夏氏僎曰：“天初勸文王，又勸武王，故曰申勸。如《詩序》言故天復命武王也。”又曰，周公又常思念也；乃惟時，猶言于是。昭，明也。見，彰顯也。《漢書・禮樂志》“畏敬之意難見”，注：“見，謂彰顯也。”又《萬石君傳》“神物並見”，注亦同。冒，上進也。冒聞連讀。詳《康誥》。“乃惟時昭文王”句，“迪見”句，

"冒聞于上帝"句。周公告君奭言:在昔上帝蓋申勸我武王之德,使之集大命于其躬矣。而武王所以能集大命,由于文王之修和。而文王之所以能修和,亦惟其時有若虢叔、閎夭、泰顛、散宜生、南宮括五臣爲之輔佐。我又常念曰:若此五臣者,不能往來奔走于文王之朝,導迪常教,則文王亦無德及于國人矣。林氏之奇曰:"德雖本于文王,而其博施于民,則五臣之力也。"惟有此良佐秉持其德,用知天威,乃于是昭明文王,用使彰顯冒聞于天,于是受有殷之王命哉。無五臣往來,則蔑德降國;惟純佑秉德,乃昭顯上聞。反復推言,以見賢臣之不可少也。夫以文王之聖,尚非五臣無以成其受命,況成王不逮文王,又以幼沖在位,其可無召公哉? 周公之意蓋如此。

"武王惟兹四人尚迪有禄。後暨武王誕將天威,咸劉厥敵。惟兹四人昭武王惟冒,丕單稱德。

此又言武王亦賴賢臣也。"有禄",林氏之奇曰:"死者稱不禄,四人猶及武王之世,故曰尚迪有禄。"《傳》以爲武王得有天禄,義非不通,而林于上下語氣爲合。四人,《傳》以爲虢叔先死者,本孔氏之説。王氏鳴盛曰:"《周本紀》武王克商,散宜生、太顛、閎夭皆執劍衛武王。又命南宮括散財發粟,命閎夭封比干墓。又《逸周書·克殷解》言武王克商太顛等事,與《史記》略同。又《墨子·尚賢》下篇云:'武王有閎夭、太顛、南宮括、散宜生。'然則四人皆在,獨少一虢叔。馬説武王亂臣十人,有太顛、閎夭、散宜生、南宮括,亦無虢叔。《孔叢子·記義篇》云:'虢叔、閎夭、太顛、散宜生、南宮括,五臣同寮比德,以贊文、武。及虢叔死,四人者爲之服。'凡此皆《孔傳》之證也。"咸劉,《傳》訓"皆殺"。王氏引之曰:"咸者,滅絶之名。《説文》:'俄,絶也。讀若咸。'聲同而義亦相通。咸、劉皆滅也,猶言遏劉、虔劉也。《逸周書·世俘篇》及《漢書·律歷志》引《武成篇》並云'咸劉商王紂',解者訓咸爲皆,失其義也。"丕,語詞。言武王時,惟此四人尚用有禄,此四人者後及武王大奉天威,絕滅商紂。惟此四人能昭武王覆冒天下,故天下盡稱其德也。天下所以盡稱武王之德者,由四人之故也,武王之得天下賴賢臣者,又如此。

"今在予小子旦,若游大川,予往暨汝奭其濟。小子同未在位,誕無我責收,罔勖不及。耉造德不降我,則鳴鳥不聞,矧曰其有能格?"

上文歷舉商家六臣及文、武之五人、四人,皆爲留召公張本;至此始暢明其恉,言愈切而情愈殷也。"今在"與上文兩"在昔"緊相呼應。"小子同未在位",舊説以小子目成王,夫成王爲周、召之君,安得立言如是?且武王崩,成王即已在位,今如此解,似是周公復政、成王始踐位矣。漢儒所以有攝王踐阼之言者,未必非此一語誤之。薛氏季宣、吳氏澄、姚氏鼐,以小子爲周公自稱,精確不磨。篇中三言小子,皆周公自指,不應此獨指言成王。第薛云當如未嘗有我周公以天下自任,不應作此置身事外之言;吳以居東爲説,謂當同於昔日我未在位之時,亦猶傅會;姚云予小子同心,今未有在位者,增同心成義,更迂。竊謂"未"乃"末"之譌,讀同武王末受命之末。鄭注:"末,猶老也。"《漢書·外戚傳》"念雖末有皇子",注:"末,晚暮也。"蓋末、暮一聲之轉,末即暮也。"誕無我責收"宜讀爲句。朱氏彬曰:"《吕氏春秋·論人篇》'不可收也',高誘注:'收,守也'。'誕無我責收',言無我責守也。""罔勖不及",言不勉我之不逮也。"耉造德",老成德也,謂召公。降,和同也。《左氏·哀二十六年傳》"六鄉三族降聽政也",注:"降,和同也。""我"字屬"不降"讀,《三國志·管寧傳》注引鄭氏康成此經注曰:"耉,老也。造,成也。老成德之人不降志與我並在位,則鳴鳥之聲不得聞,況乃曰有能德格于天者乎?言必無也。"案:鄭亦讀"我"上屬爲句,但未得降字之義。有讀曰又,見《大誥》。言在今予小子旦若涉大川,予往暨汝奭其共濟渡,君勿以年老求退也。小子同以暮年在位,無我一人責守而不勉我所不逮也。汝老成德若不和同于我,則不能致太平而來鳳凰之鳴矣,况曰其又能感格于天乎?《傳》義多失之。

公曰:"嗚呼! 君肆其監于兹! 我受命無疆惟休,亦大惟艱。告君乃猷裕我,不以後人迷。"

肆,今也,《傳》訓"大",非。"告君乃猷裕",《傳》謂"告君謀所以寬裕之道,勿狹隘求去",其引吕氏之説至矣盡矣,然而推伸文義,不免于曲,且于下文不貫。竊謂"告君乃猷裕我"句,裕猶垂裕後昆之裕,我即上文我受命之我,謂我周也。"乃猷裕我"與《康誥》"乃由裕民"句同。以,猶使也。見《康誥》"裕乃以民寧"。後人,指成王,即後王也。古多以人爲王,《詩·江漢》"文人"、"文王",《大誥》"寧人"、"寧王"也。林氏之奇曰:"下言前人爲武王,則此後人爲成王必矣。"周公歎言,商周之興皆賴賢臣,君今其監于兹,不可去也。我先王受命,固有無窮休美,亦艱難甚矣。今告君汝宜謀所以裕我國家者,不可使後王迷誤也。

公曰:"前人敷乃心,乃悉命汝,作汝民極。曰:'汝明勖偶王,在亶乘兹大命,惟文王德丕承無疆之恤!'"

"敷乃心"之乃,猶其也。見《盤庚》。"作汝民極",作民極也,汝民猶云我民,爾小民也。偶讀曰耦,侑也。《廣雅》文。又《曲禮》"偶坐不辭",《釋文》:"偶,副貳也。"副貳即侑助義。乘,守也。《漢書·高帝紀》"興關中卒乘邊塞",《集注》引李奇曰:"乘,守也。"孔氏讀"汝明勖偶王"句,"在亶乘兹大命"句,今案宜從之。言汝明勉侑王,在信守此大命也。《傳》讀"在亶"二字句,蓋由不解乘有"守"訓,故割之耳。

公曰:"君! 告汝,朕允保奭。其汝克敬以予監于殷喪大否,肆念我天威。予不允惟若兹誥。

趙氏佑曰:"予不允惟若兹誥,金氏屬上爲節,當從之。允、不允對言，予所誠信之人惟汝保奭，能敬助予耳。若非所誠信而徒爲此，不憚煩乎？"案：趙讀勝《傳》，當從之。"其汝克敬以予監于殷喪大否"十二字句。以，與也。見《盤庚》"以民遷"。否讀否卦之否，阨也。肆，長也。《詩·崧高》"其風肆好"，《毛傳》："肆，長也。"我者，猶上文我受命之我。陳氏櫟曰："大臣與國同體，天命天威皆以我負荷之，不敢以不切己視之也。周公呼君，言我告汝，我所誠信不疑者，惟汝保奭。今之時，其惟汝克敬與予監于殷之喪亡大阨，而長念我國家之天威也。予苟非誠信于汝，乃若此誥語不休乎？反覆抑揚，周公之留召公者，意愈親切而深遠矣。"

"予惟曰襄，我二人，汝有合哉？言曰：'在時二人，天休滋至。'惟時二人弗戡。其汝克敬德，明我俊民在讓，後人于丕時。

"予惟曰襄"讀句絶。惟，思也。言曰，人之言也。"在時二人天休滋至"，言天休滋至，在是二人，倒文也。"明我俊民在讓"句，《孔傳》亦讀六字爲句，但解讓爲禮讓，非。"後人于丕時"句。在，察也。讓，推賢也，《國語·晉語》文，又《堯典》"允恭克讓"，鄭注："推賢尚善曰讓。"非辭讓之謂。後人，成王也。見上。于，爰。《爾雅》："爰，越，于也。"于即爰、越。丕，奉也。《漢書·郊祀志》"丕天之大律"，注："丕，奉也。"時，是也。言我常思曰襄贊國家，我二人之責也，汝其有合志哉？人之言曰：天休滋至，在是二人。自我觀之，惟是二人猶弗敢勝當。其惟汝克自敬德，明揚我國家之賢人，察而推舉之，則後王爰奉是而有所法矣。僅我二人尚不足以迎天休，而謂可去其一邪？《傳》解"在讓後人于丕時"，言他日在推遜後人于大盛之時，增字曲説。

"嗚呼！篤棐，時二人，我式克至于今日休。我咸成文王功于不怠，丕冒海隅出日，罔不率俾。"

“篤棐”二字略頓爲句。上言舉賢佐治,此復欵言篤于輔君者是我二人,雖舉賢,猶不可以自釋其責也。我,我國家也。咸,同也。《詩·閟宮》“克咸厥功”鄭箋。成,終也。《國語·周語》:“成,德之終也。”俾,從也。《爾雅》文。王氏引之曰:“俾之言比也,古字通。《大雅》‘克順克比’,《樂記》引作‘俾’。《小雅》‘俾滂沱矣’,《論衡·明雩篇》引作‘比’。”言我國家用克至于今日休美矣。我更欲與汝同終文王之功于不怠,庶以大覆冒乎海隅出日之地而罔不率從也。“丕冒海隅出日”作一句讀。姚氏鼐曰:“作《君奭》時,四方大定,獨商奄居東,尚有未從化者,《多方》所以作也。丕冒海隅出日,義在于此,非第言周居西土,海隅出日相去較遠而已。”

公曰:“予不惠若兹多誥,予惟用閔于天越民。”

“予不惠”者,言予不順汝欲去之意也。《傳》謂“順理”,猶泛。“予惟用閔于天越民”,與篇首“念天威越我民”相應。

公曰:“嗚呼!君!惟乃知民德,亦罔不能厥初,惟其終。祗若兹,往敬用治!”

林氏之奇曰:“凡民之情,一時之從化易,終身之從化難,善于其始,未必保其終也。周公留召公,欲爲圖終之計耳。”

附錄諸家論説

林氏之奇曰:“《無逸》《君奭》皆周公所作,方其爲成王言,則謂商、周之治,無不在其君之憂勤;及其爲召公言,則謂商、周之治,無不在其臣之輔相,言各有所當也。”

又曰:“唐高宗用長孫無忌、褚遂良則治,用許敬宗、李義府則亂;明皇用姚、宋則治,用李林甫、楊國忠則亂。德宗用崔佑甫則治,用盧杞則亂;憲宗用杜黄裳、裴度則治,用皇甫鎛、程異則亂。此數君者中材之主,可與爲善,亦可與爲惡,故一人之身,而治亂前後相反。使成王之初,雖能致至治以繼文武之業,苟不克終,則亦何足道哉? 故周公之留召公也,惟欲謹終如始而已。"

錢氏時曰:"篇首言念天威我民,篇末復言閔天越民,周公分明以天命之絶續、生民之休戚懸于召公之去留。周公聖人也,輔相之事,豈不能身任其責? 而所以倚賴同列者如此。然則後世專權獨運,排塞賢路,以躋天下于亂者,可以監矣。"

呂氏祖謙曰:"成功不可居,洛邑成而周公告歸,召公蓋亦同此心也。已而成王留周公,周公幡然改矣;召公猶守欲退之心也,周公遂力留之。及其既喻,非留于一時,終相成王,且相康王,身任托孤寄命之責而不辭。惟不苟于隨,所以篤于信也。"

又曰:"召公親遭大變,破斧缺斨之時,屈折調護,心勞力瘁,顧以成王未親政,不敢乞身。一旦政柄有歸,浩然去志,固人情之所必至。然思文、武王業之艱難,念成王守成之無助,則召公義未可去也。"

董氏鼎曰:"一書之中,首言憂國之心,非人所知;次言天民可畏,惟人是賴;又次言殷先王與我文、武得人之助。然文王時五人,至武王時四人,今又惟我二人而已。君若求去,豈我一人所能戡哉? 憂之深,是以留之切;留之切,是以言之詳。召公同功一體之人,均有忠君愛國之心者也,安得不油然而感,幡然而留哉!"

郝氏敬曰:"竊觀周公之志,而知聖人天行之健,不息之誠,以天地民物爲心,未嘗遲迴于衰髦之年也。吾當爲之事與夫不可辭之責,一息不容稍懈。吾夫子思夢見周公,《孟子》謂周公思兼三王,坐以待旦,讀《君奭》,始信其然矣。"

姚氏𤪡曰:"周公聖相也,成王蓋嘗疑之,當《金縢》之變,成王雖因風雷之異而悔迎周公,然亦必召公平日有以啓導成王,解釋周公忠蓋之言、豫動之力也。周、召或外治事,或內導君,是以成成周之治。苟召公去,則君德何必不復衰,而天下何必不復亂乎?《易》曰:'勿憂，宜日中。'能持日中者，大聖人之道也。周公于百僚事無足引者，獨引召公。召公既留，于德益廣而天下益治。使不聞周公之言，雖功成名遂身退，亦賢者事乎，然而道則小矣。"

《書傳補商》卷之十四

多　方

惟五月丁亥，王來自奄，至于宗周。

　　"來自奄"，《孔傳》以爲成王親政之明年，奄人再叛，王往伐之而歸。鄭氏康成注此上逸篇《成王政序》，以爲此伐淮夷、踐奄是攝政三年伐管、蔡時事。唐宋諸儒多宗《孔傳》，惟金氏履祥《通鑑前編》載《多方》作于成王五年，《多士》作于七年，承用康成之意，而五年三年又微有不同。迨顧氏炎武始誦言《多方》在《多士》前，其言曰"惟五月丁亥，王來自奄"，而《多士》"王曰昔朕來自奄"，是《多方》當在《多士》之前，後人倒其篇第耳。奄之叛周，是武庚既誅而懼，遂與淮夷並興，而周公東征，乃至于三年之久。《孟子》曰："伐奄三年，討其君是也。既克而成王踐奄，蓋行巡狩之事。"《書序》"成王既踐奄，將遷其君于蒲姑"是也。《孔傳》以爲奄再叛，是拘于篇次先後而强爲之説也。毛氏奇齡曰："周公伐奄有三，一是相武王時伐奄，《孟子》所云'誅紂三年討其君'是也，是時奄助紂爲虐，故伐之。蓋武王時事，而顧氏以周公東征三年當之，謬矣。《孟子》伐奄與誅紂連文，戮飛廉，滅國五十，皆武王誅紂所及，而忽攙成王伐奄于其中，將所云'相武王'、'丕承哉武王烈'皆不可通矣。一是周公攝政初年，奄與淮夷同三監再叛，時又伐奄。《多士》所云‘昔朕來自奄’是也。是時管、蔡以殷叛，而奄與淮夷從之，周公東征，但取四國君而不及其民，故于遷殷時誥多士，備述往時愛民之義以爲言。此述前伐奄，非敘後踐奄也。而顧氏以後此之事移之在前，反謂《多方》《多士》篇第倒亂，則又謬矣。一是周公從成王居洛之後，奄與淮夷又叛，公從成王又伐奄。《書序》所云‘成王踐奄’，《多方》所云‘王來自奄’是也。踐奄即翦奄，按踐、翦古通用。《玉藻》云：“凡有血氣之類弗身踐也”，注：“踐當爲翦。翦，殺也。”《史記》作“殘奄”，殘亦翦也。謂翦滅其國而遷徙其君，其已遷君蒲姑者，正是踐奄事也。而乃以爲踐履之踐，解作巡狩，又謬矣。”今案毛辨甚確，而近日宗鄭學者力祖康成之言，堅鬭傳疏之誤。蒙嘗考之，《史記·周本紀》於作《召誥》《洛誥》《多士》《無逸》之後，始云東伐淮夷，踐奄，遷其君蒲姑，成王自奄歸，在宗周作《多方》，是《多方》之“來自奄”在復政後無疑。《孔傳》既符《書序》，又合馬遷，其可從一也。經云“我惟時其戰要囚之，至于再，至于三”，足爲奄人再叛三叛之證，此雖亦可虛説而實以三叛，不爲牽強，其可從二也。《多方》果在誅武庚時，則經文必與《大誥》彷彿，今絕不言武庚叛逆之事，而辭義一與《多士》相出入，則不得謂此爲誅武庚時可知，其可從三也。且康成之説，宗《大傳》三年踐奄之文也。考《大傳》於《洛誥》云：“周公居攝一年，救亂二年，克殷三年，踐奄四年，建侯衛五年，營成周六年，制禮作樂七年，致政。”其於《成王政》云：“遂踐奄。踐之者，籍之也。籍之謂殺其身，執其家，豬其宫。”是伏生前後兩云踐奄，未必一時，果以爲一時，則編次《大傳》者，前儒言《大傳》是歐陽夏侯等所輯。當列《成王政》于《大誥》《召誥》之前，何以亦序在《多士》《無逸》之後乎？其可從四也。又《大傳》三年踐奄，上文明云周公居攝，是其時伐奄，周公之事，王未嘗往。此經明云“王來自奄”，則非前此周公伐奄可知，其可從五也。又《大傳》於《多方》之後，次以《鮮誓》，《鮮誓》即《費誓》也。《費誓》言徐戎、淮夷並興，此前逸篇《成王政》序云："成王東伐淮夷，遂踐奄。"是《大傳》與《書序》一一脗合，其前所謂三年踐奄者，蓋如《呂氏春秋·古樂篇》所云"成王立，殷民反，王命周公踐伐"之"踐"，注云："踐，往也。"後所謂踐奄乃是翦滅，與前不同，故特解之云云。是《大傳》亦明明以爲二事，其可從六也。又《大傳》云"三年踐奄，五年營成周"，此篇末云"爾乃自時洛邑"，是此來自奄在作洛後，可知不得謂在三年明矣，其可從七也。從鄭則必倒易篇序，從孔則書篇不煩更易，其可從八也。康成之言似不能無誤，然其言曰編篇於此未聞，則亦未遽斷爲篇次顛倒，前儒之慎也。後人必欲祖之，曷一熟復經文而細推《大傳》乎？宗周，以篇終"爾乃自時洛邑"推之，似指成周爲是。《傳》引呂説，得之；孔謂鎬京，非也。

周公曰："王若曰：猷告爾四國多方惟爾殷侯尹民，我惟大降爾命，爾罔不知。

"惟爾"之惟，與也。見《酒誥》"惟亞惟服"。殷侯，與《召誥》"庶殷"之殷同，謂衆侯也。尹，治也。降命，下教令也。見《多士》。《傳》謂"降宥爾命"，降古無宥訓，且下文乃有"不用我降爾命"，解作降宥更不可通。此言周公述王意誥四國多方之民與爾衆侯治民者，我今大下爾等教令，爾應無不知也。

"洪惟圖天之命，弗永寅念于祀，惟帝降格于夏。有夏誕厥逸，不肯戚言于民，乃大淫昏，不克終日勸于帝之迪，乃爾攸聞。

"圖天之命"篇中三見，《傳》訓圖謀、圖度，義皆未安。此疑誤字，不可强解，今聊依《傳》意，釋作僥倖邀求之義。二句《傳》言商奄，辭義鶻突，下文"惟帝降格"云云亦突然而來，無所屬。《傳》謂此上疑有闕文。蒙讀《孔傳》以二句屬夏桀言，以"惟帝降格于夏"緊接爲訓,反覆誦之,孔當是也。王氏充耘曰:"洪惟圖天之命,弗永寅念于祀,與上文不相蒙,而與'以爾多方大淫圖天之命屑有辭'相類,疑即指夏桀,此處必有闕錯,不可强通。"洪惟,發語詞,見《康誥》"爽惟民迪吉康"。先言圖天之命,弗永寅念于祀,後始言明有夏者,倒文也,古人文法高妙多如是。降格,下來也。見《多士》。戚言之言,猶念也。《傳》訓"無憂民之言",嫌迂。終日者,終一日之謂。勤,勉也。本《蔡傳》。迪,道也。本《孔傳》。言昔者夏桀傲倖圖謀天命,不長敬念于社稷祖宗之祀,惟上帝降觀于有夏,災異示警,冀其知改。而有夏大其樂逸,不肯憂念于民,乃復大肆淫昏,求其終一日之内勤勉于天之道而皆不能,此爾等所共聞也。夫周之伐殷,猶殷之伐夏,周公首舉夏亡之所以然者以喻殷民,使知天命,且以喻紂之無道,故特告之曰惟爾攸聞也。

"厥圖帝之命,不克開于民之麗,乃大降罰,崇亂有夏。因甲于内亂,不克靈承于旅,罔丕惟進之恭,洪舒于民。亦惟有夏之民叨懫日欽,劓割夏邑。天惟時求民主,乃大降顯休命于成湯,刑殄有夏。

崇,猶增也。"因甲于内亂",孔氏讀甲爲"夾",謂"桀外不憂民,内不勤德,因甲于二亂之内",義迂文冗。《傳》訓甲爲"始",謂"其所因則始于内亂",解"因"字亦曲。考《疏》引鄭、王,皆以甲爲"狎"。王云:"狎習災異於内,外爲禍亂。"鄭云:"習爲鳥獸之行,於内爲淫亂。"案:鄭、王讀狎是也,甲、狎古通用。《詩·芄蘭》"能不我甲",《毛傳》:"甲,狎也。"《釋文》云:"甲,《韓詩》作狎。"因,重也,義若"又"。内亂猶内禍,指妹喜也。"罔丕惟進之恭洪舒于民",自來解者多牽强。孫氏星衍曰:"罔,無也。丕與不通。進者,《史記·吕不韋傳》云'進用不饒',小顏云:'財也。'《漢書·高帝紀》:'蕭何主進。'注:'進字本作賮。'恭與共通。舒者,《困學紀聞》曰:'古文作荼。'《考工記》注云:'荼,古文舒。'言桀貪,無不以財進奉供職,大爲荼毒于民也。"

案：孫説近是，聊從之。丕、不古通用。詳王氏《經傳釋詞》。恭、共古一字。見《盤庚》"各恭爾事"。舒即荼也。《左傳》魏舒，《史記·魏世家》索隱引《世本》作"荼"。《荀子·大略》"諸侯御荼"，注："荼，古舒字。"又《考工記·弓人》"斸目必荼"，《禮記·玉藻》"諸侯荼"，注皆讀爲舒。薛氏季宣《書古文》作"洪荼于民"，解以大爲民荼毒，此其確證。"叨懫日欽劓割夏邑"，《傳》謂"桀欽崇尊用叨懫之民，戕害其國"，今以文義推之，非是。蓋如《微子》"小民方興，相爲敵仇"之義。叨亦作饕，貪也。《説文》："饕，貪也。又作叨。"懫，《説文》作韢，忿戾也。《説文·至部》引《周書》曰："有夏氏之民叨韢。"較今本多"氏"字。劓割者，殘害之謂。此節蓋申言上文圖天之命云云，而實指其事也。天命不外乎愛民，愛民莫先于任賢。桀之圖天命也，不克開闢于民生之所附麗，乃大降刑罰，日增亂于有夏，又狎習于内嬖之亂，不能善奉于衆。所用以共職者，無不惟財貨是奉，大爲荼毒于民。上有好者下必甚，是以有夏之民亦惟以貪饕忿戾相欽尚，而殘害于夏邑。天於是哀念夏亂，爲民求主，乃大下光顯休美之命于成湯，而使之誅絕有夏也。惟進之供，而云不克善奉于衆者，舉直錯枉，民之公心，惟進之供，是拂民之意也。

"惟天不畀純，乃惟以爾多方之義民，不克永于多享；惟夏之恭多士，大不克明保享于民，乃胥惟虐于民，至于百爲，大不克開。乃惟成湯克以爾多方簡，代夏作民主。"

純，《傳》訓大，謂"天不與桀者大"，增"桀者"成義。其解以爾多方云云，謂桀不能任用義民，所恭敬之多士皆虐民者。夫棄賢任不肖，上文既已言之，如《傳》解，則此似贅文，橫亘上下，不可通。竊嘗反覆誦之，而知此與下文"天惟求爾多方"云云之義相爲對照。純，專也，一也。《國語·周語》"能帥舊德而守終純固"，注："純，專也。"《淮南子·覽冥》"純溫以淪"，注："純，一也。"不畀純，猶言不純畀，謂不專畀于湯也。義民，賢而不得位者。多，大也。《史記·五帝紀》"與爲多焉。"《索隱》:"多猶大也。"又《吕覽·知度》"其患又將反以自多",注:"多,大也。"享,享天命也。多享而曰永者,天擇一人而受以命,必其德可世享,而非僅欲其及身享之也。恭讀曰共。明,勉也。見《洛誥》"明作有功"。保,安。享,養也。惟虐之惟讀曰爲,見《康誥》"惟威惟虐"。"至于百爲,大不克開"者,民無所措手足之意。吕氏祖謙曰:"欲耕害其耕,欲賈害其賈,四向皆窮,無一能達也。""克以爾多方簡",以,使也。見《康誥》"裕乃以民寧"。簡,即"居敬行簡"之簡,清静安逸之義。周公承上文"天降顯休命于成湯"而言,天之意不專畀于一人也,蓋亦嘗眷顧于爾在下之義民及在職之多士。乃惟以爾多方之義民德不足以承天,不能永遠大享天命,故不之畀;惟夏之供職多士,則更大不能黽勉安養于民,乃相與爲虐于民,使民四向皆窮,凡百所爲,皆不能達,此尤不可畀者。乃惟成湯其德能使爾多方清静安逸,故使之代夏作民主也。兩"乃惟"字,兩"不克"一"克"字,緊相呼應,如此推説,乃見天命之公。天之亡夏也,以桀之虐民;天之畀湯也,以義民多士不克承受之故。天非有惡于夏也,桀不得不刑殄也;天非有私于湯也,乃舍湯無可畀也。天今之喪殷畀周,亦若是也。故下文有"五年須暇求爾多方"云云。

　　"慎厥麗,乃勸;厥民刑,用勸。以至于帝乙,罔不明德慎罰,亦克用勸。要囚殄戮多罪,亦克用勸。開釋無辜,亦克用勸。今至于爾辟,弗克以爾多方享天之命。

　　此承上湯得天下而遂述其服民之大端,並及後王之服民者,而歎紂之不能,以失天下也。麗,即前所云"民之麗"、"慎厥麗"者,敬其養民之道而無敢忽也。《傳》訓"仁者君之所依,深謹其所依,以勸勉其民",反覺增衍。"厥民刑用勸"與上句對文,《傳》謂"民皆儀型而用勸勉",承上句説,非是。蓋民得所養,固克用勸;刑當其罪,亦足勸民。桀之失天命也,不克開民之麗,降罰崇亂;湯之慎麗明刑,乃所以

享天命也。湯德多端，此特就其反乎桀者言之，明德慎罰，湯後諸賢
王所以得民而享天命之本。"要囚"云云，特就慎罰中抽出言之。呂
氏祖謙曰："赦而民勸猶可也。刑而民亦勸，則有默行于刑赦之閒者
矣。每語結之以勸者，天下非可驅以智力、束以法制，惟勸化其民，使
常有欣欣不自已之意，乃維持長久之道也。"王氏樵曰："要囚之中，有
情罪已當，當刑戮者；有原情可恕，當開釋者。戮之不當，則良民懼而
戮，不足以爲勸，非慎罰也。釋之不當，則姦人幸而釋，不足以爲勸，
非慎罰也。商王之刑戮、開釋皆克用勸焉，慎罰如此，則其明德以爲
之本者，又可知矣。"爾辟，謂紂也。紂之時，民則猶是，而天命已非，
由不明德慎罰之故也。以，讀如"臧武仲以防"之以，言雖有多方之可
據，而弗克享天命也。《傳》引呂説，宜玩之。

　　"嗚呼！"王若曰："誥告爾多方，非天庸釋有夏，非天庸
釋有殷，乃惟爾辟以爾多方大淫，圖天之命，屑有辭。乃惟
有夏圖厥政，不集于享，天降時喪，有邦間之。乃惟爾商後
王逸厥逸，圖厥政，不蠲烝天，惟降時喪。

　　庸釋，輕易舍置也。見《君奭》。《傳》訓庸爲"用心"，非是。"爾
辟"兼指夏殷之君，"爾多方"亦泛指夏殷之多方言，猶上文多方義
民，指叟言，亦稱爾也。《傳》指紂説，於下文"乃惟有夏"，"乃惟爾商
後王"隔閡重複矣。"以爾多方大淫"，當依《孔傳》讀句。屑，楊倞注
《荀子》云："雜碎衆多之義。"屑有辭者，言罪狀雜碎，衆多可數，猶所
謂嘖有煩言也。呂氏祖謙曰："惡之播于人口者謂之辭，方惡之未熟也，大者
則傳道之，瑣屑者猶未暇舉焉。其惡既熟，則民不堪其虐，無復避諱，雖瑣屑之
惡極口歷數，一一有辭，所謂屑有辭也。""不集于享"，《傳》謂"不集于享而
集于亡"，義曲而未安。竊謂集，和也。《史記·康叔世家》"爲武庚未

集",《索隱》:"集,和也。"《漢書·荆燕吳傳》①贊"天下未集"注同。享,祀也。不集于祀,謂凶德爲神明之所棄也。"逸厥逸",吕氏祖謙曰:"言紂于桀之淫泆又加其逸,所謂罪浮于桀也。"案:吕説較《傳》似優,今從之。爝烝,孔訓"絜進于善",增"善"成説。《傳》訓"不爝絜而穢惡,不烝進而怠惰",析字增義,亦迂。《釋文》引馬融曰:"烝,升也。"今取其義,讀"不爝烝天"句,即腥聞于天也。烝天,猶登天、滔天、稽天之類。周公先歎息而後宣布王意曰:誥告爾多方,天之亡夏也,非天輕舍夫有夏;天之亡殷也,非天輕舍夫有殷,乃惟爾夏、殷之君,恃有爾多方之衆,大肆淫泆,圖謀天命,而罪狀雜碎衆多可數也。夏、殷之罪何如?乃惟有夏其謀政也,爲鬼神之所怒,不能和集于享祀,故天降是喪亡,而命有邦之諸侯代之。乃惟爾商後王更過夏桀之逸,其圖政也,腥薉不絜升聞于天,故天乃降是喪亡,豈天之庸釋之哉?夫夏殷之罪多矣,而此獨言不集于享,不爝烝天,何哉?古者帝王之德,順乎人而應乎天,黍稷非馨,明德惟馨,爲君者非至德不能格于皇天,非至惡亦不致聞于上帝也,一舉此而衆惡該之矣。

　　"惟聖罔念作狂,惟狂克念作聖,天惟五年須暇之,子孫誕作民主,罔可念聽。天惟求爾多方,大動以威,開厥顧天,惟爾多方罔堪顧之。惟我周王靈承于旅,克堪用德,惟典神天。天惟式教我用休,簡畀殷命,尹爾多方。

　　此節《傳》分三節,不如合之爲一,文義易明。錢氏時曰:"天非迫遽亡商而興周,須待子孫而罔可,求爾多方而罔堪,然後乃畀我周王者如此,罔可罔堪,與克堪字相應。"五年,孔謂武王服喪三年,還師二年。孔氏穎達釋之曰:"文王受命九年而崩,按《無逸》文王享國五十年,此言九年者,謂受西伯之命也。其年武王嗣立,服喪三年,未得征伐。十一年服闋,乃觀

---

① "荆燕"《書傳補商》原作"燕荆",據《漢書》改。

兵于孟津，十三年方始殺紂。從九年至十三年，是五也。"此與鄭云八年至十三年者大同小異。孔謂文王受命九年，即從其年數至伐紂之歲，爲跨五年。鄭據伏生《大傳》"文王受命七年而崩"，從次年數至伐紂之歲爲匝五年。牽合歲月，《傳》斥之，良是。林氏之奇曰："武王未克紂之前五年，以紂之罪惡爲可伐，而欲冀其改過，故須暇之。"此據經文空言五年，較穿鑿者爲善。呂氏祖謙曰："周公知天未遽絶紂，可也，何所見而能數其年？我之未忍民之未厭，斯則天也。聖與天爲一，動静久速極于著察，故明數其年，謂之五焉。此蓋武王、周公之所獨知，説者乃牽合歲月，亦外矣。"暇讀曰假，孫氏星衍曰："須，待也。"暇，鄭康成本作"夏"。《詩·皇矣》疏引鄭此經注云："夏之言假，天覬紂能改，故待暇其終至五年，復傳子孫。五年者，文王八年至十三年也。"案：假與夏通。《大傳》云："夏者假也，又與暇通。"《方言》云："秦晉之閒凡物壯大而愛偉之，謂之夏。周鄭之閒謂之暇。"《隸釋》成陽靈臺碑"日稷不夏"，即日昃不暇也。子孫，舊解俱指紂説，《孔傳》增其文曰湯之子孫。竊疑此承上商後王爲言，非承成湯帝乙説，下不得硬加湯字。《詩·武》疏引此經作"天惟五年須暇湯之子孫"，蓋據《孔傳》意加湯字，非必經文本有。蒙意"天惟五年須暇之"句，"子孫誕作民主"句。誕，助詞。言天惟五年須待寬假之，冀其改過，子孫猶作民主也。康成云："欲復傳子孫，蓋亦讀子孫下屬。"大動以威，《傳》謂祆祥，蓋《墨子·非攻篇》所云夜中十日、雨土、雨肉、九鼎遷止、鬼宵吟、女爲男之類，皆實事也。"顧天"，舊訓受天眷顧之命，嫌曲。竊謂顧，仰視之意，顧天謂仰承大意者。"罔堪顧之"，罔能仰承天也。"天惟式教我用休"者，式，用也。教，猶告也。用，以也。休者，赤烏、白魚、夢卜之類。言天乃用告我以休徵之事，舊解均未得經義。簡，大也。見上"乃以爾多方簡"，《孔傳》。周公言今者天既降喪于商矣，而其未喪之先，天意可念也。聖狂只爭一念，紂固狂也，未必無克念之理，天于是猶五年須待寬假之，冀其改過，子孫猶作民主。而紂乃怗惡不悛，無可動天念聽者，天于是求之于爾多方，大動以災異之威，示將滅殷，以開啓爾多方之仰承天意者，乃爾多方竟無能仰承之人。惟我周王善承于衆，克堪用德，可以爲神天之主，天乃用告我以休祥之事，大以殷命而正爾多方也。夫五年之前，紂已當滅而天猶須暇之，至不能改而又求之多方，至多方無一能顧天者，乃始屬意我周。我周雖有德，猶不敢自謂得天也，必待天之告以休祥，乃敢受命。天之遲迴以畀我周、我周之慎重以承天命如此。天豈猶有興殷之意哉？爾多方豈猶有能當天命者哉？爾多方欲不臣服于我周，獨不念天命哉？周公之所以誥多方者，詳矣切矣。

"今我曷敢多誥，我惟大降爾四國民命。爾曷不忱裕之于爾多方？爾曷不夾介乂我周王享天之命？今爾尚宅爾宅，畋爾田，爾曷不惠王熙天之命？爾乃迪屢不静，爾心未愛。爾乃不大宅天命，爾乃屑播天命，爾乃自作不典，圖忱于正。我惟時其教告之，我惟時其戰要囚之，至于再，至于三。乃有不用我降爾命，我乃其大罰殛之！非我有周奉德不康寧，乃惟爾自速辜！"

此于《多方》之中，專告四國叛民，責其已往而警其將來也。自篇首至"尹爾多方"，皆統告諸侯衆士；兹則將責四國之民，故曰"今我曷敢多誥，我惟大降爾四國民命也"。"四國民"三字連讀，《傳》訓降爲宥，蓋誤讀民命二字。"爾曷不"以下，追數四國從叛之罪。忱，誠也。裕，道也，開道之義。《方言》："裕，道也。"又《廣雅》亦訓道。《廣雅》與廸同訓，廸者開道之義。則裕訓道德，亦可訓開道，猶迪訓開道，又訓道義也。夾者，左右之義。《儀禮·既夕》"圉人夾牽之"，注："在左右曰夾。"介亦夾也。《史記·十二諸侯年表》"楚介江淮"，注："介，夾也。"又讀曰艾，相也。見《君奭》。熙，說也。古熙、怡、熙、禧通用，怡、熙皆有喜悦意。《堯典》"庶績咸熙"，《膠東令王君碑》①作"咸喜"。"迪屢不静爾心未愛"，即《康誥》"今惟命不静，未戾厥心，迪屢未同"之謂。宅讀曰度，見《大誥》。"圖忱于正"，《傳》義未明。陳氏大猷曰："自作不典，亂綱常之事，苟欲人信以爲正。蓋四國從殷以求興復，自以爲正義也。"教告，文書詔令之類。戰要囚，謂戰而要囚之也。要者，要截之謂。囚，係也。有讀曰又，見《大誥》。我降爾命，謂今日所降之命令也。速，召也。《爾雅·釋言》："速，徵也。徵，召也。"是徵、速同訓召。周公言我今曷敢多有所告，我惟大下教命于爾四國之民，爾四國之民何不誠信開道于爾多方乎？何不左右相我周王享天之命乎？我周滅商之後，絶不加罪爾等，爾皆得居爾宅，耕爾田，爾等當知恩意，何不順我周王而悦天之命乎？爾乃屢受開迪而猶不安，爾乃心未愛慕于我，爾乃不大圖度天命，爾乃輕播天命，爾乃自作叛逆不法之事，而猶欲以興復大義謀見信于正人君子。我是以時教告之，我是以時戰而要囚之，業已至于再矣，業已至于三矣。使此後乃又不用我降爾命，則我乃其大罰之殛之。非我有周奉德不安静也，乃惟爾等自召罪戾耳。此節文義，宜急讀乃明，而反覆開導，惻怛纏綿，不覺其言之冗矣。

王曰："嗚呼猷！告爾有方多士暨殷多士，今爾奔走臣我監五祀。越惟有胥伯小大多正，爾罔不克臬。自作不和，爾惟和哉！爾室不睦，爾惟和哉！爾邑克明，爾惟克勤乃事。爾尚不忌于凶德，亦則以穆穆在乃位，克閲于乃邑謀介。爾乃自時洛邑，尚永力畋爾田，天惟畀矜爾，我有周惟其大介賚爾，迪簡在王庭。尚爾事，有服在大寮。"

此勸勉有方多士與殷多士也。嗚呼猷者，猶嗟嗞乎、噫吁嚱，重歎詞也。"臣我監五祀"，實不可考。孔謂成周時立有監遷民之官，五

<hr>

① 《書傳補商》此處脱"君"字，據《漢碑隸釋》補。

年無過則遷本土，此爲謬論。《傳》謂商民已遷洛五年，此執吳才老遷殷在洛前之論，不可從。夏氏僎曰："爾多士自周公東征之後奔走臣服于我，所立之監今已五年矣。蓋周公攝政首年東征，東征三年而歸，周公攝政凡七年。自三年東方之亂既定，今是成王即政之明年，是五年也。"案：夏説近是，錢時、薛季宣俱同此意。然亦虛揣臆説。此五祀與前須暇五年，當時必實有其數，今不可考矣。越惟，發語辭，與爽惟、誕惟、迪惟、洪惟同。梟，法也。《孔傳》如此。和者，順于道也。和自作，教之修身也；和爾室，教之齊家也；明爾邑，教之治國也。"尚爾事"之尚，猶努力也。《公羊·襄二十九年傳》"尚速有悔于余身"，注："尚，猶努力也。"又《楚辭》"子尚良食"，注："尚，強也。"強亦努力之意。周公歎呼，爾有方多士及殷多士，今爾奔走臣服于我監已五年矣。凡所有爲胥爲伯小大衆多之正，爾當無不克用法。自有作爲，不順于道，爾其求順之哉！爾之家室有所不睦，亦不順于道之故也，爾其使順之哉！爾邑中大綱小紀粲然明備，爾乃可謂克勤乃事也。爾庶幾不畏于頑民，頑民之不從化，多士侣之。今乃云爾尚不畏云者，忠厚之言，予以自新之路、可轉之機也。亦則以和敬在位，又能簡閲于爾邑，謀求介助。爾乃由是洛邑，庶幾長勤力治爾之田，天乃許爾憐爾，我有周乃其大喜賜于爾，用簡擇升在王庭。簡在王庭，對洛邑而言也。果能努力爾事，則更將大用，使有服在大僚矣。呂氏祖謙曰："《多士》序商民之怨周，曰夏迪云云，則以大義裁之。此乃以迪簡云云爲勸，何也？爵位上之所命，非下之可干，自其怨望而許之，姑息之政也。示以好惡而勸之，磨礪之具也。"畋爾田，或疑似對民言，非告多士。不知古者田皆公家所有，民自無田，惟大夫、士乃有田以供祭祀，《楚茨》詩咏公卿力于農事、以奉祭祀是也。

王曰："嗚呼！多士，爾不克勸忱我命，爾亦則惟不克享，凡民惟曰不享。爾乃惟逸惟頗，大遠王命，則惟爾多方探天之威，我則致天之罰，離逖爾土。"

上文勸之以爵，此則戒之以威也。享，享位也。凡民惟曰不享，見非一人之私也。《傳》謂"爾亦則惟不能享上，凡民亦惟曰上不必享"，與上下文不甚洽。"爾乃"之乃，猶若也。見《盤庚》。"惟逸惟頗"之惟，讀曰爲。見《康誥》。告多士，爾不能勉信我之教命，爾亦則惟不能享有禄位，凡民亦皆將曰汝不宜享禄位也。爾若更爲放逸之事，偏頗之行，大絶遠于王命，則是爾多士自取天之威怒，我則致天之罰，而分離奪取爾土矣。不勸忧，則禄位莫保，猶不致離逖爾土也；大遠王命，則不惟不克享矣。此立言輕重之序也。

王曰："我不惟多誥，我惟祗告爾命。"

前言"不惟多誥"對下"四國民"言，猶言不廣誥也。此言"不惟多誥"，篇終辭盡，且對下"祗告爾命"，猶言不復多語也。義各有當，解經者拘執一説，而兩處皆不可通矣。"祗告爾命"，祗告爾以天命也，承上文天惟畀矜、天威天罰而言。《傳》訓"敬告爾以上文勸勉之命"，不如訓天命之捷也。

又曰："時惟爾初，不克敬于和，則無我怨。"

敬于和，敬與和也，即上文穆穆之意，與《康誥》"德之説于罰之行"同。孔氏廣森曰："凡事有兩端，云某及某者，行文之常也。《儀禮》多以及爲'若'，如'羃用綌若錫'之類。《左傳》或以'之'爲及，如'皇父之二子'、'封父之繁弱'之類。《書》則用'于'，用'越'。敬于和，猶言敬與和也。《君奭》'天越民'，亦言天與民也。越猶于也。"

附録諸家論説

蘇氏軾曰："《大誥》《康誥》《酒誥》《梓材》《召誥》《洛誥》《多士》《多方》八篇，雖所誥不一，然大略以殷人心不服周而作也。予讀《泰誓》《武成》，常怪周取殷之易；及讀此八篇，又怪周安殷之難也。《多方》所告不止殷人，乃及四方之士，是紛紛不心服者，非獨殷人也。

予乃今知湯已下七王之德深矣。方殷之虐，人如在膏火中，歸周如流，不暇念先王之德。及天下初定，人自膏火中出，即念殷先王七王如父母，雖以武王、周公之聖相繼輔之，而莫能禦也。夫以西漢道德比之殷，猶碔砆之與美玉，然王莽、公孫述、隗囂之流，終不能使人忘漢，光武成功若建瓴。然使周無周公，則亦殆矣，此周公之所以畏而不敢去也。"

張氏九成曰："遺民不忍忘商，至于同武庚叛，又同奄叛，周公于此，何不用長平之誅，行亡秦之法，而區區恃誥戒以感動之？煩詞疊語，諄諄切切，如哲父慈母之訓子孫，何其迂闊也！自後世觀之，疑若不快人意者。夫快意乃秦皇、漢武所爲，而不快意乃先王所以爲忠厚之道也。學者觀先王之道，毋于快意中求，而自不快意中求之，則思過半矣。"

薛氏季宣曰："商人化于紂之威虐已深，周公寬而教之，優而柔之。不驀以威而勤于教，懷柔其德性，蓋久而後服之也。民遷善而遂誠服，迄致刑措之美，聖人移風易俗，寧求一切之近功乎？孔子謂必世後仁，又曰五誥可以觀仁，至矣。"

呂氏祖謙曰："自《大誥》訖于《多方》，所以經理殷民者，何其勞也！武王崩，成王幼，管、蔡造禍，以喜亂之徒，因思舊之情，乘内亂之隙，三者參會，故其爲釁，鴟張蟠結而不可解，是固周之不造，實則天之大扶持保佑有周者也。人之稚齒，百疾先見，則必過加調護，凡伐性傷生者，一切不敢萌，所以培固真源、克登上壽者，少年多疾之力也。成周八百年之基業，可于此占之。"

又曰："《多方》與《多士》辭指相出入，《多士》既遷殷民而獨告新民者也，故其辭略；《多方》既踐奄而徧誥庶邦者也，故其辭詳。"

又曰："《多方》之誥，主于殷民而徧誥四方，何也？當時驅扇者廣，今雖平殄，然餘邪遺疾，猶或在人肺腑，恐其有時而發也。于是渙汗大號，歷敘天命之公，古今之變，征誅安集之本末，俾四國多方咸與聞之，大破其疑而深絶其根者，蓋在於是。兵寢刑措者四十餘年，其亦訓誥之助歟！”

又曰：“後世以刑賞爲伯政，非王者之事。觀周公之待多方，先之以介賚之賞，後之以離逖之刑，申勑明著，炳如丹青，豈亦伯者之事乎？曰：周公之所介賚，天之所畀矜也；周公之所離逖，天之所罰也，周公何與於其閒哉？其視伯者區區信必邀民以利、驅民以善者，大不侔矣。然則王者之賞罰，天也；伯者之賞罰，人也。”

《書傳補商》卷之十五

立　政

周公若曰:"拜手稽首,告嗣天子王矣。"用咸戒于王曰:"王左右常伯、常任、準人、綴衣、虎賁。"周公曰:"嗚呼! 休茲知恤,鮮哉!

吕氏祖謙曰:"常伯、常任、準人,議政而在左右者也;綴衣、虎賁,供役而在左右者也。尊卑雖有閒,然職重者有安危之倚,職親者有習染之移,其繫天下之本,一也。常伯、常任、準人,即下所謂三宅之事,以文意考之,知其任大體重,然于三代之書無所見。意者公卿輔相之别名,如相謂之阿衡、保衡,卿謂之圻父、農父歟? 綴衣、虎賁特于侍御僕從之中,錯舉二者,以見其餘耳。先言休茲而繼以知恤者,必知建官制置之美意,然後深以爲恤也。常伯、常任、準人豈高位重禄而已乎? 彌綸康濟,其職蓋甚休也。綴衣、虎賁豈奔走承順已乎? 薰陶移養,其職蓋甚休也。"案:吕意甚善,足補《傳》義之未備。恤,憂也,如堯以不得舜爲己憂,舜以不得禹、皋陶爲己憂之類。

"古之人迪惟有夏,乃有室大競,籲俊尊上帝,迪知忱恂于九德之行,乃敢告教厥后曰:拜手稽首后矣。曰:宅乃事,宅乃牧,宅乃準,茲惟后矣。謀面用丕訓德,則乃宅人。茲

乃三宅無義民，桀德惟乃弗作往任，是惟暴德，罔後。

自此以下，周公歷舉知恤者以告成王也。此節先言夏后氏之興亡，以知恤不知恤之故。迪，詞也，《傳》訓"蹈"，非。"有室大競"，《傳》謂"當王室大強之時，求賢以爲事天之實"，義非不通，第求賢豈必待大強之時乎？林氏之奇謂："王室之所以大強，乃在于求賢俊以尊事上帝。"于義爲合。"迪知忱恂于九德之行"，《傳》屬臣自知九德言，呂氏祖謙屬君言，説皆可通而皆未盡合。竊謂"迪知"宜屬臣，"忱恂于九德之行"宜屬君，謂臣真知其君誠信于九德之行，乃敢舉所知以告教其后也。"宅乃事、宅乃牧、宅乃準，兹惟后矣"者，言若者可使宅事，若者可使宅牧，若者可使宅準，惟后有以宅之也。"謀面"、"無義民"解者不一，皆未能確然得其真。《傳》言："若非迪知忱信九德而徒謀之面貌，用以爲大順德，宅而任之，則三宅之人豈復有賢者乎？"解"謀面"，迂曲傅會。呂氏祖謙謂："謀以博詢之，面以親驗之，用其大順于德者，如是乃可謂宅人也。"割"兹乃三宅"句屬下"桀德"讀，其解"謀面"亦迂。而"兹乃"似承上之詞，不可割讀。錢氏時謂："面見而詢謀之，用能大順于德，則乃始宅其人焉。此乃三宅，非細事也，豈可無義民乎？"亦曲而義強。此外説者，更無可取。惟吳氏澄訓"面"爲向，解"謀向用大順德之人"，于義爲順，而"三宅無義民"，則依呂氏割屬下讀。黃氏度《書説》亦然。蒙謂此處必有譌誤，不可強解，今聊依吳氏爲説。兹乃，助詞，猶迪惟、洪惟，不作承上之意。弗作之"作"，用也。《易・離》"明兩作"，《釋文》引荀注："作，用也。"《周禮》"羅氏蜡則作羅襦"，注同。《左氏・成八年傳》"遐不作人"，注亦訓"用"。周公言，古之人惟有夏之君，其有王室，所以大強者，由于呼求賢者以尊事上帝，故其臣知君誠信于九德之行，皆以薦揚爲心，乃敢告教其君曰：拜手稽首后矣。曰若之才可宅乃事，若之才可宅乃牧，若之才可宅乃準，是惟后有以宅之矣。將言宅事、宅牧、宅準，而先言拜手稽首后矣者,致敬以尊禮其君者也。數句宜一氣讀,乃見史臣文法之妙。蓋以謀向用大順德之人,則乃所以宅人之道也。其後乃三宅無義民,則以桀之惡德,弗用往昔先王所任之人,惟暴德之人是任,故喪亡罔後也。夏之所以興亡,由于知恤、不知恤者如此。

　　"亦越成湯陟,丕釐上帝之耿命,乃用三有宅,克即宅;曰三有俊,克即俊。嚴惟丕式,克用三宅三俊,其在商邑,用協于厥邑;其在四方,用丕式見德。嗚呼!其在受德暋,惟羞刑暴德之人,同于厥邦;乃惟庶習逸德之人,同于厥政。帝欽罰之,乃伻我有夏,式商受命,奄甸萬姓。

　　此節言商家之興亡,由于知恤不知恤也。越,猶及也。陟,升也,即汝陟帝位之陟,讀屬上爲句。釐,飭正也。《堯典》"允釐百工",《史記》作"信飭百官"。"釐降二女于嬀汭",《史記》作"飭下二女于嬀汭。"耿,明也。《楚詞》注。耿命,明命也。乃,猶其也。見《盤庚》。二"有"字,助詞。見《盤庚》"不適有居"。三宅,即上文事、牧、準也。三俊,《傳》謂有常伯、常任、準人之才者,其説始于王氏安石。今案:三俊疑亦當時官名,下文三宅三俊皆對言,未必三宅爲官,三俊爲空言才德。然于《傳》無據,聊從宋儒之説可耳。吕氏祖謙曰:"三俊,説者皆謂他日次補三宅者,漢高儲參、陵、平、勃于身後,迄定再世之亂;孔明儲琬、褘、允、維于身後,亦維持數十年。況三代爲天下長慮,固宜儲三俊以繼三宅也。"曰,讀同越,《爾雅》:"粵,曰也。"《漢書·揚雄傳》"盛哉鑠乎,越不可載已",注:"越,曰也。"案古粤、越、曰三字通,粤、越訓"于",曰亦訓"于",見《詩·園有桃》鄭箋。又《君奭》"越我民罔尤違",亦或作"曰"。及也。見德,顯德也。古顯、見字通,《漢書》注最多。羞刑,《傳》訓"進任刑戮"。王氏引之曰:"刑暴德與下文習逸德正相對。《爾雅》:'刑,法也。'刑暴德,謂效法暴德者,其意蓋以暴德逸德皆指紂言。刑之習之者,皆從紂爲惡者也。"較《傳》似捷,今從之。"式商受命",《傳》訓"用商所受之命",增"所"

成義。竊謂式，法也，言法商家受天命也。奄，撫也。《詩·韓奕》"奄受北國"，《毛傳》："奄，撫也。"周公言桀以無道罔後，亦越成湯升帝位，大齎正上天之明命，其用三宅，實能就是位而不曠職；及所用三俊，實能就是德而無虛名。蓋湯惟敬思乎賢，大法乎賢，實能用此三宅三俊，故其在商邑，商邑用以和協；其在四方，四方用以大法其顯德。迨至于受，其德强暴，不用賢良，惟進效法暴德之人同于厥邦，以行虐于外；惟衆學習逸德之人同于厥政，以耽樂于內。故帝大罰之，乃使我周有此中夏，法商先王之受天命以撫治萬姓也。商之所以興亡，又由于知恤不知恤如此。

　　"亦越文王、武王，克知三有宅心，灼見三有俊心，以敬事上帝，立民長伯。立政：任人、準夫、牧作三事；虎賁、綴衣、趣馬、小尹、左右攜僕、百司庶府；大都、小伯、藝人、表臣百司、太史、尹伯、庶常吉士；司徒、司馬、司空、亞旅；夷微、盧烝、三亳阪尹。文王惟克厥宅心，乃克立兹常事司牧人，以克俊有德。文王罔攸兼于庶言；庶獄庶慎，惟有司之牧夫是訓用違；庶獄庶慎，文王罔敢知于兹。亦越武王，率惟敉功，不敢替厥義德，率惟謀，從容德，以竝受此丕丕基。

　　此言文武之知恤，以有天下也。"庶常吉士"，通言上下之官，古人文法參差高妙如是。微、盧，蓋夷國之內屬者。烝，衆也，《傳》云"或以爲夷名"，此呂氏之説，于《傳》無據。三亳，《傳》謂蒙、穀熟、偃師三地；鄭氏康成則謂湯舊都之民服文王者，分爲三邑。阪尹，鄭謂即三亳之尹，以居險，故曰阪尹；《傳》謂"險危之地，封疆之守"；姚氏鼐又以爲商阪之塞，謂文王時日闢國百里，東及三亳，南及商阪之塞，命關尹以守邊徼；趙氏佑又以爲秦隴多阪，由岐、豐而言，三亳其東界阪，其西界皆郊圻，封守所當慎者，故設尹治之。今皆不能臆斷，但以

理揣之，三亳當以鄭説爲長，阪尹以《傳》泛言險阻之地爲是。尹字則
總承上“夷微盧三亳阪”説，言夷微、盧之衆及三亳之地與夫凡阪險之
地爲之尹者，無不得其人也。王氏樵曰：“武王伐商，微、盧嘗從焉，爲之置
尹，如漢爲西域置都護之比，不必邊裔，如陝之崤函、趙之井陘、鄭之虎牢，皆參
錯于五服之間者。”“克厥宅心”之厥，句中語助，見《梓材》《召誥》《多士》諸
篇。“克宅心”，能安其心也。真氏德秀曰：“文王之宅厥心，即大禹之
安汝止也。心猶水然，撓而濁之，不見山嶽；淵澄弗動，毛髮燭焉。惟
至公可以見天下之私，惟至正可以見天下之邪，惟至静可以見天下之
動。文王之用人所以皆適其當者，由其能宅心之故也。”《傳》謂“能
其三宅之心”，增文而義亦不明。“常事司牧人”，《傳》以爲即常任、
常伯，非也。孫氏星衍曰：“常事司牧人，撮括上文之官。”案：孫説是
也。司牧人，猶言司牧之官，牧人與準夫、任人並言則爲三宅，單言則
祇是牧民之官，如《吕刑》所謂天牧，《孟子》所謂人牧，後世所稱牧令
而已。下文兩“有司之牧夫”，解者必以三宅申之、牧夫當之，非是。以，用也。
“有司之牧夫”五字連讀。“義德”“容德”與上文紂用“暴德”“習德”
正相反對。王氏樵曰：“自其以武定天下謂之功，文王之功盛矣，而輔之者義德
之臣也。武王率循而不替焉，蓋其爽邦劉敵之臣，即戡黎伐崇之彥也。自其以
文德經天下謂之謀，文王之謀大矣，而輔之者容德之臣也。武王率循而不違焉，
蓋其稽謀自天之耇，即秉德迪知之賢也。”“竝受丕基”者，言父子相繼而後
克受之也。周公既言夏商之知恤，遂言及我文王、武王克知三宅之
心，灼見三俊之心，上稱天心，下合民心。其立政也，大而任人、準夫、
牧之三事，錢氏時曰：“以德言之曰三俊，以居言之曰三宅，以職言之曰三事。”
小而近習之臣，近而都邑之官，遠而諸侯之佐，又遠而王官監于四夷
及先王舊都與險阻之地者，莫非常德吉士。所以然者，由文王克自宅
其心，明無不照，智無不周，故能立此常事司牧之官，而用能俊有德
者。文王既用之，斯專任之，故罔攸兼于衆官之號令。衆臣之訟獄，
衆臣之禁戒儲備，惟司其事之牧夫訓勅其用命與違命而已。庶獄庶

慎，文王若罔敢知于兹也。及乎武王，循思文王安撫之功，不敢廢其
所用義德之士；循思文王之謀議，而必從其容德之臣，故父子相繼竝
受丕丕之基也。文、武之以知恤而有天下又如此。

　　"嗚呼！孺子王矣！繼自今我其立政，立事、準人、牧夫，
我其克灼知厥若，丕乃俾亂，相我受民，和我庶獄庶慎，時則
勿有間之。自一話一言，我則末惟成德之彥，以乂我受民。

　　此下戒成王宜知恤也。"孺子王"，《傳》及諸家皆以"孺子今已
爲王"爲說。竊謂"孺子王"連讀，矣字助詞，不爲義，以下文"咸告孺
子王"推之便見。"我其立政"，趙氏佑曰："當讀句絶，與前之'立
政'，後'亦越我周文王立政'、'繼自今立政'句法一例。立事，則指
常任，即所云宅乃事也。常任曰立事，亦曰任人；常伯曰牧，亦曰牧
人、牧夫；準人亦曰準夫。皆經之變文，非有他義。"案：趙說是也。
宋、元、明諸儒亦多讀"立政"絶句，以立事、準人、牧夫爲三宅，《傳》
意似以立政、立事連讀。以理推之，立政爲一篇之綱，篇中多單提獨
舉，此處以立事屬上讀，則于立政既爲贅文，而三宅又缺其一，不如從
趙說爲優。其，猶之也。見《盤庚》"不其或稽"。若，善也，《釋詁》
文。《傳》訓順，以"察其所安"解之，于理雖精，而于義爲曲。"丕乃俾亂"
者，乃使治事也，《傳》訓"使展布四體以爲治"，殊爲迂緩。和者，均
平調劑之謂。"勿有間之"，而繼以"一話一言"云云者，王氏樵曰：
"人知間之者小人也，而不知間生于我；間生于我，而後人得而入之。
人主之于賢者，雖尊禮委任未衰，而意向有不合，厭怠有其萌，皆間之
所由生也。苟議論之間微有向背，一出話一出言，不終于專主君子，
則小人乘間入之矣。周公既歷舉夏、商先王及文、武之知恤，遂歎呼
孺子王，繼自今我國家立政，于三宅之職，我必能灼知其善，乃使治
事，輔我受民，以調和我之庶獄庶慎，是則宜專以信任，勿使小人間
之。蓋自一話一言之間，我必終思成德之彥，以治我所受之民。夫一

言一話,終思成德,則小人之閒無自生矣。始也知之明而用無不當,既也信之篤而職無不專,終也思之深而任無不久,人君待賢如是,盡矣!"

"嗚呼! 予旦已受人之徽言咸告孺子王矣。繼自今文子文孫,其勿誤于庶獄庶慎,惟正是乂之。自古商人亦越我周文王立政,立事、牧夫、準人,則克宅之,克由繹之,兹乃俾乂。國則罔有立政用憸人,不訓于德,是罔顯在厥世。繼自今立政,其勿以憸人,其惟吉士,用勱相我國家。今文子文孫孺子王矣,其勿誤于庶獄,惟有司之牧夫。

此節辭意與前文多複,推玩經意,以上蓋周公述人言以告王,言本周公而云受人者,蓋一人言之,不如衆人言之爲可聽,故託言受群臣意也。以下乃周公覆述前言,以申丁寧之意也。"文子文孫",猶言文、武之賢子孫也,《傳》謂"武王之文子、文王之文孫",似拘。"勿誤于庶獄庶慎,惟正是乂"云者,教以法文王任賢之專也。"自古商人"至"用勱相國家"云者,言法文王之專任,必先法商人,文王之于三宅克宅由繹,而使國無憸人也。今文子文孫云云者,言既有吉士,則一委之有司而已。反復誥誡,其詞愈複而其意愈殷矣。"亦越我周文王立政"讀句絕,"國則罔有立政"三句緊承上文讀下,義自明。《傳》分二節,失之。庶獄、庶慎、庶言三者或舉其二,或舉其一,史文有詳略之異也。蔡氏卞曰:"以庶獄庶慎對庶言,則獄、慎尤重,故不及庶言;以庶獄對庶慎,則庶獄尤重,故不及庶慎。義或然歟?"

"其克詰爾戎兵,以陟禹之迹,方行天下,至于海表,罔有不服,以覲文王之耿光,以揚武王之大業。

此推言文、武之業不易承,必如是而後可云。覲,揚也。向來解者失之,所以然者,由此節文義既與上下不倫,又若啓王以好大喜功

之意,故諸家曲爲之説。林氏之奇曰:"詰戎兵猶除戎器,戒不虞之道
也。晉武帝之去武備,唐蕭俛之銷兵,則昧夫詰戎兵之道。而漢武
帝、唐太宗窮兵萬里之外,疲弊中國,以求四夷之來臣,則又失夫詰戎
兵之本意矣。"錢氏時曰:"詰者責實之名,古者井田,兵農不分,比閭
族黨,即伍兩軍師之制,禹迹所歷,大抵皆然。詰之使治,以徧登乎禹
迹之内,則四方旁行,至于海表,無有不服。言獄而及兵戎,推類言
之,以警成王晏安玩弛之漸也。"呂氏祖謙曰:"公非教王用兵,恐其晏
安,而使之自強。如《易·謙卦》言'利用侵伐',亦是于謙抑之中有
自強之意也。是役也,蓋奮張其氣而不使墮偷,操握其衆而不使扞
格,摧壓其奸而不使覬覦,保治之良圖也。古人治兵,乃所以弭兵;後
世銷兵,乃所以召兵也。"王氏充耘曰:"陟禹迹者何?巡守也。天子
之出,必有兵衛六軍以隨之,方行天下,徧歷四岳也。整點軍衛,巡行
天下,足以鎮壓姦宄,坐消禍變。所至之處,足以見文王之耿光,足以
不墜武王之大烈。《傳》者不察其爲巡守,而云周公無故教成王點兵,
不知《周官》所謂撫萬邦、巡侯甸、四征弗庭,即可以實此語也。"案:
林氏、錢氏、呂氏三家之説,義善而未安。王氏巡狩之言似矣,巡守亦
常典,周公何必張大其辭?且其解覲耿光、揚大烈亦拘。閒嘗遍求古
訓,而知説經者之誤也。詰,止也。《易·姤》象曰:"后以施命詰四
方。"《釋文》云:"鄭本作詁,止也。王肅同。"《周禮·太宰》"五曰刑典,
以詰邦國",注:"詰,猶禁也,亦止義。""詰爾戎兵"者,兵設不用之謂。陟
訓升,有上繼意。迹,功業也。《文選·弔魏武帝文》"遠迹頓于促路",注:
"迹,功業也。"《禹貢》所謂"聲教訖于四海"者,禹之迹也。方,古通
"旁",見《洛誥》"旁作穆穆"。《説文》曰:"溥也。"《國語·齊語》"以方行
于天下",注:"方,横也。"横亦溥義。行,歷也。《國語·晉語》"行年五十矣",
注:"行,歷也。"溥歷天下,至于海表,罔有不服,猶云普天之下,莫不率
從,乃戎兵之所以克止也。周公既以文、武任賢恤刑之道諄諄爲成王
誥矣,復言文、武之業豈易承哉?其必能止爾戎兵,以繼禹之功業,溥

歷天下,至于海表,罔有不服,乃可以顯文王之耿光,揚武王之大烈也,孺子王可不勉哉!解者既不知詰有"止"訓,又以陟迹方行爲四征不庭之謂,失之遠矣。

"嗚呼!繼自今後王立政,其惟克用常人。"

此因戒成王,並及于後王也。吕氏祖謙曰:"常人之于國也,蓋食之穀粟,衣之布帛,雖無異味異文,而有生者常用而不可一日易也。然每多重遲木訥,不能與小慧新進者爭長于煩舌之閒,故世主惑于取舍,而治亂分焉。此周公所以嘅歎而深致意于卒章歟!"金氏履祥曰:"常人、憸人二者相反,凡憸利便捷者,憸人也;凡持重守正者,常人也。常人如四時有序、萬物生成而莫知爲之者,憸人如盛夏驟涼、隆冬乍燠,一時若快人意,而民人疾疫、生物夭札之患自是滋矣。此用人者所當辨也。"

周公若曰:"太史!司寇蘇公式敬爾由獄,以長我王國,兹式有慎,以列用中罰。"

上文以用人告王,而特舉庶獄以申戒。故此戒後王用人,亦特舉庶獄以申戒也。聖人治天下,用賢之外,首重明刑。誥戒空言,猶恐後王無所遵守,故特命太史參取蘇公之獄法,酌其中正,垂示後王,而史臣記其語以終此篇也。爾,其也,不作汝解。有讀曰又。見《大誥》。列,布也。《廣雅·釋詁》文。用,爲也。《荀子·富國篇》"仁人之用國",注:"用,爲也。"中,平正也。周公呼太史而告之曰:昔者司寇蘇公敬其用獄,故能培長我王國,今但以此爲法而又加之以慎,以布施爲中正之罰而已。

附録諸家論説

林氏之奇曰:"常伯、常任、準人,所以與天子圖謀萬幾者,固不可以不得人，然其朝見也有時。至于綴衣、虎賁，朝夕與王處焉，苟非其人，則王德以之而蠱。齊即墨大夫賢而左右日毀之，阿大夫不肖而左右日譽之。唐明皇引鑑不樂，左右曰：‘自韓休入朝，陛下無一日歡，何自戚戚，不逐去之？’以韓休之峭直，而左右欲逐去之，則褻近者可不謹所擇哉！”王氏樵曰：“周公于三宅之外，又以近臣爲言，蓋公卿大臣其内外有限，其進退有時；惟左右近習，人主燕私啓處之際，無不與之同焉，能蔽其耳目，移其心志，逢迎以中其欲，小廉曲謹以市其信。人主一墮其術中，則亦何所不至哉？故雖以文、武之聖，而侍御僕從猶樂于得正人之助，後世知此意者，諸葛武侯而已。漢初此意猶存一二，自武帝時内外庭始隔絶爲二，公卿大臣不復與内政，而小人專寵用事于中，漸不可制。然後知周公之所以保護君心、養成聖德者，正有在乎此而不可易也。”

又曰：“唐姚崇曰：‘今止得十使，猶患未盡得人，況天下三百餘州，縣多數倍，安得刺史縣令皆稱其職乎？’崇以十使，猶患不得其人。而文、武之臣大而任人，小而攜僕，内而外朝，外而典掌蠻夷，莫不得其賢，則知天下未嘗無賢，特無以作之耳。乃謂不可以盡得人，無乃厚誣天下之人乎？”

吕氏祖謙曰：“《無逸》《立政》二篇，相爲經緯者也，以《無逸》之心，明《立政》之體，君道備矣。且《立政》而後，周公不復有書納忠于王，此其絶筆也。爲治體統，固臻其極，至于反復申重之意，忠愛惇篤之誠，深長遠大之慮，學者當于言外體之。”

張氏英曰：“庶言、庶獄、庶慎，文王罔攸兼，且罔攸知。以文王之明哲，兼之知之，豈遽至于過誤？而猶且不敢者，蓋雖聖人之聰明，兼治萬事，不如其專治一事之爲精。專治一事者，有事之牧夫是也。人君亦有專治之一事，知人善任而已，外此皆其出位之謀也。古人之言曰：君明于音，臣恐其聾于官。蓋聰明有所用則有所蔽，文王且不敢，況不及文王者乎？”

《書傳補商》卷之十六

顧　命

惟四月哉生魄，王不懌。甲子，王乃洮頮水，相被冕服，憑玉几。乃同召太保奭、芮伯、彤伯、畢公、衛侯、毛公、師氏、虎臣、百尹、御事。

相，鄭康成以爲太僕是也。蓋太僕掌王之服位，掌擯相，此當是其事也。林氏之奇曰："《論語》曰：'加朝服，拖紳。'孔子不敢以褻服見其君，成王不敢以褻服臨其臣，君臣之禮，豈可以疾廢哉？"

王曰："嗚呼！疾大漸，惟幾，病日臻，既彌留，恐不獲誓言嗣，茲予審訓命汝。

"疾大漸，惟幾"就見在而言，"病日臻，既彌留"慮將來而言也。"既彌留"，《傳》訓"彌甚而淹留"，義迂。竊謂彌、靡古通用，《漢書·西域傳》："昆莫，王號也，名獵驕靡，後書昆彌云。"注師古曰："昆莫本是王號，而其人名獵驕靡，故書云昆彌。昆取昆莫，彌取驕靡。彌、靡音有輕重耳，蓋本一也。"靡留者，不能久留于人世也。"恐不獲誓言嗣"，《傳》謂"恐不得誓言，以嗣續我志"，文義俱曲。錢氏時曰："嗣，嗣子也。嗣子不在側，恐不得面誓，故令諸臣傳之。"按：錢以嗣爲嗣子，是也；第謂恐不得面誓，則非。成王有疾，世子宜侍養宮中，下文逆南門外，先儒謂既崩而出也。即使其時在南門外，諸臣可召，世子亦何不可召之有？吾鄉姚氏又以是篇非鎬京事，謂周嘗會諸侯于東都，成王方將會諸侯而疾作，其時太子監國于鎬，召之未至，成王以疾大漸，不能待其至，故恐弗獲誓言嗣，乃召卿士以下而命焉。江氏聲又以爲世子蓋以王未疾時奉使而出，比反而王適崩。此皆憑空度説，不敢以爲然也。然則恐不獲誓言嗣者，言將死，恐不得常教導嗣子也。誓言猶誥語也，教導之意，故特呼召、畢諸公使時保之。審，慎也。《吕覽·音律》"審民所終"，注："審，慎也。"又《孟冬》"審棺槨之厚薄"，及"此小物不審也"，注皆同。"慎訓命汝"者，猶言敬訓命汝也。

"昔君文王、武王①宣重光，奠麗陳教，則肄，肄不違，用克達殷集大命。在後之侗，敬迓天威，嗣守文、武大訓，無敢昏逾。今天降疾，殆弗興弗悟。爾尚明時朕言，用敬保元子釗弘濟于艱難，柔遠能邇，安勸小大庶邦。思夫人自亂于威儀，爾無以釗冒貢于非幾。"

定民之所附麗，所以養其身也。陳布教化，所以淑其心也。有以養之，而後教之，故民莫不服習其教；服習之而不違，則自近而遠，自周而殷，薰蒸洋溢，人心趨附，天命所歸，所謂"達殷集大命"也。侗即童，猶小子也，故《孔傳》訓"童稚"。古童、侗字通。《廣韻》："未成器之人曰侗。"童、侗同"詷"，古一字。《列子·黄帝》："狀不必童而智童。"又云："狀與我童者，近而愛之。"此以童爲同也。《禮記·祭統》"鋪筵設同几"，注："同之言詷。"此以同爲詷也。此經侗字，《説文》引作"詷"，《釋文》載馬本作詷，是侗、詷又一字也。《傳》訓爲愚，由不知侗即童也。"昏逾"者，昏迷而踰越也。夫人，猶言凡人也。"自亂威儀"與"冒貢非幾"，《傳》義

①"文王、武王"《書傳補商》原作"文、武"，據阮元校刻《十三經注疏·尚書正義》改。

極精。以，使也。見《康誥》。臣不能匡君以道，格其非心，是即不啻使之也。吕氏祖謙曰："思夫人自亂于威儀者，人受天地之中以生，有動作威儀之則，莫非天命也。躁輕縱緩，或踰其則，特人自亂之耳。其天秩本何嘗亂哉？威儀失則，豈時形于事，見于行，然後當戒？一俯一仰，毫釐有閒，即非天命，已冒進于非幾矣。故曰爾無以釗冒貢于非幾。"案：此解"自亂"與《傳》小異，而皆有至理，附録之。

兹既受命，還，出綴衣于庭。越翼日乙丑，王崩。太保命仲桓、南宮毛俾爰齊侯吕伋，以二干戈、虎賁百人逆子釗于南門之外。延入翼室，恤宅宗。

"綴衣"，《傳》以爲帷幄。案《周禮》幕人掌帷、幕、幄、帟、綬之事，鄭注："在旁曰帷，在上曰幕，皆以布爲之。四象合宮室曰幄，坐上承塵曰帟，皆以繒爲之。"幄帳乃牖扆上所張之物，王發顧命在此，命訖反寢，故徹出于庭，將欲爲死備也。爰，引也。《説文·受部》文。江氏聲曰："桓、毛官卑，不可徑迎太子，故使引齊侯往迎也。"南門，《傳》以爲路寢門，天子門皆南向，故曰南門。迎子釗于南門之外，當日情事，不可得而考。《孔傳》曰："臣子皆侍左右，將正太子之尊，故出于路寢門外更逆入，所以殊之。"范氏祖禹曰："所以顯之于衆也。"錢氏時曰："天位之重，非一家之私也。既崩而出，不敢遽居于内，嫌于以繼世自處也。既出矣，即從南門之外迎入之，立嫡承統，大公至正，昭示不疑也。"案：諸説亦皆以意之之，未知是否，姚氏、江氏之説則更穿鑿矣。見篇首。翼室，東夾室也。初喪未爲梁闇，故以東夾室爲恤宅地。"恤宅宗"者，憂居之主，猶後世所稱祭主也。

丁卯，命作册度。

陳氏大猷曰："成王雖有遺命，未有册書，將傳之康王，故作册書，紀先王之言以授之，因並作受册法度。下文升階即位及受同祭饗等，其法度也。"案：此釋《傳》所言册書法度甚明，竊謂法度不獨升階即位諸儀，凡下文士之所須，狄之所設，食器兵車之陳，莫不先訂于此度也。

越七日癸酉，伯相命士須材。

癸酉，殯之明日也。須材，《傳》謂"取材木以供喪用"，説者謂槨與明器之類，錢氏時、金氏履祥以爲即下文陳設器物。以今參之，喪用之説非不通，但此經殯殮之事俱略，自作册度以下皆專爲傳顧命而設，則此所以命士者，恐非槨與明器之類，或當如錢氏、金氏説也。蓋命作册度者，總紀應行之事；命士須材者，總備應用之物。凡此皆召公之特命，非典禮之常，若槨與明器，似不待伯相之命矣。

狄設黼扆、綴衣。牖間南嚮，敷重篾席，黼純，華玉仍几。西序東嚮，敷重厎席，綴純，文貝仍几。東序西嚮，敷重豐席，畫純，雕玉仍几。西夾南嚮，敷重筍席，玄粉純，漆仍几。

此陳先王生平之儀飾也。顧氏錫疇曰："天子朝覲、聽治、養老、私燕各有定處，平居各因事而設，今並設之，以聽神之隨有所憑也。"《傳》所釋一依《孔傳》，其以東嚮西嚮二坐爲在東西廂，以西夾南嚮爲在西廂夾室之前，似誤。王氏鳴盛曰："古者人君宮室之制，前爲堂，後爲室，堂兩旁爲東西夾室，即翼室，中有牆以隔之，謂之東西序。後室之兩旁則爲東西房，室中以東向爲尊，户在其東，牖在其西。堂以南向爲尊，王位在户外之西，牖外之東，所謂户牖之間，南嚮之坐也。序者牆之別名，古者宮室之内以牆爲隔，牆之外即夾室，堂與夾室共此牆。此東嚮西嚮之坐，乃在堂上，以其附近東西序，故以序言之，與夾室無涉，《傳》謂東西廂，非也。西夾南嚮者，上翼室在堂兩頭，如鳥之翼，此即西翼室也，不設東夾坐者，康王方恤宅于其中故也。《傳》以西夾之位在西廂夾室之前，考西夾之前即下文西堂，有冕執鉞者立于此，又雜列一席於此，何爲邪？”案：王説當是，今從之。篾席，孔訓“桃枝竹”，《傳》作“桃竹枝”；豐席，孔訓“莞”，《傳》作“筍”，皆傳寫之誤，陳氏師凱《蔡傳旁通》曾辨之，今當改正。至四席，鄭氏康成以爲均是竹席，鄭曰：“篾，析竹之次青者。厎，致也，篾纖致席也。豐席，刮凍竹席；筍，析竹青皮也。”與《孔傳》異，今不能斷其孰是。孔氏穎達曰：“凡此重席非有明文可據，各自以意爲説耳。”

越玉五重，陳寶、赤刀、大訓、弘璧、琬琰，在西序。大玉、夷玉、天球、河圖，在東序。胤之舞衣、大貝、鼖鼓，在西房。兑之戈、和之弓、垂之竹矢，在東房。

此陳先王生平之寶玩也。越，惟也，發語詞。見《大誥》。馬氏融謂“越地所獻玉”，以經文推之，此與陳寶句乃下文總目，不得以爲越所獻也。重者，陳氏大猷曰：“玉一雙曰重。”在西序東序，《傳》訓于東西序。坐北者，案孔氏穎達曰：“上云西序東序，則序旁已有王坐，此復云在西序東序，明于東西坐北也。序者牆之別名，其牆南北長，坐北猶有序牆，故言在西序東序也。”西房東房，《傳》無訓。考《孔傳》以爲東西夾室。王氏鳴盛曰：“東房西房，《孔傳》以爲即是東西夾室，非也。前堂後室，古人定制，《説文》云‘房，室在旁也’，《釋名》云‘房，旁也，在室兩旁也’，然則夾室在前堂之兩頭，房在後室之兩旁，是房在夾室後矣。考堂有兩楹，其中即《檀弓》所謂兩楹閒，堂東西牆爲序，序外爲夾室。自兩楹旁至東西序各廣三分楹閒之一，後室之廣如前堂之楹閒，是後室較隘于前堂東西房，雖當東西夾室後而較廣于東西夾，西房當西夾後以東，東房當東夾後以西也。房雖與室連比，其閒有墉以閒之，各不相通。故各于南隅設户，以通于堂。其後室之中，東西北三面皆墉，惟南一面東爲户，西爲牖。故西房之户出于西序内室牖之西，東房之户出于東序内室户之東也。其所陳寶物，在西房者陳于西房東墉下，在東房者陳于東房西墉下，各當房户之直北，前堂皆得見之。又正與東西之所陳南北相直也。"案，王考宫室之制精確，當從之。赤刀、大訓諸物，鄭康成與《傳》大同小異，今亦不能臆斷矣。王氏《尚書後案》引鄭曰："陳寶者，方有大事以華國也。赤刀者，武王誅紂時刀，赤爲飾，周正色也。大訓者謂禮法，先王德教宏大也。大璧、琬琰皆度尺二寸者。大玉，華山之球也。夷玉，東北之珣、玗、琪也。天球，雍州所貢之玉色如天者。三者皆樸，未見琢治，故不以禮器名之。河圖，圖出于河水，帝王聖者所受。大貝者，《書傳》曰'散宜生之江淮之浦，取大貝如車渠'是也。鼖鼓，大鼓也。此鼖非謂《考工記》'鼖鼓長八尺'者，若是周物，何須獨寶守？明前代之物與周鼖鼓同名耳。允也、兌也、和也、垂也，皆古人造此物者之名。"

大輅在賓階面，綴輅在阼階面，先輅在左塾之前，次輅在右塾之前。

此陳先王生平之車乘也。經言四輅，漢孔氏以大輅爲玉輅，綴輅爲金輅，先輅爲象輅，次輅爲木輅。鄭氏以大輅爲玉輅，綴輅則玉輅之副，以先輅爲象輅，次輅則象輅之副。此據《周禮》疏爲説。若《尚書》疏引鄭説，則以先輅爲金輅，蓋傳寫寫之誤。觀鄭云主于朝祀，《周禮·巾車》云："玉輅以祀，象輅以朝。"則不言金輅、革輅、木輅也。其説大同小異，以今推之，皆孔穎達所謂各以意説者。大輅爲玉輅，《大戴禮·朝事篇》與《周禮·巾車》可證。先輅爲象輅，孔、鄭同辭，已不知其何據。至綴輅、次輅，孔以爲金輅、木輅，鄭以爲玉輅、象輅之副，皆無別證。故王氏介甫因古説五輅缺而不備，乃創木輅爲先輅，象輅、革輅爲次輅之説，《蔡傳》從之，今不能斷其誰是矣。宗漢學者必以康成爲是，吾不敢信也。輅，《周禮·巾車》疏引作"路"。案：經傳多作"路"。《説文》云："輅，車軨前橫木也。"是"路"爲正字，"輅"假字也。綴，《周禮》疏作"贅"，二字古通用。面，《孔》傳訓"前"，是也。《儀禮·士冠禮》"面葉"，《士相見禮》"結于面"，《聘禮》記"委其餘于面"，鄭注皆訓"前"。《傳》謂面爲"南嚮"，而面字之本訓反昧矣。

二人雀弁，執惠，立于畢門之内；四人綦弁，執戈上刃，夾兩階戺；一人冕，執劉，立于東堂；一人冕，執鉞，立于西堂；一人冕，執戣，立于東垂；一人冕，執瞿，立于西垂；一人冕，執銳，立于側階。

此言先王生平之兵衛也。雀弁，孔訓“雀韋弁”，今不知其爲韋與否。第雀之義，鄭訓“赤黑色如雀頭”，《儀禮·士冠禮》注同；《傳》訓“赤色雀頭”，非純赤也。綦，馬、鄭本皆作“騏”。騏，馬之青黑色者，古騏、綦二字通用。《詩》“其弁伊騏”，《周禮·弁師》注引作“綦”，疏引此經作“騏”。此當以騏爲正字。孔訓“鹿子皮”，不知所本。《傳》于雀弁訓“赤色”，不取韋弁之説；于綦弁又取鹿子皮之訓，恐兩失之。戺，《廣雅》云：“砌也。”《傳》以爲堂廉。考《儀禮·鄉飲酒禮》“設席于堂廉，東上”，鄭注：“側邊曰廉。”《漢書·賈誼傳》“廉遠地則堂高”，注：“廉，側隅也。”蓋築土爲堂，堂四邊築土，較堂稍低而仍遠于地，在前曰廉，又曰砌，即戺也。“夾兩階戺”者，蓋兩階左右戺上各一人也。在兩旁曰垂，在後曰側階，《孔傳》以側階爲“北下階上”，是也。側，猶特也。《儀禮·士冠禮》“側尊一”，注：“側，猶特也。”堂北惟一階，故曰特。當時四人既立于東西階之戺上，二人又立于東西夾前之東堂、西堂，二人又立于東西夾外之垂上，則堂之東西南宿衛備矣，故此一人執銳立于堂北之特階。鄭康成、王肅以側階爲東下階，夫東垂、東堂既各有人立矣，何獨于東下階復增一人哉？近日祖鄭者，必廣徵曲説，以是鄭而難孔。今雖不能臆斷，而孔于情事爲優，《傳》從孔説，是也。惠、戈、劉、戣諸兵器，《傳》從孔訓，與鄭有不同。鄭曰：“惠狀蓋斜刃，宜芟刈。戈即今之勾矛。戟、劉蓋今鑱斧。鉞，大斧。戣、瞿，蓋今三鋒矛。銳，矛屬。凡此七兵，或施矜，或著柄。”《周禮》：“戈長六尺六寸，其餘未聞長短之制。”孔穎達曰：“古今兵器名異體殊，此等形制，皆不可得而知也。”銳，《傳》從《説文》作“銳”，是也。

　　王麻冕黼裳，由賓階隮。卿士、邦君麻冕蟻裳，入即位。太保、太史、太宗皆麻冕彤裳。太保承介圭①，上宗奉同瑁，由阼階隮。太史秉書，由賓階隮，御王册命。曰：“皇后憑玉几，道揚末命：命汝嗣訓，臨君周邦，率循大卞，爕和天下，用答揚文、武之光訓。”王再拜，興，答曰：“眇眇予末小子，其能而亂四方以敬忌天威！”

　　此正敍傳顧命之事也。同，《傳》從孔訓爵名，蓋以本經下文推而知之，於他書無可證者。王氏鳴盛謂即圭瓚，孫氏星衍以馬融本作銅，引《白虎通》以證其爲圭瓚，義或然也。王氏曰：“同，蓋圭瓚可盛鬯酒者，下文太保以異同秉璋以酢，則彼同是璋瓚矣。《祭統》云：‘君執圭瓚祼尸，太宗執璋瓚亞祼。’太保之同既是璋瓚，則此同是圭瓚也。”孫氏曰：“同，今文《尚書》作‘銅’，銅即金也。《白虎通·考黜篇》云：‘圭瓚秬鬯，宗廟之盛禮，玉以象德，金以配情，芬香條鬯，以通神靈。玉飾其本，君子之性；金飾其中，君子之道。’是銅即因圭瓚之飾金爲名也。”瑁，《説文》云：“諸侯執圭朝天子，天子執玉以冒之，似犂冠。”傳顧命必以介圭同瑁進者，介圭以鎮國，同以酌酒，瑁以進嗣王，使有天下而朝諸侯也。上宗，《傳》訓“宗伯”。鄭曰：“上宗猶太宗，變其文者。宗伯之長，大宗伯一人與小宗伯二人，凡三人。使其上二人也，一人奉同，一人奉瑁。”玩經文，上宗似即太宗，不得有小宗伯一人在内；而同瑁曰奉，則又似不可一人奉者，此等處闕疑可也。御，奉之以進也。末命，後命也。大卞訓大法者，卞古通“弁”。《漢書·哀帝紀》②：“覽卞射武戲。”應劭曰：“卞射，皮弁而射也。”《説文》冠字注云：“弁，冕之總名也，從𠦶從元，元亦聲。”冠有法，制從寸，弁之可訓法，或以此歟？其，讀曰豈，見《酒誥》“我其可不大撫于時”。而，句中語助也。言眇眇予末小子，豈能治四方以敬忌天威乎？

①“介”《書傳補商》原作“玠”，據阮元校刻《十三經注疏·尚書正義》改。
②“哀”《書傳補商》原作“成”，據《漢書》改。

《傳》訓而爲"如",謂"如父祖之治四方",增文反曲矣。

　　乃受同瑁,王三宿,三祭,三咤。上宗曰:"饗!"太保受同,降,盥,以異同秉璋以酢。授宗人同,拜。王答拜。太保受同,祭,嚌,宅,授宗人同,拜。王答拜。

　　咤,《傳》訓"奠爵",當依《説文》作"詫"。蘇氏軾以"咤"與下文"嚌"同,由不知咤爲"詫"之假借也。"以異同秉璋以酢",自來解者順經爲釋。夫既曰異同,又曰秉璋,同與璋爲一物乎?爲二物乎?王氏鳴盛曰:"上文王受之同,圭瓚也。此異同,璋瓚也。秉璋云者,以所執之柄而言也。"已詳上文。"受宗人同,拜",太保拜王也。"王答拜",拜太保也。《傳》以爲拜尸,代尸拜,蓋因君于臣不答拜,曲爲解説,其實不然。《燕義》君于臣尚有答拜之禮,何況傳顧命于先王柩前乎?陳氏櫟曰:"君在廟門外則全于君,在廟門内則全于子。康王方在廟中柩前受顧命,冢宰以元老大臣受託孤重寄,先王臨之在上,康王爲喪主,其答拜禮亦宜之。"冢宰傳顧命以相授,見大臣如見先王也;答之拜,敬大臣,即所以敬先王也。宅,《傳》訓"居",謂太保退居其所,增文强説。竊意此爲"咤"之脱誤,蓋奠爵也。此節著語無多而儀節煩重,嘗細推之,上言"秉璋以酢",乃虛言報祭,此時太保猶在堂下也;"授宗人同",始升堂,命小宗伯酌酒也;"拜,王答拜",太保將祭而先拜,王答拜之也;"太保受同,祭、嚌、咤",受宗人所酌之酒,而以祭以嚌、以奠于地也;"授宗人同",祭畢而授之使收也;"拜,王答拜",告禮成而復拜,王又答拜之也。

　　太保降,收。諸侯出廟門俟。

　　"廟門",《傳》以爲路寝門,成王之殯在焉,故曰廟。鄒氏季友曰:"《爾雅》'室有東西廂曰廟',《禮·聘義》云'三讓而後入廟門',所謂廟門,但指路寝之門而言。《周禮·司儀》載諸侯相見交幣之禮,

亦有及廟之文。今人尚有廟堂、廟廊之語,則知不必神居而後稱廟
也。"王氏鳴盛曰:"《禮·檀弓》云'殷朝而殯于祖,周朝而遂葬',周
之不殯于廟,禮有明文。"此上文陳兵衞于畢門内,畢門即路門,則殯
在路寢明矣。《左傳》所云"不殯于廟則弗致"者,鄭康成謂"春秋變周之文,從
殷之質。"晉文公殯于曲沃,曲沃晉祖廟所在,鄭康成謂"衰世不遵周法"。此篇
自召群臣發顧命,及崩而殯于堂上,與夫一切陳設並傳顧命時行禮拜
奠,皆在路門内,直至諸侯出廟門,方結過路門内事。經文門三凡見,
曰逆子釗南門外、曰立于畢門之内、曰出廟門俟,一指其地位方向而
言,一指門畢于此而言,一指殯所而言,三名一實,皆路門也。下文王
出,亦出路門。天子三朝五門,皋門内之外朝,應門内之治朝,皆平地
無堂階。自路門以外,堂且無之,又何陳設之有? 故知此皆路門
内也。

康王之誥

　　孔氏穎達曰:"伏生以此篇合于《顧命》並爲一篇,後人知其不可
分而爲二,馬、鄭、王本此篇自'高祖寡命'已上内于《顧命》之篇,'王
若曰'以下始爲《康王之誥》。"案:馬、鄭、王當是。朱子嘗謂此篇文
勢與上相連接,蓋亦謂不當于此分篇也。今故連録之于《顧命》篇後。

　　王出,在應門之内,太保率西方諸侯入應門左,畢公率東
方諸侯入應門右,皆布乘黃朱。賓稱奉圭兼幣,曰:"一二臣
衞敢執壤奠。"皆再拜稽首。王義嗣德,答拜。

　　"王出,在應門之内",治朝也。天子五門,皋、庫、雉、應、路,路即
畢門,王之出,出畢門也。在應門之内,則治朝矣。《傳》引鄭氏,以雉
門居庫門外,既誤;其言外朝在路門外,應門之内蓋内朝所在,尤誤。
蒙嘗有《天子諸侯各三朝考》,足以合經傳異同之說,附録于此。其言曰:"天子

五門三朝,諸侯三門三朝。天子五門,自外向内數之,一曰皋門,二曰庫門,三曰雉門,四曰應門,五曰路門。皋門内、庫門外爲外朝,朝士掌其法,小司寇掌其政,其地樹三槐、九棘,以定三公、孤卿大夫、公、侯、伯、子、男之位。設嘉石、肺石,以待罷民窮民之坐立,詢國危於斯,詢國遷於斯,詢立君於斯,決萬民大獄訟於斯,非是則天子不臨是朝。庫門内、雉門外,則右社稷、左宗廟之所在也,不設朝。雉門者,中門也,閽人掌其禁,凡民不得入焉。以其居五門之中,特設兩觀,《爾雅·釋宫》所謂闕也,《周官·冢宰》所謂象魏,皆是門也。自雉門而進爲應門,《釋宫》所謂正門也,郭注謂之朝門。又自是而進爲路門,《書·顧命》所謂畢門,《地官·師氏》所謂虎門也。"又曰:"寢門路門外爲治朝,即正朝也。司士掌其位,宰夫掌其法,大僕正王之位,王日視朝於斯。路門内爲燕朝,即路寢也。族人朝於斯,圖宗人嘉事於斯,王與諸臣謀國事於斯,時而燕飲群臣、習射於斯。故分三朝言之,則最外者外朝,居中者治朝,最内者燕朝。以燕朝對治朝言之,則治朝亦曰外朝,《文王世子》云'朝于内朝,臣有貴者以齒;其在外朝,則以官'是也。以外朝對治朝言之,則治朝又曰内朝,《玉藻》云'朝服以日視朝于内朝,退適路寢,聽政'是也。外朝、治朝皆平,廷無堂,惟燕朝乃有堂耳,經傳凡言堂階者,皆燕朝也。諸侯之三朝亦同于天子,但於五門少皋、應,而獨有庫、雉、路,故其外朝在庫門内,治朝在雉門内,燕朝在路門内,此天子、諸侯三朝之大略也。"至說者或誤以天子雉門在庫門外,或誤以諸侯有皋、應與路而無庫、雉,是皆先儒所已詳辨明晰者,兹不贅云。"畢公率東方諸侯",《傳》謂其繼周公爲東伯,其說本之王肅,以事情揆之當然。路門外即應門,上文云"諸侯出廟門俟",則似俟之于應門内矣。兹乃復云入應門者,則知出廟門俟謂由廟門而出于外,非即于廟門外俟也。"布乘黄朱",《傳》既從孔,謂"諸侯皆陳四黄馬,朱鬣,以爲庭實",又謂"或曰黄朱,若'筐厥玄黄'之類"。鄭康成又謂"此杞、宋二公享王之幣",下文所云"奉圭兼幣"即此。以蒙推之,當時侯、甸、邦、衛諸君咸在,若云各陳四馬,不惟馬非群侯所得陳,亦恐治朝無地可容。若止言二公之幣,不惟挂漏群侯,于經文"皆"字總承西方東方諸侯而言者先不可通。錢氏時曰:"小行人合六幣,圭以馬,璋以皮,璧以帛,琮以錦,琥以繡,璜以黼。説者謂五等諸侯享天子用璧,二王之後用圭璋,如此則用圭而以馬者,二王之後也。黃朱,蓋雜言諸侯之他幣,如筐厥玄黃之類。"案:《傳》引或説,蓋即此也。"布乘"者,二王之後;"黃朱"者,群侯之幣,所謂"壤奠"者也。賓讀曰擯。孔氏廣森曰:"《覲禮》曰'嗇夫承命告于天子',注:'嗇夫爲末擯,承命于侯氏下,介傳而上,上擯以告天子。'又曰:'侯氏入門,右坐,奠圭,再拜稽首,擯者謁。'注:'謁,猶告也。'然則王見諸侯,皆擯者傳辭,古字多省,《玉藻》'必與公士爲賓',即通作"擯"。而《多士》篇'予惟四方罔攸賓',徐仙民依馬義音'擯却'之擯,此于本經有可證者。"案:孔説是也。《傳》以諸侯爲賓,則'賓稱'二字似贅文矣;鄭以二王之後爲賓,義尤挂漏。史記二公率西方東方諸侯,皆陳列乘馬及玄黃雜幣于庭,擯者乃言諸侯奉圭兼幣,兼述其辭曰:一二臣衛敢各執其壤地所出以爲贄。王鳴盛曰:"執壤地所出者,正《覲禮》所云'惟國所有'、《朝事儀》所云'奉地所出'也。"于是諸侯皆再拜稽首,致敬盡禮,王于義嗣前王之德,遂答拜焉。"義嗣德"三字,孔氏穎達曰:"史言王答拜之意,康王先是太子,以義繼先人明德;今爲天子,無所嫌,故答其拜,自許與諸侯爲主也。"《傳》引吳氏之義亦精,當參玩之。

太保暨芮伯咸進相揖,皆再拜稽首曰:"敢敬告天子,皇天改大邦殷之命,惟周文武誕受羑若,克恤西土。惟新陟王畢協賞罰,戡定厥功,用敷遺後人休。今王敬之哉! 張皇六師,無壞我高祖寡命!"

"咸進相揖"者,吕氏祖謙曰:"朝會合班儀也,始而分班,則諸侯兩列,西伯與東伯之位相對;今而合班,則六卿前列,冢宰與司徒之位相次也。""誕受羑若",《傳》引二説,皆迂。金氏履祥曰:"羑,《説文》即誘字,羑若謂天之陰誘助順也。"案:金説似捷,細推之,誘順二字終不連。竊謂羑與牖、誘皆一字。《史記·殷本紀》"紂囚西伯羑里",

《正義》曰："羑一作牖。"《淮南·氾論》"悔不誅文王于羑里"，注："羑，古牖字。牖、誘經傳通用，教也，導也，引也，進也。"羑之訓道，蓋導引之義。《孔傳》謂"大受天道而順之，以爲道德"，誤矣。馬注亦訓道，未詳其解。《説文》云："羑，進善也。"今取其義，不取其詁。若，善也。見前。"誕受羑若"者，大受誘善之謂。太保欲王受善，故開口以文武受善爲言。"克恤西土"，恤，安也。《漢書·韋玄成傳》"恤我九列"，注："恤，安也。"言文武大受誘善，克安西土，加以成王賞罰畢當，然後戡定功業，施遺後人，則王業之不易可知矣，所以深起今王之敬也。"張皇六師"，張，大也。皇，正也。《爾雅·釋言》文，《穆天子傳》"皇我萬民"，注："正也。"朱子曰："古者兵藏于農，張皇六師，只是整理民衆底意思，即大正之義也。訓皇爲大，則不免有語病矣。"張氏九成曰："新王即位，元老大臣當以道德進戒，乃先以賞罰六師言，何也？曰周自祖宗以來，仁深澤厚，規模已定，惟商民猶伺間隙，欲逞其禍，元老深謀遠慮，不得已而及此。是説也，施于康王之時則可，不可泛言之于新王之前也。"金氏履祥曰："六師謂天子六軍，猶云萬乘爾。張皇六師，即云振天子之職也。然武備亦承平易弛之事，諸公既言受命戡定之功，故于此又特言之，張，不弛其備；皇，不輕其事也。"案：二説與《傳》守成之世云云，皆説經之善者，不可不知。然苟訓皇爲正，則不待幹旋其義而亦無大弊矣。寡命，猶言特命也。

王若曰："庶邦侯甸男衛！惟予一人釗報誥。昔君文武，丕平富，不務咎，厎至齊信，用昭明于天下。則亦有熊羆之士，不二心之臣，保乂王家，用端命于上帝。皇天用訓厥道，付畀四方，乃命建侯樹屏，在我後之人。今予一二伯父，尚胥暨顧綏爾先公之臣服于先王。雖爾身在外，乃心罔不在王室，用奉恤厥若，無遺鞠子羞！"

報，猶復也，因群公之誥而報之，故曰報誥。"丕平富"三句最爲難解，《傳》謂"溥博均平，薄斂賦民，德之廣也。不務咎惡，輕省刑罰,罰之謹也。推行而厎其至,兼盡而極其誠,故光輝發越,昭明天下",似不免增文曲説。此外説者各異,亦未有恰當無可議者。今聊以鄙意釋之,"丕平富"者,大均其樂利也。"不務咎"者,務,求也,《吕覽・孝行》謂"務其人也",注:"務,猶求也。"謂不求人之罪過也。"厎至齊信"者,推極吾之忠信也。《孔傳》"致行至中信之道",齊訓"中",古中、忠一字。"用端命于上帝",端命,猶基命也。基,《爾雅・釋詁》:"始也。"《家語・禮運》"五行之端",注:"始也。"《傳》訓正命,猶未捷。在,顧在也。王氏念孫曰:"《吴語》'昔吾伯父不失春秋,必率諸侯,以顧在予一人',即此'在'字義。襄二十六年《左傳》'衛獻公使讓太叔文子曰:'吾子獨不在寡人',義亦同。""尚胥暨顧綏爾先公之臣服于先王"十四字作一句讀。胥,相。暨,與也。顧,猶念也。《禮記・大學》"顧諟天之明命",鄭注:"顧,念也。"《詩・那》"顧予烝嘗",鄭箋:"顧,猶念也。"綏讀曰綏,繼也。王氏引之曰:"綏,與綏古通用。《爾雅》曰'綏,繼也',《説苑・指武篇》'損其有餘而繼其不足',《淮南・道應篇》繼作'綏',皆其證也。"言當相與思念、繼爾先公之臣服于我先王也。《傳》訓綏爲"安",非是。恤,安也。若,善也。均見上。"奉恤厥若"者,承安其善、中心樂善之謂也。《傳》訓"奉上憂勤,其順承之",義曲。鞠,《爾雅・釋言》云:"穉也。"康王因群臣進誥,乃言曰:庶邦侯甸男衛之君,惟余一人釗復誥汝等,昔我先君文武,大均其樂利于民,不求人之罪過,惟推極忠信以昭明于天下。當其時,亦有如熊如羆之臣,忠忱不二心之臣,輔治王家,用能基命于上帝,皇天因順其道,付畀之以四方,乃復命建置侯邦,樹立屏蕃,以顧在我後世之子孫。今余一二伯父皆先王所建樹,而當時熊羆之士、不二心之臣之子孫也,尚相與思念繼爾先公之所以臣服于先王者,雖爾之身在外,爾之心莫不在王室,各宜承安其善,無遺我稚子羞也。

群公既皆聽命,相揖趨出。王釋冕,反喪服。

此篇吉服傳命,釋冕反喪,自宋儒孫莘老始議其非,東坡蘇氏從而推説之，遂爲千古一大疑。案：《傳》取蘇説載于篇，所以明大義、維禮教也。而此外爲之辨者，其義皆不足以勝蘇，故《傳》悉不取，然而學者不可不參觀之也。葉氏夢得曰："康王之事，必有不得已而然者。蓋成王初即位，猶有三監、淮夷、殷民之變，微周公，天下未可知，況不及成王、周公者乎？故召公權一時之宜，而遽正君臣之分。若曰三年之喪，天下之通喪也；繼世以正大統，亦天下之大義也。通喪上下之所同，而大義天子諸侯之所獨，故不以通喪廢大義，而吉凶不可相亂，故不得不以冕服。以爲常禮，不可也；以爲非禮，亦不可也。傳及後世，卒不能奪康王之爲，然後知二書之録于經，非孔子不能權之于道，以盡萬世之變也。"林氏之奇曰："《顧命》之書，或疑召公不當出康王于外而逆之，康王不當吉服以朝諸侯，爲此言者，蓋不思耳。夫天子爲天下主，固當與天下共之，苟立之于次，則宦人女子得以乘間投隙而搖國本。《顧命》之書，萬世之明訓也。成王寢疾，則親見群臣，告以元子釗之宜承大統；其崩也，大保則顯逆之于寢門之外，復率諸侯而朝之，蓋所以顯示萬姓，杜絕姦萌，史官詳載之，以爲後世法也。秦始皇之于扶蘇，豈有異志？惟不能顯示于天下，李斯又不能顯而立之，故趙高、胡亥得以亂之。論者不此之慮，而謂其不當釋喪服，此不知變之論也。"呂氏祖謙曰："舜除堯之喪，格廟而咨岳牧；成王除武王之喪，朝廟而訪群臣，皆百代之正禮。然成湯方殁，伊尹遽偕群后侯甸訓太甲焉，禮固有時而變矣。説者不疑太甲受伊尹群后之訓于居憂之時，乃疑康王受召、畢諸臣之戒于宅郵之日，甚者或以晉辭諸侯爲證。然則隆周之元老，反不若衰晉之陪臣邪！"陳氏傅良曰："召公、畢公皆盛德又老于更事者，豈不知禮？蓋其身先見周公以叔父之親擁輔太子，而流言之變起于兄弟，非周公之忠誠，則社稷岌岌乎殆哉！故于康王之立，特爲非常之禮，迎之南門，衛之干戈，奉之册書，被之冕服，而又率諸侯北面而朝之，以與天下共立新君，使之曉然知所定而無疑，其意遠矣！蓋自秦漢而下，授受成于宮闈之曖昧，而擁立出于一人之擁奪,禍天下國家不少,然後知二公老練,坐鎮安危之機,送往事居,中外無閒,未易以泥常論也。"陳氏櫟曰:"召公在當時,必有不得已懲創于往事而不敢輕者。觀其布置舉錯,重大周密,徵召會集,翕合安徐,若臨大敵,當大難,然諸侯咸在。或謂問疾者尚留,而因受其朝,非也。觀其言曰庶邦侯甸男衛,曰率西方諸侯入左,率東方諸侯入右,則徵召于既崩之餘,翕集于一旬之內可見。又觀張皇六師一語,則當時事勢亦可想矣。紀載始末,節節備具,前後五十六篇紀載,無似此之詳者。"案:諸家發明召公行權之義,至矣盡矣!然當日情事,終不可知。謂爲非禮邪?以召公大賢而行之,孔子大聖而錄之,斷不敢譏其失禮。謂爲合禮邪?君父新崩,臣子擗踊哭泣時也,吉服傳命,且祭且饗,且隮且朝,諸侯于情安乎?以爲懲成王初立之難,故爲正始之舉邪?此時天下承平者三十餘年,復有何難?即使有之,召公獨無術以處此,而必藉此傳顧命不合典禮之虛文以杜變弭釁乎?以爲防宦寺竊位之禍邪?此乃秦漢以後所有之事,三代未前聞也。召公又何必作此失禮之行,以預防天下後世之變乎?蒙謂必求其義,則止以朱子答潘子善之言爲正。朱子曰:"天子諸侯之禮,與士庶人不同,故《孟子》有'吾未之學'之語,謂此類耳。如《伊訓》元祀十有二月朔,亦是新喪,伊尹已奉嗣王祗見厥祖,固不可用凶服矣。漢唐新王即位,皆行冊禮,君臣亦皆吉服,追述先帝之命,以告嗣君。蓋易世傳授,國之大事,當嚴其禮,而王侯以國爲家,雖先君之喪,猶以爲己私服也。五代以來,此禮不講,則始終之際,殊草草矣。"案朱子之意,不以爲召公之行權,而以爲國家之典禮,其論正大。

予嘗觀《白虎通》之論此篇及《南史》沈文阿之議,足以羽翼朱子此言。近儒閻若璩曰:"蘇氏之論,雖程朱何以加諸?而案之于禮,亦未盡然也。喪三年不祭矣,若既殯後,天地社稷之祭,猶越紼而行事,蓋不敢以卑廢尊。《漢志》引古文《伊訓》,以爲太甲當喪,越茀行事,是其證也。郊之日喪者,不哭,不敢凶服,蓋不獨王被大裘龍袞,戴冕

璪，抑且合畿内臣庶，雖有私喪之服，盡釋之而即吉，以聽命乎上，其
嚴于事天如此。推之于地與社若稷，一歲之間，蓋不啻疊舉矣，服亦
屢屢釋矣。先王豈爲其薄哉？儲君初即天子位，身爲天地社稷之主，
上承祖宗世繫之重，蓋國大事莫踰于此。縱遭親喪，猶向所謂卑者
爾，其可不如事天地社稷而一暫釋其服邪！”閻氏此論，亦足爲朱子之
輔。然則吉服傳顧命，或周家有此典禮，亦未可知，而惜乎典籍無徵，
不足以破萬世之疑。故朱子雖答潘云云，而他日又言康王釋斬衰而
服袞冕，于禮爲非，孔子取之，不知何意。設使制禮作樂，當此之職，
只得除之。是朱子于此，迄無定論，好學者亦並存其説，觀之而已。
若顧氏炎武以《顧命》爲有脱簡，謂“狄設黼扆”①以上記成王顧命登
遐之事，以下記明年正月康王即位告廟朝諸侯之事；又以畢門不可言
于廟中，遂以“狄設黼扆”以下爲陳之于朝，“王麻冕黼裳”以下爲行
之于廟，牽就委曲，不及朱子之説遠甚。吾鄉姚氏鼐又以爲顧命之册
實受之廟，非受之于殯宫，受之廟，則不可凶服，不可不祭；受之殯宫，
則不可吉服，不可以祭。而知畢門之不可爲廟中，則遂以《穀梁》之祭
門解之。又知諸儒行權之説有未安，遂因“恐不誓言嗣”及“逆子釗
南門外”之文，創爲是時成王朝諸侯卒于東都，太子不在側，故特迎
之，特傳顧命于廟，皆强詞傅會，不惟不及朱子之論，亦並不如諸儒之
言行權者矣。

附録諸家論説

　　林氏之奇曰：“後世人君將託後嗣，惟召大臣數人，謂之顧命之
臣，如漢武命霍光、金日磾、上官桀、桑弘羊，宣帝命史高、蕭望之、周
堪，其他不得與焉。晉陶侃至以不與顧命之故怨朝廷，不肯救蘇峻之
亂，皆非先王意也。”

---

①《書傳補商》此處脱“設”字，據阮元校刻《十三經注疏·尚書正義》補。

又曰:"古之立君者,惟恐衆人之不覩而事之不顯,何則?天子者,天下之共主也,故當與天下之人戴而君之,未有竊諸宮中而立之、出于宦寺婦人之手而可以正天下者也。東漢自孝殤以降,國嗣之立,非出于外戚,則出于宦官。唐自穆宗八世,爲宦官立者七君。其本半由人君欲其身永享天祿,以繼嗣爲不祥之事,而深諱之。一旦倉卒之際,夜半禁中出片紙以某人爲嗣,則群臣皆拱手而待命。亦有嫡嗣雖立,不能屬于大臣,倉卒之際,廢立紛然。觀諸此,然後知《顧命》之書,誠萬世帝王之法也。"

錢氏時曰:"堯、舜遜禪,無顧命之可言,禹、湯、文、武亦未嘗有此故事,于以見世變之日下,而拳拳爲後世子孫慮者,益不如古矣。是可歎也!及至後世所謂顧命,則又有出成王防慮之所不及者。嗚呼!安得召、畢而命之也哉!"

呂氏祖謙曰:"成王甲子之命,去崩纔一日耳,猶盥洗以致其潔,冠服以致其嚴,顧託之言,淵奧精明,蓋臨衆之敬,不以困憊廢;而素定之理,雖垂没固炯然也。惟善治氣者,爲能歷疾病而不惰;惟善養心者,爲能臨死生而不昏,此豈一朝一夕之故哉!"

又曰:"古者執戈戟以宿衛王宮,皆士大夫之職,無事而奉燕私,則從容養德,有膏澤之潤;有事而司禦侮,則堅明守義,無腹心之虞。下及秦漢,陛楯執戟,尚餘一二。此制既廢,人主接士大夫者,僅有視朝數刻,而周廬陛楯,或環以椎埋罵悍之徒。有志士復古者,當深繹也。"

王氏炎曰:"成王幼立,二叔流言,王不無疑,則其性非卓然高明也。臨歿之際,乃能如此,得非周、召師保輔翼教誨,有以養成其德而志氣清明如是乎?是知三代而下,人主天資未必不及古人,而德不逮者,無古帝王之學也。"

《書傳補商》卷之十七

吕　刑

　　《吕刑》一篇，《傳》謂穆王巡遊無度，財匱民勞，至其末年，無以爲計，乃爲此一切權宜之術以斂民財，夫子録以示戒。此本朱子之意，乍讀之若精當不易，及反復經文辭意，一皆出于至誠惻怛、哀矜不忍之心。意穆王、甫侯當日實以刑辟煩多，漸流殘忍，故特斟酌重輕，詳定贖刑，以救當時之弊，非必以財匱民勞，爲此斂財術也。宋儒林氏之奇、錢氏時皆稱穆王、甫侯之賢，明儒及國朝説經者亦多不取《傳》説。蒙嘗思之，謂《吕刑》非先王之法則可，謂爲穆王不應作贖刑，則不可。古今時勢，不能皆同，王者政刑，不能無異。故在三代以前不必有贖刑，三代以後不可有贖刑，惟三代之季不可無贖刑，何也？上世教化修明，人心渾樸，犯法者稀。第設五刑以處梗頑不帥教之夫，而千萬人中犯者無一二也，何必設立贖之一法，以開罪人倖生之路哉？虞廷金作贖刑，蓋聖人恩周意盡，施法外之仁，以情事考之，其時弗須此也。夏、商之時不可考矣，或據伏生《大傳》“夏后氏不殺不刑，死罪罰二千饌”之文，謂夏有贖刑。予謂此恐《大傳》誤依《書序》“訓夏贖刑”而爲之説，不足爲據也。周初定制，即有贖刑，《周禮·職金》曰：“掌受士之金罰、貨罰，入于司兵。”《司圜》曰：“其罰人也，不虧財。”蓋自商季以來，人心日趨于詐偽，重貨財而輕犯法，王者于此，壹是以五刑處之，則斷割殺傷，多有不忍；不以五刑處之，則法廢而犯者日多。聖人不得已，而立贖之之法，罪實者不得倖逃，罪虛者得以全釋。界乎虛實之閒，罪之不可、釋之不能者，則一處之以此，上以備國家兵用之需，下亦使民情吝貨財而相戒不入于法。大司寇令民人束矢、入鈞金，而後聽訟，皆此意也，非欲以法攘民財也。穆王之作贖刑，蓋本國家之成憲，而從而加詳者也。當是時也，井田之法未壞，民無貧富之懸殊，選舉之制得人，吏無高下之任意，故其法可行行之，有益于民生，而無害于風化。東遷以後，典章日弛，人事日非，迨秦有天下，而古今大局截然一變。先王大經大法，如井田、封建且不可行于後世矣，豈獨一贖刑哉？此蕭望之所以爭也。後儒因贖刑之法不可行于後世，遂議及《呂刑》之非；而一二取《呂刑》者，又謂此先王仁至義盡之法，皆未通觀古今之形勢，而各主一偏之見，非篤論也。

馬氏貴與曰："《呂刑》一書，蔡氏謂穆王巡游無度，爲此一切斂財之計，愚以爲未然。熟讀此書，哀矜惻怛之意，千載以下，猶使人感動。且拳拳乎富貨之戒，則其不爲斂財設也審矣！鬻獄末世暴君污吏之所爲，而謂穆王爲之，夫子取之乎？且其所謂贖者意自有在，學者惟不詳考之爾。其曰'墨辟疑赦，其罰百鍰'，蓋謂犯墨法之中，疑其可赦者，不遽赦之，而姑取其百鍰以示罰爾。繼之曰'閱實其罪'，蓋言罪之無疑則刑，可疑則贖，皆當閱其實也。五刑之屬，至于三千，若一按之法而行之，則舉足觸阱矣。是以穆王哀之，而五刑之疑各以贖論。姑以大辟言之，夫所犯至死，而聽其贖金以免，誠不可也。然大辟之屬二百，豈一無疑赦而在可議之列者？如漢世將帥出師，失期之類，于法皆死，而贖爲庶人，亦其遺意也。或曰罪疑則降等施刑可矣，何必贖乎？曰：古之議疑罪者，降等一法也，罰贖亦一法也。《虞書》'罪疑惟輕'，此書'上下比罪，上刑適輕，下服'，降等法也；《虞書》'金作贖刑'，此書五刑之贖，罰贖法也，固並行而不悖也。"

惟吕命,王享國百年,耄,荒度作刑以詰四方。

吕命,猶言命吕,言命吕侯作贖刑。時王年已百歲矣,《史記·周本紀》:"穆王即位,春秋已五十,立五十五年崩。"或謂穆王在位百年,不可信。耄荒,宜依蘇氏分屬上下句讀,朱子亦嘗取之。《傳》引蘇說于後而從孔讀"耄荒"者,彼以穆王爲權術斂財,故謂史氏特先著此二字,實則不然。耄,年老之稱,無貶義。説詳《微子》"吾家耄"。詰,謹也。《周禮·大司寇》"佐王刑邦國,詰四方",注:"詰,謹也。"

王曰:"若古有訓,蚩尤惟始作亂,延及于平民,罔不寇賊,鴟義姦宄,奪攘矯虔。苗民弗用靈,制以刑,惟作五虐之刑曰法。殺戮無辜,爰始淫爲劓、刵、椓、黥,越兹麗刑,並制罔差有辭。民興胥漸,泯泯棼棼,罔中于信,以覆詛盟。虐威庶戮,方告無辜于上。上帝監民,罔有馨香德,刑發聞惟腥。

蚩尤、苗民,孔、鄭之説各異,代遠年湮,不能臆斷,且非説經要義,故《傳》不著一辭。今但就經釋經,經文明曰蚩尤、苗民,何必以九黎爲説乎? 若,惟也。"若古有訓",猶言惟古有言也。鴟義,《傳》云"以鴟張跋扈爲義",迂曲,而于上下字義不倫。吾友方宗誠曰:"鴟梟,賊鳥也。古人謂害義者曰鴟張,又曰梟張。兹之鴟義,蓋賊義之謂。姦宄,《史記》《後漢書》引書多作'奸軌',蓋干犯軌法也。"案:方説近理,今從之。矯虔,《傳》訓"矯詐虔劉",二義不相類。《漢書·武帝紀》云"矯虔吏因勢侵暴",注引韋昭曰:"詐稱爲矯,強取爲虔。"大約皆侵暴事也。苗民猶苗人,古民、人字通。"苗民弗用靈"云云,當緊承"蚩尤作亂"云云讀下。蓋因言刑,而溯始作五刑之苗民;因言苗民作五刑,而溯始導民惡之蚩尤。苗民于蚩尤爲後裔,如鄭説,與否不可知,其相繼爲國君,則可知也。自注家分蚩尤、苗民各自爲節,以蚩尤爲作亂之始,苗民爲淫刑之始,兩兩對言,而蚩尤一節殊爲贅設,宜朱子亦疑穆王説得散漫也。五虐之刑,言五等殘害肢體之刑

《墨子》引作“五殺之刑”。非暴虐也，苗民之虐在弗用靈，殺無辜，並制
罔差，不得以制五刑爲害。後儒或疑苗民虐刑，帝王不宜遵用；或謂
古自有五刑，苗民更加慘虐。夫經文明曰作五虐之刑，曰始爲劓、刵、
椓、黥，則五刑非始于苗民而何？秦改封建爲郡縣，遂爲三代後天下
之定制，不得因苗民而疑五刑不可遵用也。且五刑不始于苗民，穆王
又何爲引之乎？曰法云者，言以此爲定法也。淫，大也。越兹，猶于
此也。麗刑，犯罪者也。制，截割也。《禮·郊特牲》“主人親制其肝”，注：
“制，割也。”《月令》注：“制肺及心肝爲俎。”疏：“制，謂截割。”有辭，有理可言
者，《孔傳》所謂“有直辭”也。“民興胥漸”以下，言苗刑愈虐而民愈
亂。“方告無辜”之方，並也。見《微子》。穆王之意，若曰惟古有言，蚩
尤惟始作亂，大變上世渾厚敦麗之習，遂乃延及于平善之民，罔不爲
寇爲賊，害義干法，爭奪攘竊，詐稱强取。苗人承蚩尤之後，弗能以善
化之，但制以刑，乃作五等殘害肢體之刑，著以爲法，殺戮無辜，大作
劓鼻、刵耳、椓陰、黥面之法，于此麗刑之民一並截割，雖無罪者不加
差別。故其時之民互相漸染，泯泯而昏，棼棼而亂，罔有處于誠信之
中者，徒以反覆詛盟爲事。于是虐威衆被戮者，並告無辜于天。天乃
監視下民，罔有馨香之德，但刑戮之發聞腥穢而已。

**“皇帝哀矜庶戮之不辜，報虐以威，遏絕苗民，無世在下。
乃命重黎，絕地天通，罔有降格。群后之逮在下，明明棐常，
鰥寡無蓋。皇帝清問下民，鰥寡有辭于苗，德威惟畏，德明
惟明。**

皇帝，孔以爲堯，《傳》以爲舜。考《禮·表記》引此書曰：“德威
惟畏，德明惟明，非虞帝其孰能如是乎？”此《傳》之確證。不獨命伯
夷、禹、稷、皋陶皆舜之事也，然竄三苗在舜攝位時，則即以爲堯，亦
可。玩康成注，意以皇帝爲顓頊，下文皇帝爲帝堯，依順《國語》爲説，今不從。
“絕地天通”，《傳》引吕説極精，蓋治世善惡分明，人惟盡之人事；亂

世禍福顛倒，人不得不希冀于鬼神。妖由人興，邪自心造，久之亦似有降格于天地閒者。三苗以詛盟爲事，是聽命于神也；聽命于神，則姦民緣以作姦，愚民溺而愈甚，人心風俗，日即昏迷。聖人知此風不革，欲驟導以禮義，不可入也。有重黎者，司天地之官，掌鬼神之事，故特先命重黎禁邪術，杜淫祀，斥巫史，喻以杳冥之不可憑，空虛之實無有物，以破其癡迷愚妄，而後命群后諸臣輔助常道，伸其曲直。曲直亂則常道失，而民多沈寃；曲直明則常道得，而民無遏抑，此鰥寡之所以無蓋也。鰥寡者，無辜中之最可憫者也，鰥寡無蓋，則無復有蓋矣。“皇帝清問下民”，蓋既滅苗民之後，安撫百姓，而鰥寡猶追數苗民之罪也。此節承上文庶戮告無辜于天而言，皇帝仰承天意，伐暴以威，滅絕苗民，無使有嗣于後。遂乃命重黎正其風化，命群后及在下諸臣，“乃命”二字，直冠“群后”爲義。明明輔助常道，昭雪鰥寡之情，使無蓋蔽。皇帝復自清問下民，安撫慰勞，鰥寡猶追數苗民之罪，見平民之怨苗者深而感皇帝者大也。由是德威所及，而向之無忌憚者莫不畏矣；德明所照，而向之處幽枉者莫不明矣。此二句乃總承上文之詞，遏絕苗民，所謂德威也；清問鰥寡，所謂德明也。向來解者以分節，失之。

　　“乃命三后，恤功于民。伯夷降典，折民惟刑；禹平水土，主名山川；稷降播種，農殖嘉穀。三后成功，惟殷于民。士制百姓于刑之中，以教祗德。

　　恤，慎也。見《多士》恤祀。功，事也，《傳》訓“憂民之功”，義曲。“折民惟刑”，舊解皆以爲刑罰之刑。夫下文始言“士制百姓于刑之中”，此三后乃教民安民養民之事，不宜插入刑言，且伯夷何嘗兼刑官乎？說者或謂教民以禮，折絕斯民入刑之路，其意巧而實迂。竊謂刑，法也，即典也。《詩》曰：“尚有典刑。”折讀曰制。《論語·顏淵》“片言折獄”者，鄭注：“《魯論》折爲制。”《墨子》引《吕刑》“制以刑”，作“折則刑”。

《文選・羽獵賦》“不折中以泉臺”，注引韋昭：“制，或爲折。”又張景陽《雜詩》“制勝在樽俎”，注引李奇《漢書》注：“制，折也。”陶潛《詩》曰：“伯夷降典，制民惟刑。”是折、制古通用也。制民者，《禮》所謂“固肌膚束筋骸”之謂。惟，猶以也。王氏引之曰：“惟有‘以’訓，《盤庚》曰‘亦惟汝故’，《詩・狡童》曰‘維子之故’，僖二年《左傳》曰‘冀之既病，則亦惟君故’，五年曰‘桓、莊之族何罪，而以爲戮，不惟偪乎’是也。”言伯夷降布典禮，制民以軌法也。主名山川者，分疆域，表鎮望，《禹貢》所謂“奠高山大川”，《爾雅》所謂“《釋地》以下至九河，皆禹所名也”。“惟殷于民”，惟，猶乃也；殷，衆也，富也。言三后成功，民生日蕃，而民財日足也。士者，《堯典》云：“皋陶作士于刑之中。”《傳》謂“制百姓于刑辟之中”，非是。王氏充耘曰：“刑失之重，則傷于苛暴，而民無所措手足；失之輕，則流于姑息，而惡者無所懲。惟酌其中，則能使人畏服而不敢犯。”今案王説是也。《後漢書・梁統傳》統曰：“經曰爰制百姓于刑之衷。孔子曰：‘刑罰不衷，則民無所厝手足。’衷之爲言，不輕不重之謂也。”五刑始作于苗民，而用之多失其中，又弗用善以化民，而專用殺戮。皇帝既竄三苗之後，先命三后教民、安民、養民，而後命皋陶即苗民所作之五刑，審度而得其中，教民祇敬于德。夫蚩尤始作兵，而聖王即用以爲安民之具；苗民始作刑，而聖王即用以爲弼教之端，故曰不得以五刑作始苗民，而疑聖人不宜承用也。且曰“制百姓于刑之中”，即繼曰“以教祇德”，則所以立刑之意，可思矣。

　　“穆穆在上，明明在下，灼于四方，罔不惟德之勤。故乃明于刑之中，率乂于民棐彝。典獄非訖于威，惟訖于富。敬忌，罔有擇言在身。惟克天德，自作元命，配享在下。”

　　前既歷敍制刑之由，此則咏歎其君臣之德與不得已用刑之心也。“穆穆在上”，謂皇帝也。“明明在下”，謂三后與士也。“罔不惟德之勤”仍宜屬在上在下者説，《傳》釋以民，則下文“明于刑之中”不得不增如是而猶有未化云云矣。訖，終也。富，福也。《郊特牲》曰：“富也者，福也。”《大雅·瞻卬篇》“何神不富”，《毛傳》：“富，福也。”《大戴禮·武王踐阼篇》“勞則富”，盧辯注曰：“躬勞終福。古福、富一字。”《謙》象傳“鬼神害盈而福謙”，京房本作“富”。王氏引之曰：“威、福相對爲文，言非終于立威，惟終于作福也。”案：王説是也。辟者所以止辟，刑者期于無刑，後人稱囹圄爲福堂，即此義也。《傳》以權勢釋威，貨賄釋富，不惟帝世未必有權勢貨賄之事，以納賄釋富，亦于古無徵。下文“庶威奪貨”、“惟内惟貨”，言貨不言富也。敬忌，敬畏也。擇言，猶敗言也。王氏引之曰：“擇讀爲斁，敗也。斁、數、擇古音並同。”《孝經》“口無擇言，行無擇行”，《太玄·玄捉》曰“言正則無擇”，《法言·吾子篇》“君子言也無擇”，蓋皆訓爲敗也。“惟克天德”，惟，猶乃也；克，肩，任也。此節承上言制刑既得其中，方其時也，在上之皇帝穆穆而和敬，在下之群后明明而精白，光輝昭著于四方，而猶莫不惟德之勤。故乃明于大中至正之刑，用以治民而輔其常性。其典獄也，不終于立威，惟終于作福。敬之畏之，刑無可議，罔有敗言在其身，如此乃可肩任天德，自造大命，而配享天祿于下矣。夫苗民虐刑，則無世在下；皇帝慎刑，乃可配享在下，刑之關係于人國家者，大矣哉！穆王將作贖刑，而追敍創刑之始及唐虞之慎刑者如此。

王曰：“嗟！四方司政典獄，非爾惟作天牧？今爾何監？非時伯夷播刑之迪，其今爾何懲？惟時苗民匪察于獄之麗，罔擇吉人，觀于五刑之中。惟時庶威奪貨，斷制五刑以亂無辜，上帝不蠲，降咎于苗，苗民無辭于罰，乃絶厥世。”

“播刑之迪”，舊解俱以爲刑罰之刑，《傳》所以疑伯夷當時或兼刑官也。竊謂此與上“折民惟刑”皆典刑也。典禮之作始自伯夷，後王雖歷有損益，類皆祖伯夷之遺制。誥司政典獄，不舉皋陶而舉伯夷者，以禮教宜先于刑罰，教之不改，而後可用刑也。之，猶是也。見《盤庚》。迪，蹈也。《孔傳》常訓。"惟時苗民"以下宜一氣讀，言爾所當懲者此也。"庶威奪貨"，謂衆虐奪人之貨財者。《傳》謂"貴者以威亂政，富者以貨奪法"，蓋因上文解威富云云而爲此説，于文義不合。奪，貸也。見《酒誥》。王歎告四方司政典獄之人，非爾等代天牧民乎？今爾何所監視，非是伯夷所布之典刑是蹈乎？其今爾何所懲？惟是三苗之君不察實于獄之附麗，妄加殺戮，又不擇善人觀省于五刑而求得其中。惟是衆暴虐貪賄之人斷制五刑，以擾亂無罪。于是上帝不貸，降咎于苗，苗民無可解説于罪，乃至殄絕厥世，此爾等所當懲也。觀此數苗民之惡，曰匪察于獄，曰罔擇吉人，曰庶威奪貨以亂無辜，曰觀于五刑之中，曰斷制五刑。則知苗民之五刑非不可用，惟用之失其中而已。以此愈知五刑之始于苗民，而帝王遂承用之也。

王曰："嗚呼！念之哉。伯父、伯兄、仲叔、季弟、幼子、童孫，皆聽朕言，庶有格命。今爾罔不由慰曰勤，爾罔或戒不勤。天齊于民，俾我一日，非終惟終，在人。爾尚敬逆天命，以奉我一人。雖畏勿畏，雖休勿休，惟敬五刑，以成三德。一人有慶，兆民賴之，其寧惟永。"

上告異姓，此告同姓也，非必盡指諸侯，《傳》義似拘。林氏之奇曰："王之同姓有其父行者，有其兄弟行者，有其子孫行者。伯仲叔季，其長少之稱。子孫故以幼童稱之。穆王享國百年，故或有其子孫行也。"格命，《傳》訓"至命"，義不明。竊謂格讀曰"嘏"，《儀禮·士冠禮》"孝友時格"，注："今文格爲嘏。"《少牢饋食禮》"以嘏于主人"，注："古文嘏爲格。"古格、嘏、假三字，經傳互相通用者多矣。固也，長也。《玉篇》文："嘏之爲長。"《禮·郊特牲》《儀禮·特牲饋食禮》注皆然。今取"固"義，《禮·學記》"則扞格而不勝"，疏云："格謂堅强。"則格亦有"固"義。猶《君奭》言"固命"，《召誥》言"永命"也。《逸周書·皇門篇》"用能承天嘏命"，彼自訓"大"。王氏引之取以釋此，非天子不可言大命也。"今爾罔不由慰"至"在人"云云，《傳》義不無委曲。此外說者各異，亦皆可通，皆未有恰當而無可議者，今概不取，一依漢儒舊說釋之。曰勤，《孔傳》本作"曰勤"。孔云"今汝無不用安自居，曰當勤之，汝無有徒念戒而不勤"，其意未明。今申之曰：由，自也，或讀曰有。見《盤庚》。當時刑獄之官蓋多苟且因循，不肯盡心推求，多失出失入之事，故穆王首揭其隱，而教之以勤。然而勤不惟其口，惟其心也。王之意，謂今爾等罔不自安，雖有時自言其勤，爾罔有中心戒不勤者。不戒不勤，則雖口日言勤，何益哉？"天齊于民"云云，宜依《後漢書·楊賜傳》義，賜上封事曰："夫善不妄來，災不空發，王者心有所惟，意有所想，雖未形顏色，而五星以之推移，陰陽爲其變易。以此而觀，天之與人，豈不符哉？《尚書》曰：'天齊乎人，假我一日。'是其明徵也。'"細玩賜意，蓋言天符乎人，感應甚速，彼注取《孔傳》之義釋之，與上文所言毫不相合。竊謂齊，同也。襄公二十二年《左傳》曰"以受齊盟"，注："齊，同也。"《國語·楚語》"民瀆齊盟"，《楚詞·云中君》"與日月兮齊光"，注皆訓"同"。于，即乎也。古于、乎一字。《呂氏春秋·審應篇》曰"然則先生聖于高"，注："于，乎也。"《列子·黃帝篇》"今女之鄙至此乎？"《釋文》："乎，本作于。"《論語》"孝乎惟孝"，《釋文》、石經並作"于"。俾，從也。見《君奭》。終，保全祿位也。《孔疏》云："墜失天命，是不爲天所終；保全祿位，是爲天所終。"今用其義。非，不也。《禮·檀弓下》"非刀匕是共"，疏引皇氏云："非，不也。"《漢書·陳餘傳》"陳王非必立六國後"，注同。言天心同乎民心，其從我也，止在一日之間，其幾甚速。民不從，斯天不從，則不能終其祿位矣；民從，斯天亦從，則能終其祿位矣。不終與能終，仍在人不在天也。"天齊于民"，即天與人符之謂。"俾我一日"，即未形顏色，五星推移、陰陽變易之義。史稱賜通《尚書》桓君章句，其作乎、作人、作假者，假讀格，至也，疑亦有從義。蓋《今文尚書》之不同，而其義則漢儒之古義。近漢學家徒欲援《賜傳》以改經字，而未嘗有深思其義者也。"雖畏勿畏，雖休勿休"，《傳》以"辟"訓畏，以"宥"訓休，皆不免于強。此外說者亦多，惟吾友文漢光曰："雖畏勿畏，不爲威屈，不爲勢奪也。雖休勿休，休讀休戚之休，喜也。如得其情，則哀矜而勿喜也。"此義親切，今取之。王告同姓大小諸臣，言爾等咸聽朕言，庶有堅固長遠之命。今爾等罔不自安，口雖言勤，而心則罔有以不勤爲戒者。夫天道無常，同乎民心，其從我也，在一日之閒感應甚速，不能保全禄位與能保全禄位，在人之自盡而已。爾等尚其敬迎天命，以承奉我一人，雖有可畏，爾當執法而勿以爲畏；雖有可喜，爾當哀矜而勿以爲喜。惟敬此五刑，以成剛柔正直之德，則天子慶于上，兆民賴于下，其國家之安寗乃可永矣！"天齊于民"四語，泛言天道感應之速，上承"庶有格命"，下起"敬逆天命"，文法高妙，義亦精微，自來説經，莫有及者。

王曰："吁！來，有邦有土，告爾祥刑。在今爾安百姓，何擇，非人？何敬，非刑？何度，非及？

祥古通"詳"。見《君奭》。《後漢書》劉愷曰："非先王詳刑之意也。"李賢注："《尚書》曰'告爾詳刑'，鄭玄注云：'詳審察之也。'"是鄭本作"詳"，今從之。《傳》義冗曲。度者，熟審詳商之意。及，《傳》訓"逮"，確不可易。《説文》："及，逮也。"《管子·立政》"罰有罪不獨及"，注："及，黨與也。"蘇氏軾曰："罪非己造，爲人所累者曰及，秦漢之閒謂之逮。獄吏以不遺支黨爲忠，以多逮廣繫爲利，故大獄有逮萬人者，國之安危、運祚長短咸寄于此。故曰何度非及，度其非同惡者，則勿逮可也。"吳氏澄曰："及，謂刑之所加，猶罪及爾身之及。"朱氏祖義曰："何所裁度？豈非欲情與罪相及，罪與法相及乎？蓋情或不然，而罪之狀乃然；罪或不然，而法之加乃然，皆非所謂及也。"案：此解亦曲。《史記》引此作"何居非其宜"，《墨子·尚賢篇》引此更多異字，近漢學家據以改經，妄矣。王歎呼衆諸侯來前，告爾等宜審察于刑，在今爾安百姓之道，何者當擇，非典獄之人乎？何者當敬，非用刑之事乎？何者當度，非逮及之人乎？林氏之奇曰："曾博士曰：上既言苗民匪察于獄之麗，則非能敬刑也。罔

擇吉人,觀于五刑之中,則非能擇人也。斷制五刑,以亂無辜,則非能
度刑也。既告之以所懲者如彼,則其所當爲者宜若是也。

**"兩造具備,師聽五辭;五辭簡孚,正于五刑;五刑不簡,
正于五罰;五罰不服,正于五過。**

師,士師也,《傳》以師爲"衆"。古者疑獄,乃與衆共聽弊獄訟于
朝,乃群士司刑咸在,非一切獄訟皆需衆聽也。此處解師爲"衆",則
下文"簡孚有衆"爲複;且"五刑之疑有赦"、"五罰之疑有赦",與此
"五刑不簡,正于五罰;五罰不服,正于五過"雷同,重贅不可通矣。簡
孚,核信也,猶下文"閱實"之義。正,質也。士師不能自操律令,因情
求法,故曰正五刑不簡,謂質之五刑之中,有不核實也。服,慊也。
《國策‧秦策》"勝而不驕,故能服世",注:"服,慊也。"五罰不服,謂質之五
罰之中,心有不慊也。正于五過,則赦之矣。此言士師詳刑之道也。

**"五過之疵:惟官、惟反、惟内、惟貨、惟來。其罪惟均,其
審克之! 五刑之疑有赦,五罰之疑有赦,其審克之! 簡孚有
衆,惟貌有稽,無簡不聽,具嚴天威。**

上言士師之聽獄,此言察士師所聽之獄也。因言正于五過,故即
先承五過言之。審克五過之疵,所以正士師之失出也;審克五刑五罰
之疑,所以正士師之失入也。《傳》及向來解者,均失之。疵,猶弊也。
官、反、内、貨、來,解者不一,以《傳》爲當。"其罪惟均",言即以五過
者所應得之罪罪士師也。審克,宜作"審核"。《漢書‧刑法志》元帝
詔曰:"《書》不云乎,其審核之!"段氏玉裁曰:"克、核古音同在第一
部,蓋《古文尚書》作克,《今文尚書》作核。克當爲核之假借。"今案
段説是也。古字克通"刻",刻與劾一字,核與覈一字,皆可訓"實",
故二字可通。審克者,審察核實之謂也。"五刑之疑有赦"、"五罰之
疑有赦",謂士師所正之罪人,五刑有可疑,則釋其刑之罪而從罰;五

罰有可疑，則釋其罰之罪而從過。上文正于五罰五過者，士師因情以求法；此之刑疑罰疑有赦者，人君察獄而平反。向來解者未窺此恉，故不免辭義贅複。"簡孚有衆"，即《王制》所云"疑獄氾與衆共也。""惟貌有稽"，貌依《孔疏》兼五聽言，義乃備。《孔疏》："察其貌者，即《周禮》五聽：辭聽、色聽、氣聽、耳聽、目聽也。鄭玄以爲辭聽，觀其出言不直則煩；色聽，觀其顏色不直則赧然；氣聽，觀其氣息不直則喘；耳聽，觀其聽聆不直則惑；目聽，觀其眸子視不直則眊然。是察其貌，有所考合也。"《傳》專言色聽，似偏。有讀曰又。見《大誥》。言既與衆核信士師所上罪狀，而又以五聽之法稽察罪人也。"無簡不聽"，簡即上文"五辭簡孚"之簡，言士師之獄雖已核定，無有不加聽察者。《傳》及諸家之解，類皆謂無情實則不聽。夫必聽而後知其情實，安有預知其不實而不聽之理乎？且與下文"具嚴天威"義不貫矣。具，俱也，義猶共。《史記·周本紀》作"共"，是訓"具"爲共。天威，猶天討也。此節承上文士師斷獄，每降愈輕而言。刑固欲輕，然苟以私而故縱，則非天討。彼士師以五過脫人罪者，其弊有五：或畏權勢，或報舊恩，或信女謁，或得賄賂，或受干請。《釋文》："來，馬本作求，云有求，請賕也。"案：來疑"求"之誤，馬云"求請"，是也。加賕字，則與貨同矣。孔云"舊所往來干請者，必素所往來之人"，蓋一義也。若此者以私廢法，其罪與犯者同。爾有邦有土者，尚其審核之也。五過之不當者固審核矣，若五刑之中，其情事實有可疑，則赦其刑而從罰；五罰之中，其情事實有可疑，則赦其罰而從過。爾有邦有土者，亦宜審核之也。以私出人于罪，其罪惟均，則以私入人于罪者，其有罪不待言矣。五刑之疑、五罰之疑，乃士師之聽有未明，非以私故入人于罪也，故但言赦而不言其罪。則五過之非以私而故出人罪者，亦無罪可知矣。審核之道如何？簡孚罪狀，必有衆人，而又必以五聽之法稽考之，以驗其情辭之符合。而于士師所上一切罪狀，雖已簡核無有不加聽察，此非好爲煩勞也，乃所以與士師共敬天威也。夫一獄也，既教士師詳審以定之矣，而又必從而察之，察刑罰而有疑，則必赦。罪疑惟輕，不敢令天下或稍枉也。察五過而有私，則必罪。刑以弼教，不敢令天下或廢法也。簡孚而必曰有衆，不敢有一念之自恃也；簡孚而又必貌稽，不敢有一毫之不盡也；無簡不聽，不敢有一事之或忽也。穆王之訓詳刑者，其曲盡爲何如哉？

“墨辟疑赦，其罰百鍰，閱實其罪。劓辟疑赦，其罰惟倍，閱實其罪。剕辟疑赦，其罰倍差，閱實其罪。宮辟疑赦，其罰六百鍰，閱實其罪。大辟疑赦，其罰千鍰，閱實其罪。墨罰之屬千，劓罰之屬千，剕罰之屬五百，宮罰之屬三百，大辟之罰其屬二百，五刑之屬三千。上下比罪，無僭亂辭，勿用不行，惟察惟法，其審克之！上刑適輕，下服；下刑適重，上服。輕重諸罰有權。刑罰世輕世重，惟齊非齊，有倫有要。

此節詳舉贖法，《序》所謂“訓夏贖刑”者，此也。古者贖罪以銅，《舜典》云“金作贖刑”，金亦銅也。孔氏穎達曰：“古者金、銀、銅、鐵，總號爲金。”《孔傳》于《舜典》稱黃金，此言黃鐵，皆銅也。每言罰必先言疑赦者，見刑疑即從輕也；每言罰必繼言閱實者，見罰必當其罪也。亂辭，辭之似是而亂真者。不行，法之已廢不復用者。不僭于亂辭，則無或譸張爲幻矣；不用所不行，則莫或徵引爲奸矣。察，察之于心也。法，合之于法也。“上刑適輕，下刑適重”者，張氏行成曰：“殺人者死，此上刑也，然有誤殺者，此適輕也，則服下刑矣。鬥毆不死，此下刑也，然有謀殺而適不死者，此適重也，則服上刑矣。”陳氏鵬飛曰：“罪重莫如殺人，然所殺奴婢也，非適輕乎？罪輕莫如詬罵，然所罵父兄也，非適重乎？”案：二説甚善。他以此推，夫上下比罪，則罰以比而不齊；輕重有權，則罰以權而不齊；世輕世重，則罰以世而不齊。然而不齊者罰也，所以酌乎情之當而處乎理之安者，則莫不齊也。用罰者惟齊其不齊，使之有倫理而不亂，有樞要而不煩而已。言罰錯言刑者,先儒謂互舉以見義,不知此皆言罰。罰必根刑,而立刑不定,罰無所施也;然言罰,則刑亦在其中矣。

　　"罰懲非死,人極于病。非佞折獄,惟良折獄,罔非在中。察辭于差,非從惟從,哀敬折獄。明啓刑書胥占,咸庶中正,其刑其罰,其審克之! 獄成而孚,輸而孚。其刑上備,有并兩刑。"

　　"察辭于差",吕氏祖謙曰:"理直者,雖屢問無差錯。理不直者,十次説作十樣,所謂差也。""非從惟從",《傳》云"猶曰不然而然,所以審輕重而取中",語意不明。《孔傳》謂:"非從其偽辭,惟從其本情。"蘇氏軾謂:"囹圄之中,何求不獲囚之言? 惟吏是從者,不可從也。"吕氏祖謙謂:"不從民之口,而從民之心。"陳氏大猷謂:"從,猶服也。因其差而察之,則真情畢見,雖巧辯不服從者,亦服從矣。"諸解非于本句義曲,則于下文不通。吴氏澄曰:"察獄辭之參差不齊,有不從順者,有從順者,當以哀敬之心折之。獄辭既定,當得何罪,則明白開讀律法之書,與衆有司共相推度,如卜筮之旅占,咸欲庶幾乎中正。其刑必如是,其罰亦必如是,所宜審克也。"案:吴氏一氣讀下,甚捷,今取而加釋之。"非從惟從"與上文"非終惟終"一例。言順曰從,《左傳·昭十一年傳》"不昭不從",注:"言順曰從。"謂順于理也。占,隱度也。《史記·平準書》"各以其物自占",《索隱》曰:"占,隱度也。"吴訓如卜筮之占,猶迂。庶,即也。"獄成而孚",謂刑當其罪也。"輸而孚",謂罰當其罪也,即緊承上"其刑其罰"言之。輸者,輸金入府之謂。《傳》以爲"輸獄于上",不惟與下文"其刑上備"雷同,且獄既輸之于上而皆孚,則必有一定之刑矣,又何"有并兩刑"之事乎? 宜其使上下文義重複,不相貫注也。反復誦之,知其非是。"有并兩刑"之有,讀曰或,見《盤庚》。言不常有也。穆王既詳訓贖刑之後,復言以罰懲民,雖非致民于死,然民亦因而極于病。折獄不可不得其人也,折獄之事非特便佞，惟在善良，善良之人罔不合于中正也。黄氏度曰："佞可以屈人之口，良足以服人之心，佞多遷就，故不中；良務平實，故無不中。"察辭之道，必于其差別之中，凡言之不順于理與順于理者，一以哀矜之心折之。又明白開啓刑書與衆隱度，使咸即于中正，然後刑之罰之，不可不審核也。及乎其刑已孚，其罰已孚，猶不敢自謂孚也。其以刑上備之時，且或並獻兩刑，以聽上之從輕從重而不敢自決也。言刑，則罰在其中矣。

　　王曰："嗚呼！敬之哉！官伯族姓，朕言多懼，朕敬于刑，有德惟刑。今天相民，作配在下，明清于單辭，民之亂，罔不中。聽獄之兩辭，無或私家于獄之兩辭！獄貨非寶，惟府辜功，報以庶尤。永畏惟罰，非天不中，惟人在命。天罰不極，庶民罔有令政在于天下。"

　　"官伯族姓"，《傳》訓官爲"典獄之官"，伯爲"諸侯"，族姓爲"同族、異姓"，近鑿。蘇氏軾曰"呼其大官大族而戒之"，是也。"朕言多懼"，猶言朕多畏懼之言，倒文也。"有德惟刑"，《傳》意未明。陳氏櫟曰："謂有德于民者，惟此刑耳。""今天相民，作配在下"，《傳》謂"今天以刑相治斯民，汝實任責，作配在下"，似非經恉。王氏充耘曰："今天相民，猶云天佑下民；作配在下，言汝官伯族姓皆配天在下以相民也。""明清于單辭"以下，《傳》謂文有未詳，遍考諸家，大同小異，均未有通順明澈者。今聊以鄙見釋之，"明清于單辭民之亂罔不中"作一截。向來諸家均讀"民之亂罔不中聽獄之兩辭"爲句，解不可通。"聽獄之兩辭，無或私家于獄之兩辭"作一截，"獄貨非寶"以下作一截。單辭者，一偏之辭。孔氏穎達曰："謂一人獨言，未有與對之人。"孔子美子路云："片言可以折獄者，其由也與！"片言即單辭也。"民之亂罔不中"者，中，平也。《國語·晉語》"夫以回鬻國之中"，注："中，平也。"私家猶私居，王氏充耘謂"偏有所主"是也。《孔傳》謂"無敢有受貨聽詐，成私家于獄之兩辭"，後儒遂云家如"君子不家于喪"之家，其義曲矣。府，取也，《廣雅·釋詁》文。舊訓"聚"，未捷。功，事也。辜功，《傳》云"猶罪狀"，是也。"永畏惟罰"，言所長畏者，惟天罰也。"非天不中"，中，均也，《考工記》弓人"斷摯之必中"，注："中，均也。"平也。見上。"惟人在命"，在，終也。《爾雅·釋詁》文，郭注云："未詳。"遍考經傳，亦罕有此訓。竊意《爾雅》類釋《詩》《書》之文，此"在"字正合作"終"解。近邵氏晉涵取《左傳》"將何以在陵人者多不在"以疏《爾雅》，猶未得其義也。極，至也。《爾雅·釋詁》文。穆王歎呼官長大姓而言，朕之言多憂懼，朕之心敬于刑，有德于民，惟此刑也。今天輔相小民，使爾等作配在下，苟能于一偏初進之辭而明清之，是所謂片言折獄也，則無情者不得盡其辭，而民之亂罔不平矣。此使無訟之才不易得也，其次則聽訟之才。獄有兩辭，聽必以公，無或私主于一偏而失其正聽。而偏私猶可言也，因獄而受貨，則刑罰必及矣。彼或自以爲寶也，不知獄貨非寶，徒取罪狀，天必將報以百殃，其罰可長畏也。是非天之待人有不均平，乃其人自終其命耳。若如此而天罰不至，則刑罰失宜，是非顛倒，庶民罔有令善之政在于天下矣。

王曰："嗚呼！嗣孫，今往，何監非德？于民之中，尚明聽之哉！哲人惟刑，無疆之辭，屬于五極，咸中有慶。受王嘉師，監于茲祥刑。"

篇中呼告不同，曰司政典獄，泛言四方主政刑者也；曰伯父、伯兄、仲叔、季弟、幼子、童孫，蓋同姓長幼之臣也；曰有邦有土，蓋諸侯也；曰官伯族姓，蓋世家大族也；曰嗣孫，蓋諸侯嗣世之子孫也。所呼雖若各有專指，其言則先後共聽，無所別也。"非德于民之中"，《傳》謂"非用刑成德，而能全民所受之中乎"，增文曲説。竊謂"今往"句，"何監非德"句，與"何擇非人"一例。"于民之中"句。中即《周禮》"士師受中"之中，中，罪正所定也。小司寇以三刺斷庶民獄訟之中，司刺以三法斷民中。獄訟成,士師受之,曰受中;小司寇登之于王,曰登中。

"哲人惟刑"以下,《傳》以無疆之辭爲美譽,義緒零散,不相貫注。吳氏澄曰:"屬,猶附著也。哲人明理審法,其于用刑也,雖兩造之辭,紛紛無有窮盡,皆使附著于五刑之極處。極,謂得其至當,故刑咸適中而已,亦有福慶也。"案:吳説當是。"五刑之極",猶言五刑之標準也。"監于茲"略頓爲句,茲指哲人。祥讀曰詳。穆王嘆言諸侯嗣世之子孫,自今以往何所監視,非在于德乎?于庶民獄訟之成者,尚其明聽之哉!彼哲人之于刑也,兩造雖有無窮之辭,必使之合于五刑之標準,故皆中正而大有慶也。今爾等受王嘉善之民,當監于哲人而詳審其刑也。